ACCESO GRATIS a la Lectura en la Nube

Para visualizar el libro electrónico en la nube de lectura envíe junto a su nombre y apellidos una fotografía del código de barras situado en la contraportada del libro y otra del ticket de compra a la dirección:

ebooktirant@tirant.com

En un máximo de 72 horas laborales le enviaremos el código de acceso con sus instrucciones.

LA EVALUACIÓN EN TRABAJO SOCIAL Y SERVICIOS SOCIALES

Procedimiento de selección de originales, ver página web:
www.tirant.net/index.php/editorial/procedimiento-de-seleccion-de-originales

LA EVALUACIÓN EN TRABAJO SOCIAL Y SERVICIOS SOCIALES

MANUELA AVILÉS HERNÁNDEZ
Departamento de Trabajo Social y Servicios Sociales
Universidad de Murcia

tirant lo blanch
Valencia, 2025

En caso de erratas y actualizaciones, la Editorial Tirant lo Blanch publicará la pertinente corrección en la página web www.tirant.com.

EDITA: TIRANT LO BLANCH
C/ Artes Gráficas, 14 - 46010 - Valencia
TELFS.: 96/361 00 48 - 50
FAX: 96/369 41 51
Email: tlb@tirant.com
www.tirant.com
Librería virtual: www.tirant.es
DEPÓSITO LEGAL: V-2467-2025
ISBN: 979-13-7010-485-6

Si tiene alguna queja o sugerencia, envíenos un mail a: *atencioncliente@tirant.com*. En caso de no ser atendida su sugerencia, por favor, lea en *www.tirant.net/index.php/empresa/politicas-de-empresa* nuestro procedimiento de quejas.

Responsabilidad Social Corporativa: http://www.tirant.net/Docs/RSCTirant.pdf

Índice

Capítulo 4
PROCESO DE EVALUACIÓN

Capítulo 5
DISEÑO DE LA EVALUACIÓN

Capítulo 6
TÉCNICAS E INSTRUMENTOS DE EVALUACIÓN

PRESENTACIÓN

La Federación Internacional de Trabajadores Sociales (FITS-IFSW) y la Asociación Internacional de Escuelas de Trabajo Social (AIETS-IASSW) son los dos órganos internacionales más destacados y reconocidos en materia de Trabajo Social. En la reunión que ambos mantuvieron en julio de 2014 en Melbourne (Australia), aprobaron de forma conjunta una definición global y oficial de *Trabajo Social*. Según esta, se trata de "una profesión basada en la práctica y una disciplina académica que facilita el cambio y el desarrollo social, la cohesión social, y el empoderamiento y la liberación de las personas". La definición añade que "los principios de la justicia social, los derechos humanos, la responsabilidad colectiva y el respeto por la diversidad son fundamentales". Concluye que "con el respaldo de las teorías del trabajo social, las ciencias sociales, las humanidades, y el conocimiento indígena, el Trabajo Social involucra a las personas y las estructuras para abordar los desafíos de la vida y mejorar el bienestar". Todos los conceptos que se emplean en esta definición son claves para la fundamentación del Trabajo Social, pues reflejan los deberes, principios, conocimientos y áreas de intervención de la profesión. La definición pone en el centro a las personas, familias, grupos, comunidades y sociedades, especialmente a aquellas que necesitan de un cambio para mejorar su situación social e individual.

En el ejercicio de la profesión, los trabajadores sociales asumen distintas funciones. Las principales vienen recogidas en el artículo 6 del Estatuto Profesional, aprobado por el Consejo General de Colegios Oficiales de Diplomados en Trabajo Social y Asistentes Sociales en su Asamblea General Extraordinaria de 29 de septiembre de 2001 (Figura 1). Entre dichas funciones se encuentran las de Planificación, Promoción y Atención Directa, que probablemente son las más conocidas. También se incluyen otras, que han estado algo invisibilizadas en la práctica cotidiana del Trabajo Social, como la de Docencia, Gerencia, Mediación o Supervisión. El listado que propone el Consejo General puede ampliarse con otras funciones que han ido adquiriendo mayor peso durante los últimos años, como la de Investigación, Diagnóstico, Coordinación, Administración, Peritaje e Inserción Social, poniendo así de manifiesto la amplitud de tareas que asume un profesional del Trabajo Social y las numerosas áreas en las que se desenvuelve.

Figura 1. Principales Funciones Profesionales de los Trabajadores Sociales

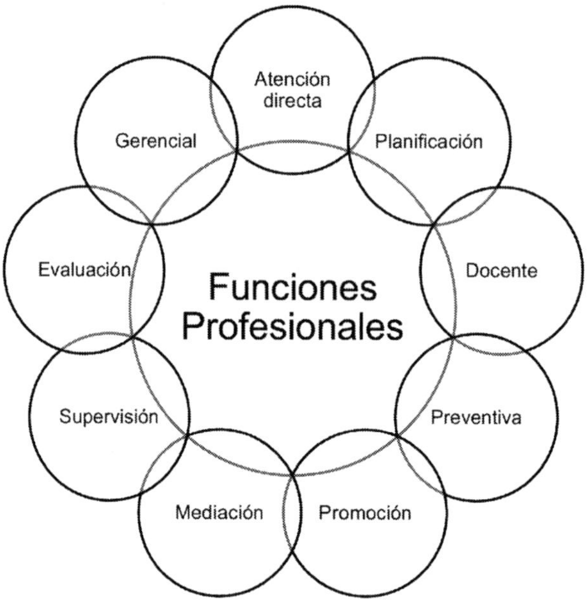

Atención directa
Planificación
Docente
Preventiva
Promoción
Mediación
Supervisión
Evaluación
Gerencial
Funciones Profesionales

Fuente: Elaboración propia a partir del Estatuto Profesional del Trabajo Social (2001).

La *Evaluación* es una de las funciones que se atribuye al trabajador social, como puede apreciarse en la figura anterior. En escasas ocasiones se asume de manera exclusiva. Lo normal es combinarla con otras, sobre todo con la de *Planificación*. De hecho, el Libro Blanco del Título de Grado en Trabajo Social reconoce que existe una estrecha relación entre ambas, afirmando que la Planificación no es posible sin la Evaluación, y viceversa (2005, p. 106). Sobre la función de *evaluación*, el estatuto de la profesión, al que aludíamos con anterioridad (2001), indica que "tiene la finalidad de constatar los resultados obtenidos en las distintas actuaciones, en relación con los objetivos propuestos, teniendo en cuenta técnicas, medios y tiempo empleados"; también asegura "la dialéctica de la intervención" y permite identificar "errores o disfunciones en lo realizado". Esto último resulta de gran utilidad, ya que permite el diseño de nuevas formas de intervención o acción, adicionales a las que ya se han ejecutado, con nuevos objetivos y formas de conseguirlos. Los resultados de las evaluaciones también se convierten en aportaciones teóricas que, mediante un proceso de inducción, se incorporan a la teoría del Trabajo Social desde la práctica profesional. Asumen, por tanto, un papel importante en la construcción teórica de la disciplina, ampliando el acervo de conocimiento científico.

El estatuto de la profesión ofrece una visión tradicional de la evaluación, puesto que la vincula con el estudio de los resultados y, por tanto, con el grado de eficacia, eficiencia y cobertura alcanzado en las actuaciones planificadas y ejecutadas por el trabajador social. Esta es la visión que ha regido en el contexto nacional e internacional desde prácticamente los orígenes de la evaluación en trabajo social. Sin embargo, evaluar es mucho más. Es un proceso metódico de investigación social aplicada, orientado hacia la toma de decisiones; unas decisiones que pueden ser de distinta naturaleza y afectar a múltiples entes, no sólo a los programas o proyectos de intervención social. Desde esta concepción, la evaluación no sólo se vincularía con el estudio de los resultados y objetivos alcanzados, sino también con los procesos, diseños, métodos y, por qué no, planteamientos o análisis previos a la actuación del profesional. También se vincularía con otras unidades de evaluación, más allá de los programas y proyectos sociales. Nos referimos, por ejemplo, a centros de servicios sociales, residencias, unidades de trabajo social o a los propios profesionales. De acuerdo con esta visión abierta y plural, la función de evaluación se relacionaría con otras funciones diferentes a la de planificación. Por ejemplo, entraría en juego si el trabajador social asume funciones de supervisión, es decir, si tiene que ejercer el control de las tareas realizadas por otros profesionales. También, si asume la función gerencial, siendo responsable de la dirección, planificación y control de centros, unidades, departamentos o servicios sociales. En la atención directa ocuparía un espacio más que evidente, al entender que debe estar presente con carácter obligatorio en todos los niveles de intervención, no sólo en el trabajo social comunitario o de grupos.

A pesar de que la *Evaluación* está reconocida en el marco oficial del Trabajo Social, si bien desde un enfoque algo tradicional como se ha visto, en la práctica cotidiana se sigue percibiendo como una actividad auxiliar o complementaria. En demasiadas ocasiones se descuida o no se le presta la atención que merece. En la investigación que hace una década desarrollaron Ballestero, Viscarret y Úriz (2013) sobre las funciones profesionales que los trabajadores sociales de España asumían en su práctica cotidiana, encontraron que prevalecían las funciones de tipo asistencial y burocrático, además de observar un creciente desempeño en las funciones orientadas a la gestión, planificación, coordinación y administración. Esa excesiva actividad burocrática y administrativa provoca, según los autores, "que la trabajadora social sea desplazada del proceso de hacer-para conocer (reflexión), priorizando aspectos de inmediatez y de atención (operatividad)" (p. 131). La consecuencia, apuntan, es que funciones como el diagnóstico, la evaluación o la investigación, registran los valores más bajos en el estudio, lo que constata la escasa implicación real de los profesionales en este tipo de funciones. Los motivos que explican por qué la *Evaluación* se asume poco en la práctica profesional del Trabajo Social quedan reflejados en las propias palabras de los autores del estudio (*ibid.*), quienes señalan que hay una excesiva carga de trabajo a nivel burocrático y asistencial, reglamentada por los poderes públicos; también, una priorización, por parte del profesional del trabajo social, de la institución donde éste desempeña su labor, o de ambos, de tareas vinculadas con la intervención inmediata; esta realidad desplaza a un lugar más secundario las tareas de evaluación y reflexión.

Esto demuestra que existen barreras, tanto internas como externas, que dificultan la evaluación en, desde y para el trabajo social. Estas se agudizan cuando se trata del ámbito microsocial donde, paradójicamente, tienen lugar la mayoría de las actuaciones del trabajador social. No obstante, Ballestero, Viscarret y Úriz (*ibid.* p. 137) explican que la tendencia actual hacia una gestión descentralizada e indirecta en la provisión de los servicios sociales hace que las funciones y tareas de "planificación, elaboración de presupuestos, coordinación y control de equipos y empleados, (...), así como la evaluación interna y/o externa de la eficacia y eficiencia de los programas, de los proyectos, etc. hayan tomado mayor importancia en las actividades profesionales del Trabajo Social". Esto es especialmente evidente, podemos añadir, desde que las entidades financiadoras, sean del nivel que sean —local, autonómico, nacional, europeo o internacional—, solicitan con carácter obligatorio memorias de evaluación, con justificación de gastos, de las actividades e iniciativas que han financiado, en su mayoría de carácter macrosocial.

El libro que aquí se presenta nace con la vocación de aproximar a los trabajadores sociales, tanto a aquellos que se están formando en la disciplina como a los que llevan años de práctica profesional, a la función de evaluación. Entendemos que su ejercicio puede resultar algo complejo, sobre todo para quienes no han recibido formación previa en la materia, que son muchos, ya que las antiguas diplomaturas de trabajo social apenas prestaban atención a la evaluación, mientras que los actuales títulos de grado lo hacen, pero de manera muy desigual, como ha puesto de manifiesto un reciente estudio (Avilés, 2023). Precisamente por eso, este libro o manual se ha concebido como un recurso didáctico para el Trabajo Social, que poder utilizar en la formación del profesional. Se ha redactado de manera sencilla, combinando la teoría con la práctica, y haciendo uso de algunos ejemplos.

Para redactar este libro no se ha partido de cero; se han tenido en cuenta las aportaciones sobre evaluación que se han identificado en la literatura científica revisada; estas, si bien son escasas, resultan imprescindibles al abordar la temática. Algunas son específicas del Trabajo Social y los Servicios Sociales, mientras que otras proceden de disciplinas afines como la Educación. Los contenidos tampoco se han elegido al azar o por casualidad, todo lo contrario. Este manual se ha construido desde la práctica profesional, tomando en consideración las exigencias más recientes de la profesión y del mercado laboral. También se han tenido en cuenta las recomendaciones que ofrece el Libro Blanco del Título de Grado, a propósito de los contenidos formativos que sobre evaluación deben incluir los planes de estudios del Grado en Trabajo Social (2005, pp. 296-299), así como la experiencia acumulada por la autora durante más de diez años como docente de la asignatura de Evaluación del Trabajo Social en el Grado de Trabajo Social de la Universidad de Murcia. El resultado final es un manual docente sencillo, pero completo, en el que se ofrece una visión teórico-práctica de la evaluación en, desde y para el Trabajo Social y los Servicios Sociales, combinando los planteamientos tradicionales con otros más innovadores.

Atendiendo a su estructura, el libro se organiza en seis capítulos. En el primero se sientan las bases teóricas e históricas de la evaluación. Se profundiza en cuestiones que son vitales para su estudio y comprensión como el propio significado del término, los principios que deben regir en cualquier proceso de evaluación, la definición de los alcances, los requisitos necesarios para que pueda realizarse, etc. En el segundo nos centramos en las unidades o elementos que pueden ser objeto de evaluación desde la óptica del Trabajo Social y los Servicios Sociales, es decir, en aquello que puede evaluar un trabajador social en el ejercicio de su labor profesional. Es una cuestión sencilla, pero con una respuesta algo compleja, pues un trabajador social puede evaluar prácticamente todo lo que esté relacionado con su quehacer diario: tareas, actividades, proyectos, programas, equipos profesionales, presupuestos, calendarios, servicios, etc. Se intenta ofrecer una visión amplia, que vaya más allá de lo que tradicionalmente ha sido la unidad de evaluación por excelencia en Trabajo Social, esto es, los programas y proyectos sociales. En el tercer capítulo se presentan los tipos de evaluación que existen sobre todo en relación a la evaluación de programas y proyectos sociales, ya que es donde más extendida ha estado, y está, la práctica evaluativa del trabajador social como hemos señalado anteriormente. En la clasificación se atiende a la fase o aspecto de la intervención que se quiere evaluar. Esto permite centrar la atención en la *naturaleza* de la evaluación, que es una cuestión a definir con carácter obligatorio en cualquier investigación evaluativa. En el cuarto capítulo se abordan las etapas que comprende el proceso de evaluación sobre todo cuando la unidad de evaluación es un programa o proyecto social, así como otras cuestiones relacionadas con este tema, como el papel de los actores sociales en el proceso y los principios éticos que deben regir. Los siguientes capítulos ponen el foco de atención en la parte más aplicada de la evaluación, esto es, en su diseño técnico y en las herramientas que se utilizan para la recogida y el análisis de la información. En concreto, el capítulo cinco explica los elementos que integran cualquier diseño de evaluación: variables, criterios, indicadores, estándares, etc., mientras que el capítulo seis expone las principales técnicas e instrumentos de evaluación, diferenciando entre distintos enfoques metodológicos: cuantitativo, cualitativo y participativo. Completamos el manual con el listado de referencias bibliográficas (básicas y complementarias) y con un apéndice en el que se presenta una guía práctica para el diseño de un plan de evaluación social.

Como se puede apreciar, el libro o manual que el lector tiene en sus manos ofrece una visión plural y actual de la función de *evaluación* en Trabajo Social y Servicios Sociales, sin descuidar el papel protagonista que ha tenido siempre en el marco de los programas y proyectos sociales. Los distintos capítulos que lo componen se aúnan perfectamente, ofreciendo una perspectiva de conjunto. Por eso, esperamos que los contenidos que se presentan resulten de utilidad, y puedan guiar al profesional del Trabajo Social y los Servicios Sociales en la ardua tarea que, en ocasiones, supone la evaluación social.

Capítulo 1
LA EVALUACIÓN: MARCO CONCEPTUAL E HISTÓRICO

SUMARIO: 1. EL CONCEPTO DE EVALUACIÓN. 2. DIFERENCIAS CON RESPECTO A OTROS TÉRMINOS. 3. PRINCIPIOS DE LA EVALUACIÓN. 4. OBJETIVOS DE LA EVALUACIÓN. 5. CONSIDERACIONES PREVIAS A LA EVALUACIÓN. 5.1. Alcances de la Evaluación. 5.2. Opciones Evaluativas / Modalidades de Evaluación. 5.3. Requisitos para que una Evaluación pueda realizarse. 6. EVOLUCIÓN HISTÓRICA DE LA EVALUACIÓN.

La evaluación como tal nace a principios del siglo XX en el ámbito de la Educación, vinculada a la valoración del aprendizaje de los estudiantes. Podría decirse que *evaluación* es un concepto que, en sus orígenes, camina estrechamente de la mano del de *medición del rendimiento escolar*. Esta asociación ha ido evolucionando, hasta el punto de que, en la actualidad, las definiciones que se ofrecen desde el ámbito de la Educación están orientadas a valorar múltiples aspectos, como la adquisición de conocimientos por parte de los estudiantes, el trabajo realizado por los docentes, el funcionamiento y la dinámica de los centros educativos, el desarrollo del currículo escolar, los procesos de enseñanza, etc. Se ha transitado desde una visión única de la evaluación, como medida de resultado de aprendizaje, a otra plural, donde todos los elementos del sistema educativo pueden y deben ser objeto de evaluación. En esta línea, encontramos definiciones como la que sigue, elaborada por pedagogos y maestros (AAVV, 1990). Según ellos, la *Evaluación*:

> ...trata de constatar los cambios que se han producido en el alumno, la eficacia de los métodos y recursos empleados, la adecuación de los programas y planes de estudio, y, en general, todos los demás factores que pueden incidir en la calidad educativa, para poder tomar decisiones oportunas que permitan reconducir el proceso de enseñanza-aprendizaje hasta los fines que se perseguían (p. 12).

Llevada al ámbito de *lo social*, Charles Wright (1990) explica que es a finales del siglo XX, a partir de los años sesenta y setenta, cuando la evaluación de carácter profesional en este ámbito adquiere una especial importancia en países como Estados Unidos o Canadá. En ese momento empiezan a destinarse numerosos recursos y elevadas cantidades de dinero a solucionar los problemas sociales. Los programas de acción social se convierten entonces en un pilar fundamental para las sociedades desarrolladas. Al principio, la evaluación de estos programas era irregular y estaba basada en las opiniones de los profesionales que los programaban y/o ejecutaban; también, en imprecisiones afectadas por aspectos subjetivos, anécdotas personales, referencias y otros datos similares. Sin embargo, con el paso de los años, sigue explicando Wright, se observa un cambio significativo en las actitudes con respecto a las actividades de evaluación, y al tipo y la calidad de las pruebas que se aplican cuando hay que determinar el éxito o el fracaso de un programa o de una intervención de carácter social. Las dos características principales que, según este autor, se observan en esta nueva actitud con respecto a la evaluación son las siguientes:

- Se supone que todo programa de acción social debe ir acompañado de un proceso de evaluación. Se trata de una percepción cada vez más generalizada y aceptada por todos, por lo que la evaluación deja de ser una actividad irregular.
- Se observa una tendencia a exigir pruebas objetivas, rigurosas, sistemáticas sobre el éxito y la calidad de las intervenciones que se realizan, especialmente cuando éstas se financian con fondos públicos. Se supera así ese carácter subjetivo, casi anecdótico, que caracterizaba en un primer momento a la evaluación de programas y acciones sociales.

En lo referente al caso concreto de España, Carmen Alemán y Antonio Trinidad (2012, pp. 74-76) explican que el avance de la evaluación ha seguido un proceso similar al internacional, si bien todavía se encuentra en sus primeras etapas de desarrollo, y le queda mucho para convertirse en una actividad profesional. En el ámbito de los Servicios Sociales, estos autores señalan que se ha ido produciendo un cambio: en décadas pasadas, las autoridades de nuestro país priorizaban los aspectos cuantitativos y prácticos del sistema de servicios sociales, sobre todo buscaban conseguir una cobertura total de la población con necesidades. Eso les hacía descuidar los aspectos de tipo cualitativo y reflexivo, como la calidad, la evaluación o el estudio de la eficacia y de los fallos que habían impedido alcanzarla. Actualmente, las prioridades se concentran cada vez con más intensidad en los elementos cualitativos, puesto que los objetivos cuantitativos parecen estar ya cubiertos. Alemán y Trinidad apuntan que, por eso, no es de extrañar que distintas administraciones públicas hayan incluido en sus planes el tema de la evaluación, o se muestren más concienciados sobre la necesidad de prestar servicios de mayor calidad a la sociedad. Ese interés creciente por la calidad ha hecho, apuntan estos autores, que surja una predisposición hacia la evaluación, que implica "no sólo una mayor y mejor evaluación de las instituciones, sino también una perspectiva que suponga, además de una verificación del funcionamiento del sistema, un método para mejorarlo" (*ibid.* p. 76).

En esta línea, podemos señalar que las últimas décadas del siglo XX supusieron el comienzo de un punto de inflexión para la Evaluación de Servicios Sociales y Trabajo Social en nuestro país. Es un hecho contrastado que, con la llegada de la Democracia a finales de los años setenta, se produce un intenso cambio conceptual en la Política Social de nuestro país. Esto se traduce en un incremento presupuestario para las administraciones públicas, y en una preocupación política y profesional por el desarrollo de estrategias metodológicas que permitan evaluar la eficacia y, sobre todo, la eficiencia de los servicios sociales, es decir, la relación entre los recursos económicos invertidos y los resultados alcanzados. Por ese motivo, entre los años ochenta y noventa empiezan a desarrollarse en España nuevas técnicas y modelos para la evaluación de los servicios sociales. Desde distintas administraciones públicas se ejecutan las primeras experiencias prácticas de evaluación, orientadas en su mayoría hacia la comprobación de los objetivos de los Servicios Sociales y su grado de cumplimiento. Algunos ejemplos los encontramos en la *Evaluación de los Servicios Sociales de Base en Aragón*, publicada en 1986, y que se llevó a cabo desde el Departamento de Sanidad, Bienestar Social y Trabajo de la Diputación General de Aragón, la *Evaluación sobre la Experiencia de Educación Familiar en Servicios Sociales,* también de 1986, realizada por la Consejería de Servicios Sociales del Ayuntamiento de Madrid o la *Avaluació de Programas: Estudi de las Demandes i Recursos en Serveis Socials Municipals,* desarrollada por el Área de Integración Social y Participación Ciudadana de la Diputación de Valencia en el año 1987. Durante este periodo, también se celebran, organizados por distintas diputaciones provinciales de nuestro país, encuentros nacionales de profesionales de diferentes instituciones, la mayoría de ámbito local, interesados por los sistemas de evaluación en servicios sociales. Estos encuentros, de carácter eminentemente técnico, se conciben como un espacio para el intercambio de experiencias y el debate a propósito de nuevas estrategias de evaluación que emplear en la práctica cotidiana de las corporaciones locales y comunidades autónomas. Algunos ejemplos son el *Symposium Nacional de Evaluación de Servicios Sociales,* celebrado en 1989 y patrocinado por la Diputación Provincial de Jaén, o las *Jornadas de Economía de los Servicios Sociales,* que tuvieron lugar en Madrid en 1984, impulsadas por el Consejo General de Colegios de Economistas de España. A nivel internacional, los encuentros de este tipo llevaban ya varias décadas celebrándose, aunque no siempre resultaban del todo útiles, pues servían para plantear sugerencias que, difícilmente, se terminaban llevando a la práctica. Con su expansión y carácter técnico, la evaluación se convierte en un mecanismo para legitimar el uso de los recursos públicos y respaldar las decisiones presupuestarias que toman los actores políticos.

Observamos que la Evaluación en Servicios Sociales y Trabajo Social ha experimentado un cambio brusco a nivel nacional, paralelo al que se ha producido en el contexto internacional. En concreto, se ha pasado de una realidad donde apenas se incluía la evaluación de las intervenciones sociales en los procesos de acción social (era algo anecdótico), a otra donde esta actividad profesional, la de evaluar, adquiere mayor importancia, llegando en muchos casos a ser imprescindible. Desde la Política Social, cada vez con más insistencia, se exige demostrar que la intervención del trabajador o trabajadora social, en todas sus formas, ámbitos y niveles, ha sido eficiente y de calidad, a través de procedimientos rigurosos de evaluación. Primero, la evaluación más rigurosa y profesional se centró en cuestiones como la eficacia, la cobertura y la eficiencia de los programas y proyectos sociales financiados con fondos públicos; este era el tipo de evaluación que predominaba, si bien conviene indicar que en algunos ámbitos de la profesión la evaluación todavía se sitúa en este enfoque o eje. Después, ha ido adentrándose en otros terrenos, como el de la calidad o el funcionamiento de los sistemas, con objetivos y metodologías más innovadoras. De hecho, ha ido evolucionando hacia una conceptualización más global, donde se tienen en cuenta, desde enfoques plurales, todos los elementos que pueden afectar a la calidad. La Figura 2 sintetiza este proceso de transición, que se completa con el desarrollo histórico que se presenta en el apartado 6 de este mismo capítulo.

Figura 2. Breve esquema sobre la Evolución de la Evaluación Social

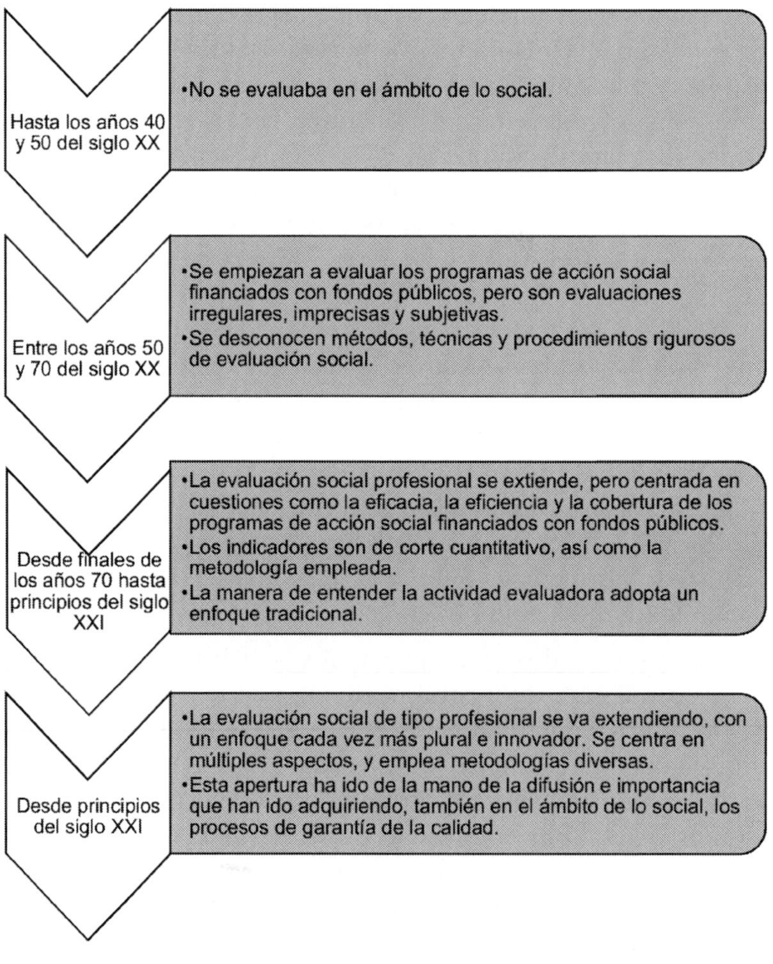

Fuente: Elaboración propia.

El último cambio señalado guarda cierta similitud con el que se produjo en el ámbito de la educación, cuando se pasó de una actividad evaluativa centrada casi de forma exclusiva en los resultados de aprendizaje de los estudiantes, a otra donde se sometían a evaluación todos los elementos del sistema que podían incidir en la calidad educativa. En el ámbito de *lo social* ha pasado, y está todavía pasando, ya que no es una transición que se haya completado, algo parecido, esto es, se está transitando de una evaluación centrada exclusivamente en los resultados y en el logro de los objetivos de intervención a partir de los recursos invertidos, a una evaluación extendida a todos los niveles de intervención, fases, procesos y agentes que participan de los servicios sociales. Aunque el cambio es lento, la evaluación empieza a entenderse como una actividad transversal a todas las actuaciones que ocurren en el ámbito de los Servicios Sociales y el Trabajo Social. La tabla 1 ilustra algunas de las características de esta transición, completando así el contenido de la Figura 2.

Tabla 1. Cambios en la manera de entender la Función Evaluadora del Trabajo Social

VISIÓN TRADICIONAL	VISIÓN INNOVADORA
Se asocia casi de forma exclusiva con la evaluación de programas y proyectos sociales.	Las unidades de evaluación son múltiples: profesionales, equipos de trabajo, organizaciones sociales, programas, proyectos, sistemas, modelos, etc.
Busca determinar el logro de los objetivos, los resultados de la intervención, sobre todo en cuanto a usuarios atendidos y necesidades cubiertas.	Puede tener múltiples propósitos, centrados en cualquier etapa o elemento de la intervención profesional.
Se centra en la eficacia, la eficiencia y/o la cobertura.	Se centra en cualquier elemento que pueda afectar a la calidad de la intervención profesional: análisis, diagnóstico, planificación, implementación, impacto, resultados, etc.
Se realiza al final de la intervención.	Se puede realizar en cualquier momento, dependiendo de los fines que persiga.
Se concibe como un mecanismo de control y justificación de la inversión pública.	Se concibe como un mecanismo de mejora.
La metodología empleada es de carácter cuantitativo.	Se emplean múltiples enfoques metodológicos, acorde con el objeto de estudio o evaluación.
Los usuarios de servicios sociales intervienen de forma pasiva, como destinatarios de la intervención.	Los usuarios y demás actores sociales intervienen de forma activa en el proceso de evaluación, a través de un enfoque metodológico participativo.

Fuente: Elaboración propia.

Pero ¿qué se entiende por *Evaluación*?, ¿a qué nos referimos cuando hablamos de evaluar la práctica profesional?, ¿por qué evaluar en Trabajo Social y Servicios Sociales?, ¿con qué objetivos?, ¿qué principios deben guiar esas evaluaciones?,

¿qué requisitos son necesarios? A estas y otras cuestiones de carácter más teórico o conceptual daremos respuesta en este tema, de la mano de las aportaciones que han realizado expertos en la materia.

1. EL CONCEPTO DE EVALUACIÓN

Si nos centramos en el campo de *lo social*, existen definiciones precisas sobre lo que implica cualquier proceso o actividad de evaluación. Para Ander-Egg (1990, p. 19), el término *Evaluación* "es una palabra elástica que tiene usos diferentes y que puede aplicarse a una gama muy variada de actividades humanas". En una acepción amplia o general, "designa el conjunto de actividades que sirven para dar un juicio, hacer una valoración o medir algo (objeto, situación o proceso)". Se trata así de un término íntimamente ligado a la idea de *medición,* pero que va más allá; pues no sólo implica "determinar la extensión y/o cuantificación de una cosa", como sucede con la medición, sino que también supone "determinar el valor" de esa cosa, con respecto a unos criterios de valoración, para emitir un juicio. Aplicada al ámbito del Trabajo Social, sobre todo a la evaluación de programas, proyectos y planes, la evaluación, tomando en consideración las palabras de Ander-Egg (*ibid.*), consiste en:

> ...utilizar una serie de procedimientos destinados a comprobar si se han conseguido o no las metas y objetivos propuestos, identificar los factores o razones que han influido en los resultados (éxito o fracaso) y formular las recomendaciones pertinentes que permitan tomar decisiones con el fin de introducir correcciones o reajustes que sean necesarios (p. 19).

De esta definición, Ander-Egg extrae cuatro momentos claves que, a su vez, representan las características fundamentales de una evaluación según este autor (*ibid.* pp. 19 y 20):

1. Momento de la comprobación: consiste en confirmar lo que se ha hecho y los resultados obtenidos.
2. Momento de la comparación: cuando lo que se ha hecho se compara con lo que se quería hacer (metas y objetivos propuestos), utilizando criterios objetivos, no opiniones.
3. Momento de la identificación de los factores que influyeron en los resultados: en este punto se identifica por qué se ha conseguido lo que se pretendía o por qué no.
4. Momento de la toma de decisiones: en base a lo que se ha concluido en los momentos anteriores, se proponen correcciones, reajustes, sugerencias, modificaciones, etc. para mejorar el desarrollo y funcionamiento de

aquello que ha sido objeto de evaluación. Esto último, podemos señalar, se constituye como el fin de cualquier evaluación.

Este mismo investigador trae a colación en sus escritos otras definiciones oficiales de *evaluación* (*ibid.* p. 20). Una de ellas es la que ofrece la Organización Mundial de la Salud (OMS), sobre la evaluación de los programas de salud. Para esta institución, evaluar es "un medio sistemático de aprender empíricamente y de analizar las lecciones aprendidas para el mejoramiento de las actividades en curso y para el fomento de una planificación más satisfactoria mediante una selección rigurosa entre las distintas posibilidades de acción futura". Todo esto supone, apunta Ander-Egg, un análisis crítico de los diferentes aspectos del establecimiento y la ejecución de la intervención o programa: sus actividades, pertinencia, formulación, eficiencia y eficacia, costes y aceptabilidad para todas las partes interesadas.

Siguiendo con el significado que se atribuye al concepto que estamos revisando, De la Orden (1983, p. 93) considera que la *evaluación* hace referencia al "proceso de recogida y análisis de información relevante para describir cualquier faceta de la realidad social y emitir un juicio sobre su adecuación a un patrón o criterio previamente establecido, como base para la toma de decisiones". La evaluación se entiende, por tanto, como "un mecanismo optimizador del que dispone la sociedad para describir, valorar y reorientar la acción de los agentes sociales que operan en ella a través de sus instituciones".

Para Espinoza (1983, pp. 14 y 15) la *evaluación* supone comparar, en un instante determinado, lo que se ha alcanzado mediante una acción, con aquello que se debería haber alcanzado de acuerdo con la programación establecida previamente. Esta definición lleva implícita tres elementos clave según el autor:

1. La existencia de una situación prevista que fue definida previamente.
2. La existencia de una situación real, que se ha alcanzado por medio de unas acciones ejecutadas.
3. Un proceso de comparación entre ambas situaciones para determinar si son iguales o desiguales y conocer los factores que han provocado esa igualdad o desigualdad.

Insistiendo en su conceptualización, Espinoza plantea que es un proceso para establecer juicios acerca de unos eventos seleccionados (en este caso, el programa/proyecto o aquello que se va a evaluar, es decir, la unidad de análisis) con patrones de valor específicos, con el fin de tomar decisiones entre cursos alternativos de acción; se podría decir que la evaluación es un enjuiciamiento analítico entre lo planteado y lo realizado.

Desde una perspectiva amplia, Alemán y Trinidad (2012, pp. 81 y 82) definen la evaluación como la aplicación sistemática de métodos cualificados de las Ciencias Sociales con la intención de conocer y juzgar el diseño, procesos, resultados y efectos de las intervenciones ejecutadas mediante un conjunto de medidas aplicadas en un tiempo y contexto determinados. A partir de un exhaustivo análisis de múltiples definiciones, concluyen que hay una serie de aspectos recurrentes en la conceptualización del término. Son los siguientes (*ibid.* p. 83): a) establecer un juicio de valor, b) se encuentra integrada en un programa o programación, c) supone una reflexión sistemática, d) facilita la mejora del programa, e) exige la voluntad de reflexionar por parte de quien la inicia, f) ayuda a comprender la realidad de la intervención, g) es un proceso sistemático, h) facilita la toma de decisiones, y i) es permanente. De todos estos aspectos, hay tres que Alemán y Trinidad destacan, pues son claves para entender el significado del concepto de *evaluación*. El primero de ellos es «juicio de valor»; este implica no sólo recoger e interpretar información, sino también emitir juicios sobre el valor de los objetivos mismos. Estos autores apuntan que el término *valor* es central en la evaluación, hasta el punto de que si no se emite esa valoración no se está haciendo evaluación. El segundo aspecto que destacan es la «sistematización», esto es, la precisión con la que se recoge la información, "atendiendo a un proceso descriptivo, riguroso y no normativo". El tercer aspecto que destacan es el de «ayuda», pues la finalidad de cualquier evaluación debe ser ayudar a los profesionales para comprender su realidad y reflexionar sobre ella.

Sobre el significado del concepto que nos ocupa, Alvira (2002, pp. 7 y 8) explica que la evaluación "conlleva la aplicación de procedimientos sistemáticos y rigurosos de recogida de información y análisis", a fin de "emitir un juicio de valor" sobre aquel objeto o realidad que está siendo evaluado/a. Plantea, como novedad, la existencia de un cierto paralelismo entre *Evaluación* e *Investigación*. De hecho, la evaluación puede entenderse como una investigación aplicada que se realiza en Ciencias Sociales, por lo que es común referirse a ella como una *Investigación Evaluativa*. Sin embargo, evaluar es mucho más que investigar señala Alvira, puesto que implica la emisión de un juicio de valor sobre aquello que está siendo objeto de evaluación, cosa que no tiene por qué ocurrir en una investigación. Aun siendo la más importante, ésta no es la única característica que separa la *evaluación* de la *investigación* según este autor. La otra, apunta Alvira, es el énfasis que en el proceso de evaluación se da a la utilización de los resultados —estos van a servir para emitir juicios de valor que, a su vez, posibiliten la toma de decisiones—, y a la participación de lo que se conoce como las *partes interesadas*, que son aquellas personas que tienen un interés legítimo y objetivo en aquello que está siendo evaluado. Estas pueden ser los propios usuarios, políticos, administradores, técnicos, organizaciones del entorno, etc. Su participación permite elegir adecuadamente las preguntas y objetivos de evaluación, los criterios e indicadores, los métodos y técnicas de recogida de la información, etc., además de que es importante para que los resultados sean útiles y se puedan emplear, concluye

Alvira. Retomaremos el tema de las *partes interesadas* más adelante, concretamente en el capítulo cuatro de este manual, cuando hablemos de los actores sociales de una evaluación.

En otra de sus publicaciones (1997, citado en Aguilar, 2013, pp. 387 y 388), Alvira hace hincapié de nuevo en la relación que existe entre la evaluación y la investigación, apuntando que son términos afines, pero no idénticos, que conllevan procedimientos similares con numerosos puntos de coincidencia, pero con diferencias básicas esenciales. Al respecto, añade tres cuestiones que ayudan a comprender su visión acerca del binomio *investigación-evaluación*. Para comenzar, señala que la evaluación exige la presencia de *criterios de valor* que permitan valorar lo que se está evaluando e interpretar los resultados con mayor acierto; ese requisito no es obligatorio en una investigación. Por tanto, el proceso de selección de los criterios de valor y de establecimiento de objetivos de evaluación en línea con esos criterios es propio de las evaluaciones y no de las investigaciones. En segundo lugar, Alvira indica que ambas acciones implican la recogida de información, pero, en el caso de la evaluación, la información que se necesita viene dada por los criterios de valor, y, además, las técnicas e instrumentos a emplear se seleccionan no sólo en función de su adecuación técnico-metodológica, sino también de su credibilidad y adecuación práctica. Estos últimos criterios de selección priman por encima del criterio de cientificidad, de tal forma que, de entre todas las técnicas de recogida de datos, se elige aquella que sea más adecuada al presupuesto y al tiempo disponible para ejecutar la evaluación, y que goce además de mayor credibilidad para los actores sociales —*partes interesadas*— que han encargado la evaluación y deben usar sus resultados para la toma de decisiones. En investigación, explica Alvira, el criterio que predomina tanto en la selección de las técnicas como en el análisis de la información es el de adecuación metodológica. Como tercera cuestión, este autor señala que una evaluación debe ser, ante todo, útil, respondiendo en tiempo y forma a las preocupaciones de los clientes que la encargan y buscando maximizar la probabilidad de utilizar sus resultados. La búsqueda de esa utilidad condiciona todo el proceso de evaluación, lo que justifica el uso de técnicas que tengan una mayor probabilidad de utilización de los resultados.

Nirenberg, Brawerman y Ruiz (2000, pp. 36-38) también reflexionan sobre la relación que se establece entre la investigación y la evaluación. Apuntan que, a pesar de sus similitudes, no son acciones equivalentes. Mientras que la investigación busca ampliar el conocimiento científico, estableciendo relaciones entre hechos, fenómenos, situaciones, etc., la evaluación busca mejorar la acción; supone, además, la emisión de juicios de valor. Por tanto, la *investigación* finaliza, según estas autoras, con conclusiones sobre cómo ocurren los hechos, lo que alimenta el acervo de conocimiento y retroalimenta ciertas teorías, mientras que la *evaluación* termina con recomendaciones, que permitan actuar, de alguna manera, sobre lo que se está evaluando.

Desde nuestro punto de vista, la investigación en Trabajo Social se asocia sobre todo con el análisis de necesidades, que es una de las primeras fases en el proceso metodológico de la disciplina, como veremos más adelante. Este análisis está orientado a conocer los orígenes, características y gravedad de los problemas sociales. Busca identificar y definir esos problemas o necesidades para generar recursos y servicios apropiados, sobre la base de un diagnóstico, que permitan su solución. La investigación se reserva para la valoración de las situaciones sociales; pone el énfasis en la producción y acumulación de conocimiento, mientras que la evaluación se interesa, sobre todo, por recomendar cursos/estrategias de acción eficaces para la mejora de aquello que está siendo evaluado, un "aquello" que, por lo general, en el ámbito del trabajo social, está orientado hacia la resolución de problemas o necesidades sociales. La evaluación es, por tanto, una investigación social aplicada, dirigida a obtener información que permita emitir un juicio sobre el elemento o la acción que está siendo evaluada.

Como última definición sobre el término de *evaluación* podemos analizar la que ofrecen las autoras ya citadas Nirenberg, Brawerman y Ruiz (*ibid.* pp. 32-35). Para ellas, la evaluación es una actividad *programada* que permite *reflexionar* sobre la acción. Una acción que puede, bien estar propuesta para su futura realización, bien estar en curso o bien haberse realizado ya. Las autoras señalan que la evaluación se lleva a cabo mediante procedimientos sistemáticos de recolección, análisis e interpretación de información, y a través de comparaciones con respecto a parámetros definidos. Concluyen que la finalidad de cualquier evaluación es la de emitir juicios de valor fundamentados y comunicables sobre las actividades y los resultados de las intervenciones sociales, para formular recomendaciones que permitan tomar decisiones que mejoren la acción.

Vemos que son diversas las definiciones que se han realizado a propósito del concepto de *Evaluación*. Se trata de un término que ha evolucionado rápida y profundamente, enriqueciéndose con nuevas aportaciones. A pesar de la pluralidad de definiciones y enfoques, Medina y Medina (2011) explican que en todas las que se han podido dar hay siempre un elemento nuclear. Se trata del uso de la evaluación como *mecanismo que permite asignar juicios de valor* a aquello que está siendo objeto de evaluación tomando como elemento de referencia los criterios de valoración. Sin embargo, en cada definición, los autores incluyen diversos elementos que convierten al concepto en una realidad multifacética. Gardner, ya en 1977, lo describía a partir de cinco categorías, según aquella faceta de la evaluación en la que los teóricos pusieran el foco de atención (*ibid.* p. 152):

1) Evaluación entendida como juicio profesional: se centra en la opinión experta de profesionales cualificados en las técnicas de evaluación.

2) Evaluación como medida: identifica el concepto de evaluación con el de medida. Evaluar significa medir resultados, efectos o realizaciones usando algún tipo de instrumento formal, por ejemplo, un test, que produzca información que se pueda comparar con una escala estándar.

3) Evaluación como determinación del grado de congruencia entre realizaciones y objetivos: evaluar consiste en un proceso de identificación de metas, objetivos o criterios de realización; medición de los productos y comparación de los datos obtenidos con los criterios establecidos previamente.

4) Evaluación orientada a la toma de decisiones: la evaluación es un proceso encaminado a determinar, obtener y proporcionar información para juzgar decisiones alternativas.

5) Evaluación sin referencia a objetivos: evaluar consiste en identificar y juzgar el valor de los resultados reales independientemente de metas y criterios preestablecidos, con especial atención a las actitudes generadas por las personas implicadas en el programa o la acción que se está evaluando.

Concluimos este epígrafe señalando que la conceptualización del término en el ámbito de lo social es diversa, pero si tuviéramos que sintetizar su significado, diríamos que los aspectos claves en cualquier *Evaluación* son los siguientes:

- Recoger información válida y fiable, con la mayor objetividad y precisión posibles, sobre aquello que se quiere evaluar, a través de un proceso metodológico diseñado de manera rigurosa.
- Analizar e interpretar esa información en base a los criterios de valoración fijados de antemano, y compararla con los estándares de evaluación establecidos en la fase de planificación de la evaluación, estimando su adecuación.
- En base a esa adecuación, emitir juicios de valor con el fin de formular recomendaciones y tomar decisiones que permitan mejorar lo evaluado.

Esto permite señalar cuáles son los elementos imprescindibles en la conceptualización del término *evaluación*. Para comenzar, hay que tener claro que es una investigación y, como tal, debe diseñarse y ejecutarse de manera rigurosa; esto quiere decir que tiene que estar diseñada —programada— sobre la base de un plan de trabajo sistematizado, donde estén clarificados todos los elementos de cualquier investigación: objetivos, variables, unidades de medida o análisis, tipo de diseño, metodología, técnicas e instrumentos para la recogida de información, técnicas de análisis, recursos, etc. La evaluación debe estar prevista de antemano, es decir, programada con antelación; debe figurar desde el principio en el contexto del proyecto, programa o acción/aspecto a evaluar. No es algo que se pueda improvisar o diseñar "sobre la marcha". Se recomienda que la evaluación, si está referida a un programa o proyecto de intervención social, se diseñe a la vez que éste para evitar posibles sesgos en su ejecución. Atendiendo a su finalidad, es una investigación social aplicada, pues lo que busca es obtener información para la acción, es decir, unos resultados que permitan, a partir de la reflexión, emitir un juicio fundamentado y comunicable sobre el valor de aquello que está siendo objeto de evaluación. Ese juicio va a servir para tomar decisiones objetivas y racionales sobre lo que se está evaluando, que supongan una mejora global o parcial. Unas veces querremos emitir juicios sobre la forma en la que se ha hecho algo, otras veces sobre el resultado que arroja, otras sobre su diseño, otras sobre el rendimiento de un profesional, etc. El aspecto sobre el que centremos la acción de evaluar, y por tanto la emisión del juicio de valor, será lo que determinará el tipo de evaluación, su naturaleza. Se le conoce como la *unidad de evaluación.*

2. DIFERENCIAS CON RESPECTO A OTROS TÉRMINOS

Aguilar y Ander-Egg (1992, pp. 4-8) señalan lo importante que resulta distinguir el concepto de *evaluación* de otros que, siendo similares y utilizándose en ocasiones como sinónimos, tienen alcances diferentes. En sus explicaciones aluden, de forma concreta, a cinco términos:

1. Hablan en primer lugar de **Medición**, al que ya se ha hecho referencia previamente. Al respecto, señalan que, si bien la medición aporta información sobre una cosa, al igual que hace la evaluación, esta última va más allá porque implica valorar esa información para emitir un juicio sobre el objeto evaluado. Por tanto, se puede medir sin valorar, y también se puede valorar algo sin medir. Insisten en que son conceptos diferentes, aunque apuntan que la medición ayuda en la tarea de evaluación; de hecho, para evaluar, a veces es necesario *medir* ciertos aspectos del objeto a evaluar. En la conceptualización más tradicional de la evaluación, la medición era una actividad imprescindible, llegando a contemplarse como la única forma posible de evaluar.
2. Otro concepto que, según estos autores, se confunde a veces con el de evaluación es **Estimación**; explican que la evaluación normalmente pretende alcanzar la mayor objetividad y precisión posible, mientras que la estimación tiene un carácter aproximado que, con frecuencia, está cargado de subjetividad. Esto significa, según los autores, que, si se cumplen requisitos metódicos, científicos y técnicos, y se aplican los procedimientos y reglas del método científico de manera rigurosa y sistemática, se trata de una evaluación, mientras que, si los criterios son difusos y/o subjetivos, y el procedimiento no es del todo riguroso, se trataría de una estimación.
3. El siguiente concepto que estos autores destacan es el de **Seguimiento**; hace referencia a un "proceso analítico que, mediante un conjunto de activi-

dades, permite registrar, recopilar, medir, procesar y analizar una serie de informaciones que revelan la marcha o desarrollo de una actividad programada" (p. 6). Mientras que el seguimiento tiene por objetivo, según Aguilar y Ander-Egg, lograr la consecución de las metas de un programa, la evaluación pretende enjuiciar esos logros y el nivel con el que se han obtenido, así como los resultados obtenidos como consecuencia de dicho programa. El seguimiento muchas veces es parte de la función gerencial; debe realizarse de manera rutinaria o periódica para la adecuada operación de un proyecto o prestación de un servicio, por eso estos autores lo consideran una unidad de apoyo o asesoramiento. El seguimiento ayuda en la tarea de evaluar porque ofrece información, pero se puede evaluar sin hacer un seguimiento, igual que se pueden hacer seguimientos sin que esa tarea implique necesariamente la de evaluar.

4. La evaluación a veces también se confunde con el término **Control**. La diferencia fundamental, según Aguilar y Ander-Egg, es que control es una verificación de algo, constatar lo que ha pasado, mientras que la evaluación es un enjuiciamiento sobre ese algo, juzgar por qué pasa lo que pasa. Cierto es que, para emitir ese juicio, puede ser que antes se haya tenido que verificar algo, como los resultados. De ahí las confusiones tan comunes entre ambos términos.

5. Aguilar y Ander-Egg comparan, de manera sencilla, la **Programación** o **Planificación** de la intervención, dependiendo de su nivel, con la Evaluación. Indican que *programar* es introducir una organización y racionalidad en la acción para lograr metas y objetivos, mientras que la *evaluación* es una forma de verificar y enjuiciar esa racionalidad, midiendo el cumplimiento de los objetivos y las metas establecidas previamente, y la capacidad de alcanzarlos. De ahí que todos los programas/proyectos de intervención deban indicar, en su programación, la naturaleza y el tipo de evaluación que van a realizar. Alemán y Trinidad (2021, p. 18) señalan que la tarea de planificación consiste en establecer o seleccionar unos medios para la consecución de unos fines fijados con anterioridad. Traen a colación la definición que ofrece Naciones Unidas, organismo para el que la *planificación* es un proceso de elección y selección entre formas alternativas de actuación, para la asignación de recursos escasos, en orden a obtener unos objetivos sobre la base de un diagnóstico preliminar que cubre todos los factores relevantes que pueden ser identificados.

6. Además de los cinco conceptos que proponen Aguilar y Ander-Egg, existen otros que también se suelen confundir con el término de evaluación. Uno de ellos es el de **Valoración**. Lo cierto es que se encuentran íntimamente relacionados, hasta el punto de ser considerados sinónimos. De hecho, como Fernández-Ballesteros (2001, p. 22) explica, el término *evaluación* en

un derivado del latín *valere* (valorar), así que en un sentido estrictamente semántico podrían venir a significar lo mismo, al menos en la lengua española. La Real Academia de la Lengua Española (RAE) señala que evaluar consiste en indicar el valor que tiene algo, mientras que la valoración es la acción de valorar, es decir, de reconocer el mérito de algo. Vemos que las definiciones coinciden casi a la perfección, de ahí que se pueda pensar que estamos ante dos sinónimos como ya hemos señalado. Sin embargo, creemos que, en un sentido aplicado y propio de la disciplina en la que nos encontramos, la valoración es una parte de la evaluación; es decir, toda evaluación está orientada a obtener unos resultados que valorar conforme a unos criterios preestablecidos. En base a esa valoración, se toman de decisiones. Por tanto, la evaluación es más amplia que la valoración. Incluye una serie de elementos, fases, métodos, procesos, etc. que organizados de manera correcta conducen a la valoración de resultados, que, por otra parte, es uno de los elementos centrales de las evaluaciones, ya que permite, a posteriori, la toma de decisiones.

7. Aunque en el siguiente capítulo ahondaremos en él con más detalle, no podemos obviar en este punto las confusiones que se producen con respecto al término de **Supervisión**. Al igual que la evaluación, es una función que puede ejercer el trabajador social. Son distintas, pero se encuentran interrelacionadas, de hecho, a veces son complementarias. Como explica la Organización Internacional para las Migraciones (OIM, 2020), las evaluaciones son el principal medio para examinar la causalidad de los hechos, mientras que la supervisión señala si los indicadores han cambiado, pero no logra explicar en detalle por qué se ha producido ese cambio. Por tanto, la principal diferencia entre las dos se encuentra en la atención que prestan a las cuestiones de examen y su distribución temporal en el ciclo de programación, concluye la OIM. La supervisión lleva implícita la acción de *acompañar* en un proceso o acción, mientras que la evaluación no. Es común que surjan también dudas sobre las diferencias que existen entre la supervisión y el seguimiento. Para empezar, la supervisión normalmente la hace un responsable, alguien que está por encima en el organigrama, mientras que el seguimiento lo ejerce cualquier persona a la que se le atribuya esa tarea. El seguimiento se refiere a acciones programadas y organizadas en fases o secuencias temporales, tiene que ver con una habilidad de gestión del tiempo, mientras que la supervisión se centra más bien en la labor desarrollada por un profesional, por eso se habla de supervisión profesional. La supervisión consiste en comprobar que ese profesional ha realizado sus actividades o tareas de acuerdo con unos estándares establecidos y vigentes (manual de buenas prácticas, políticas y normas, procedimientos establecidos, etc.), mientras que el seguimiento es comprobar

que la ejecución de tareas se está realizando en tiempo y forma según lo previsto en la programación. La supervisión a veces tiene una connotación educativa, es decir, se orienta hacia la formación o el aprendizaje del sujeto como veremos en el siguiente capítulo. En cualquier caso, ambos términos implican cierta continuidad en la tarea.

8. Las confusiones también se suelen plantear con respecto al término de **Revisión**. Efectivamente, revisar implica observar algo con detalle, a veces con el propósito de corregirlo, pero esta actuación no tiene por qué implicar una evaluación. El glosario de términos clave en evaluación que acaba de reeditar la OCDE (2023, p. 55) señala que una evaluación suele ser una valoración más sistemática y completa que una revisión; las revisiones, por su parte, tienden a hacer hincapié en aspectos más operativos.

9. El último concepto sobre el que vamos a reflexionar en este epígrafe es el de **Auditoría**. Muchas veces una evaluación se confunde con una auditoría; esa confusión está justificada, ya que las auditorías son una forma de evaluación. Según el Diccionario de la Real Academia de la Lengua Española (RAE), la auditoría se define, en la primera de sus acepciones, como una "revisión sistemática de una actividad o de una situación para evaluar el cumplimiento de las reglas o criterios objetivos a que aquellas deben someterse". Vemos que la definición coincide con la de evaluación. Las diferencias vienen dadas por el hecho de que las auditorías, si bien se apoyan en los mecanismos tradicionales de la evaluación, tienen sus propias características, procesos, herramientas, etc. Las auditorías suelen poner el foco de atención en las cuestiones financieras; actúan como un sistema de control para proteger los activos e incrementar la eficiencia y la calidad operativa. Se dan, sobre todo, en el ámbito empresarial; actúan a nivel organizacional. Las auditorías comprenden normalmente el monitoreo de una organización o sistema. Recientemente, se asocian cada vez más con la calidad, es decir, son procesos de evaluación orientados a conocer si se cumplen los criterios de calidad en el seno de una organización. Fernández, Lorenzo y Vázquez (2012, p. 49) explican en el Diccionario de Trabajo Social que las auditorías de calidad pueden ser de tres tipos: *auditoría interna o de primera parte*, en la que es la organización la que analiza su propio sistema de calidad; *auditoría de segunda parte*, que se realiza por sectores que tienen un interés en la organización como los clientes, los proveedores, etc.; y *auditoría de tercera parte*, también denominada auditoría de certificación, realizada por organismos externos independientes que se encargan de proporcionar la certificación de calidad o el registro de conformidad con sistemas como las Normas ISO.

3. PRINCIPIOS DE LA EVALUACIÓN

Para que una evaluación se considere científica tiene que cumplir una serie de requisitos o principios. Sobre ellos existe un cierto consenso. De hecho, la mayoría de los teóricos han coincidido, en mayor o menor medida, en señalar cuáles son. Siguiendo casi de forma textual los esquemas y explicaciones que proponen Aguilar y Ander-Egg (1992, pp. 52-55), Ander-Egg (1990, pp. 22-24) y Espinoza (1983, pp. 20 y 21), los principios inherentes a la evaluación, es decir, aquellas características que debe cumplir para considerar que es científica, son los siguientes:

OBJETIVIDAD. Los hechos hay que estudiarlos tal y como se dan en la realidad, es decir, hay que medirlos y analizarlos sin tener en cuenta opiniones o ideas preconcebidas de los evaluadores, sin contaminarlos con la manera de pensar o sentir de éstos. Es cierto que nunca se consigue prescindir por completo de eso que algunos autores denominan "ecuación personal", es decir, de las opiniones, ideologías, formas de pensar, etc., pero hay que controlarlas para que no distorsionen el trabajo. Tener un marco teórico o referencial desde el que realizar la evaluación sirve de ayuda. El hecho de que el equipo de evaluación sea heterogéneo y esté integrado por personal tanto externo como interno también resulta de ayuda.

VALIDEZ. La evaluación se considera válida cuando mide, de una forma demostrable y controlable, libre de distorsiones sistemáticas, aquello que trata de medir. Los resultados de la evaluación se pueden comprobar mediante procesos comparativos con situaciones externas o futuras al hecho evaluado. Para tener garantías respecto a la validez de la evaluación, existen diferentes métodos de validación que Aguilar y Ander-Egg (1992, pp. 52 y 53) explican de la siguiente manera:

- Validez derivada de la responsabilidad y preocupación por parte del observador de no introducir errores a causa de sus preferencias personales o de nociones preconcebidas.
- Validez pragmática, consistente en encontrar un criterio exterior al instrumento de medida para relacionarlo con las puntuaciones obtenidas o juicios formulados.
- Validez predictiva, se comprueba con los resultados obtenidos en el futuro; el instrumento es válido en la medida que permite predecir con exactitud un comportamiento posterior.
- Validez en cuanto que se crean las condiciones para que el estudio evaluativo pueda realizarse.
- Validez concurrente, contrasta los resultados con otros elementos de juicio y con tipos de validez pragmática.

- Validez estadística, asegurando validez en las posibles inferencias y en la representatividad de la población escogida como muestra.

Aguilar y Ander-Egg añaden que, otros criterios de validez comúnmente tenidos en cuenta, sobre todo en los diseños/modelos cuasiexperimentales y experimentales que veremos con detalle en el capítulo cinco de este manual, son los de validez interna y externa:

- Validez interna hace referencia a la validez mínima imprescindible, sin la cual es imposible interpretar algo. Supone tener en cuenta en qué medida el grado de variación observado en la variable dependiente es un efecto generado por la variable independiente. Se trata de establecer las relaciones de tipo causal entre variables.
- Validez externa, que plantea el interrogante de si los resultados se pueden generalizar a otras circunstancias, situaciones, contextos o unidades de análisis.

FIABILIDAD. Una evaluación es fiable o segura cuando, aplicada repetidamente a un mismo hecho, persona o grupo, o al mismo tiempo por investigadores diferentes, proporciona resultados iguales o parecidos. Desde un punto de vista técnico, el problema de la fiabilidad se presenta, sobre todo, con respecto al instrumento que se utiliza, aunque también puede estar en relación con los sujetos que realizan la evaluación y con la metodología que se emplea. El uso de un instrumento u otro hace que la evaluación sea más o menos fiable. Para determinar la fiabilidad de los instrumentos existen dos opciones según Ander-Egg (1990, p. 23):

- Análisis de la estabilidad de los resultados mediante la aplicación de medidas repetidas.
- Estudio de la equivalencia de los resultados, cuando los instrumentos son aplicados por diferentes personas.

PRACTICIDAD O UTILIDAD. Alude al hecho de que hay que ser prácticos en todos los sentidos. Debe entenderse en un doble aspecto, según las explicaciones de Aguilar y Ander-Egg (1992, pp. 54 y 55), que reproducimos a continuación. Por una parte, con respecto a los instrumentos y medios que utilicemos en la evaluación: de poco sirve realizar evaluaciones con instrumentos muy sofisticados cuando lo que se quiere conseguir puede hacerse a través de procedimientos más sencillos. Por otra parte, con respecto al uso que vayamos a dar a los resultados: la practicidad de una evaluación viene dada por la adecuación del modelo utilizado con el destino que se quiera dar a las conclusiones y recomendaciones finales de la evaluación. La evaluación debe diseñarse en base a unas características que permitan tomar decisiones sobre la situación estudiada. La evaluación debe ser útil, es decir, debe servir para mejorar lo que se está evaluando; en este sentido, los resultados deben ser aplicables y utilizables por parte de quienes tienen asumida la responsabilidad de lo que está siendo evaluado. Los resultados deben servir para la toma de decisiones.

OPORTUNIDAD. La evaluación se debe aplicar en el momento adecuado para que no se produzcan distorsiones, normalmente como consecuencia del paso del tiempo. Las conclusiones también deben ser entregadas en el momento oportuno. Ander-Egg (1990, p. 24) destaca que no hay que perder de vista dos cuestiones que tienen que ver con la oportunidad de la evaluación. La primera es que debe realizarse en un momento en el que sea posible introducir cambios en el proceso de gestión de un programa o proyecto; y, la segunda, que se haga con plena aceptación de los responsables políticos, técnicos y administrativos. Si no se hace atendiendo a estos dos aspectos, se realizará un esfuerzo poco práctico, bien porque los resultados y conclusiones de la evaluación ya no servirán para nada y no podrán aplicarse, y/o bien porque no existirá interés por tener en cuenta los resultados obtenidos.

Estos son los principios que deben regir para determinar el carácter científico de una evaluación. En la práctica, se pueden plantear otros adicionales, que orienten el proceso de evaluación, sobre todo cuando éste se encuentra referido a una intervención social del profesional. Para Alemán y Trinidad (2012, p. 84) los principios más relevantes a este nivel serían los siguientes:

- *El carácter procesual y continuo de la evaluación.* Esto quiere decir que la actividad evaluadora debe estar presente de forma sistemática en el desarrollo de todo tipo de intervención social, y no sólo en momentos aislados o puntuales.
- *Debe estar contextualizada.* Cada intervención social se desarrolla en un contexto determinado, por ello la evaluación debe ser conocedora de ese contexto y adecuarse a las características propias de la comunidad y sus participantes.
- *Debe ser abierta.* Esto significa que todos aquellos sectores implicados puedan intervenir.
- *Debe ser holística.* Debe tener presente la totalidad de elementos que forman parte de la intervención, considerándola como un fenómeno complejo e influenciado por múltiples factores previstos y no previstos.
- *Debe ser individualizada.* Significa tener en cuenta a los sujetos, no perder como referencia la individualización, analizando el proceso de intervención que se ha seguido conforme a sus características y necesidades personales.
- *Debe ser objetiva y explicativa.* Ofrece datos e interpretaciones para poder entender y valorar los procesos.

- *Debe respetar la intimidad de los participantes en el proceso evaluador*. Esto se refiere a la utilización de cualquier información que les afecte. Por eso, a veces, la información se presenta de manera agregada.

4. OBJETIVOS DE LA EVALUACIÓN

Pasando al plano de los objetivos de la evaluación, Ander-Egg (1990, p. 29) explica, como formulación general y primera aproximación, que la evaluación tiene como objetivo fundamental "saber cómo va aquello que se está haciendo". Esto es, saber en qué medida se están alcanzando los objetivos propuestos dentro de la intervención social programada previamente. Vemos que la finalidad en este caso se alinea con la visión más tradicional de la evaluación en trabajo social, cosa que tiene sentido puesto que las palabras del autor corresponden a los años noventa. Espinoza (1983, p. 16) señala que la evaluación responde necesariamente al principio de utilidad. No se evalúa por el simple hecho de saber algo, sino para mejorar la acción, incluso eliminarla si se considera que esta es la opción más razonable. Como objetivos, Aguilar y Ander-Egg (1992, pp. 47-52), Ander-Egg (1990, pp. 29-31) y Espinoza (1983, p. 17) proponen los siguientes (para construir este apartado nos apoyamos casi textualmente en las explicaciones vertidas por los autores en las tres obras citadas previamente):

1. Medir el grado de pertinencia, idoneidad, efectividad y eficiencia de un proyecto. Explicamos a continuación en qué consiste cada uno de estos términos.

   - *Pertinencia o propiedad*: capacidad que tiene el proyecto de intervención para resolver la situación o problema que lo originó. Hay que valorar la adecuación del proyecto al contexto en el que se desarrolla, bien en relación con las necesidades que debe satisfacer o con respecto a los problemas que debe resolver, o a criterios de prioridad previamente establecidos.

   - *Idoneidad o suficiencia*: coherencia entre las actividades y tareas del proyecto de intervención, y sus metas y objetivos. En este sentido, hay que analizar los métodos y técnicas utilizados, así como las actividades, a fin de observar si lo que se ha diseñado se adecua con los objetivos y metas que se quieren alcanzar.

   - *Efectividad o eficacia*: capacidad que tienen las actividades y tareas del proyecto de intervención para alcanzar los objetivos y metas que él mismo define, en cantidad, calidad y tiempo. La evaluación de la efectividad sirve para mejorar la formulación de un programa/proyecto o para reajustar la organización de unos servicios. Se trata de medir el producto final que resulta de lo realizado y comprobar en qué medida se han producido los efectos deseados.

- *Eficiencia o rendimiento*: consiste en determinar el índice de productividad o rentabilidad del proyecto, es decir, la relación entre los logros finales (bienes y servicios; resultados obtenidos) y los recursos que han sido necesarios para su realización (esfuerzos desplegados; insumos requeridos). Esto permite averiguar si un programa/proyecto/servicio se puede realizar de manera más económica y en menor tiempo. Se busca saber hasta qué punto los gastos se justifican por los resultados obtenidos. Dado que los recursos suelen ser limitados, la eficiencia es la capacidad que tiene el proyecto o la intervención de utilizar los recursos disponibles de la forma más racional posible para obtener los resultados previstos.

2. Determinar las razones de los éxitos y fracasos. En la evaluación no sólo se deben conocer los éxitos o fracasos que ha habido, también se debe intentar conocer por qué se han producido esos logros y, en el caso de que existan, por qué ha habido fracasos. Esto permitirá alcanzar conclusiones que sirvan de aprendizaje para futuras acciones e intervenciones. El estudio hay que realizarlo teniendo en cuenta, según Aguilar y Ander-Egg, varias cuestiones como, por ejemplo, el contexto en el que se inserta la intervención, y que, por tanto, la condiciona, así como la intervención en sí misma. Entre los elementos más destacados del contexto, a tener en cuenta, destacan los siguientes según estos autores:
   - Las disposiciones legales de distinto tipo, que condicionan la intervención, bien porque la favorecen o promueven, o bien porque la dificultan con trabas burocráticas.
   - La existencia o no de una voluntad política y/o institucional de llevar a cabo la intervención.
   - Disponibilidad financiera y presupuestaria.
   - Situación social y/o económica (coyuntural o estructural), que influye de alguna manera en la intervención, normalmente obstaculizándola.
   - Valores culturales o religiosos del entorno que favorecen o dificultan la realización de determinadas actividades y acciones.
3. Facilitar el proceso de toma de decisiones para mejorar y/o modificar una intervención. Esas decisiones pueden ser muy diversas según los autores:
   - Continuar con el proyecto que se está evaluando o, en su caso, interrumpirlo.
   - Introducir modificaciones en las prácticas o procedimientos del proyecto que se está evaluando.

- Mejorar la metodología utilizada, modificando, por ejemplo, las técnicas.
- Modificar la estructura y/o funcionamiento de la organización.
- Modificar la estrategia en desarrollo.
- Aumentar, mantener o disminuir las asignaciones presupuestarias del proyecto.

4. Establecer en qué grado se están produciendo otras consecuencias imprevistas. Toda intervención busca la consecución de unos objetivos. Sin embargo, en su realización pueden producirse unos efectos colaterales o resultados no previstos e, incluso, indeseables. Una evaluación debe incluir el análisis de las consecuencias imprevistas.
5. Tanto Ander-Egg como Espinoza apuntan que la realización de una evaluación permite alcanzar, además de los objetivos señalados, otros como:
   - Establecer proyectos semejantes en realidades similares.
   - Asignar recursos escasos entre programas o proyectos que compiten entre sí.
   - Aceptar o rechazar un determinado enfoque o teoría sobre la intervención.
   - Revisar críticamente los supuestos teóricos que sustentan la intervención.
   - Aumentar el conocimiento acerca del problema que originó la intervención.
   - Mejorar las prácticas o procedimientos.
   - Modificar las técnicas empleadas o las estrategias.

5. CONSIDERACIONES PREVIAS A LA EVALUACIÓN

5.1. Alcances de la Evaluación

La evaluación se suele concebir como una actividad abstracta. Por eso, antes de comenzar es necesario definir claramente algunos aspectos. Sólo de esa manera conseguiremos que lo abstracto tome forma, y se concrete en aquello que se conoce como los **alcances de la evaluación**, que no es otra cosa que su fundamento y transcendencia. Este proceso entraña cuestiones tan sencillas como qué voy a evaluar, ya que no es lo mismo evaluar un programa, un proyecto, un centro, un servicio o a un profesional. También, quién encarga la evaluación, es decir, quién o qué institución, normativa, etc., ha pedido que se lleve a cabo esa evaluación, y por qué la ha solicitado, esto es, cuáles son sus motivos. Lo cierto es que son muchos los interrogantes que surgen al inicio de una evaluación. La tarea de los evaluadores será encontrar respuestas claras que les permitan acotar la tarea, dando forma a la evaluación que deben realizar. Los interrogantes centrales, a los que se necesita dar respuesta para definir los alcances de la evaluación, son los siguientes:

¿QUÉ SE QUIERE EVALUAR?

En el ámbito del Trabajo Social y los Servicios Sociales los elementos a evaluar, conocidos como *unidades de evaluación*, han sido tradicionalmente los proyectos y/o programas de intervención social. Sin embargo, como veremos en el próximo capítulo, existen otros que pueden ser también objeto de evaluación desde la óptica de nuestra profesión. Será necesario definir qué elemento es el que se pretende evaluar, y si se trata del todo o sólo de una parte, esto permitirá conocer el nivel de análisis de la evaluación.

¿QUIÉN ENCARGA LA EVALUACIÓN?

O, dicho de otra forma, ¿quién ha pedido que se realice esa evaluación? Esto supone tener claro quién es el promotor o cliente de la evaluación, es decir, de quién sale la idea de evaluar, y quién será, por tanto, el principal destinatario de los resultados y del informe final de evaluación. Hablamos, por ejemplo, de directivos de la institución de la que depende el objeto de evaluación, sus responsables más directos (bien de la institución o bien del propio objeto de evaluación), financiadores, administración pública, profesionales implicados en lo que se va a evaluar, otros profesionales que no están directamente implicados, pero que guardan algún tipo de relación, administradores/burócratas/técnicos de entidades públicas o privadas, usuarios, opinión pública, legisladores, investigadores privados, etc. Como vemos, puede tratarse de una persona o de una entidad. También puede ser una *cosa*, es decir, un elemento inanimado o abstracto: por ejemplo, una ley, un manual de buenas prácticas donde se indica la necesidad de evaluar determinadas acciones cada cierto tiempo, las bases reguladoras de una convocatoria, los estatutos del centro o servicio, etc. Todos estos documentos han sido elaborados por alguien (técnicos del ministerio, juristas, trabajadores sociales, etc.), pero, como esa persona o entidad puede cambiar en el tiempo, el punto de referencia es el propio documento.

Los posibles clientes o promotores de una evaluación se pueden agrupar en varias categorías, siendo las más comunes las siguientes: 1. Agentes políticos de distintos niveles (ministerios, consejerías, ayuntamientos…), 2. Entidades financiadoras (que muchas veces son también agentes políticos), 3. Gestores de distinto tipo (directivos, responsables de programas, de organizaciones...), 4. Técnicos (profesionales del trabajo social o de otras disciplinas...), 5. Agentes sociales (grupos de presión, medios de comunicación, críticos sociales...), 6. Elementos normativos como leyes o disposiciones europeas y 7. Otros (manuales de buenas prácticas, etc.).

El promotor o cliente de la evaluación puede pertenecer a la misma institución que el equipo evaluador o puede ser externo, esto es, ajeno a la institución. A veces el cliente es alguien externo que se dirige al equipo evaluador para contratar una evaluación. En esos casos, se establece una relación contractual entre ambas partes —cliente que solicita un servicio de evaluación y equipo evaluador que presta ese servicio—, con una retribución económica de por medio, que debe ser incluida en el presupuesto de la evaluación y en el propio contrato. En otros casos, mayoritarios en el ámbito del Trabajo Social y los Servicios Sociales, el cliente que solicita la evaluación suele ser la entidad que ha financiado el elemento a evaluar. En estos casos, la evaluación puede tener carácter obligatorio si en las bases que regulan la financiación se establece la necesidad de evaluar.

¿POR QUÉ ESE CLIENTE/PROMOTOR ENCARGA O SOLICITA LA EVALUACIÓN?

En este sentido, hay que tener claro que cuando una persona o entidad solicita una evaluación es por alguna razón, que puede ir desde lo más sencillo hasta lo más transcendental. Puede ser que quiera la evaluación porque exista una inquietud por descubrir algo en concreto, una necesidad informativa que sólo la evaluación podrá cubrir. O bien porque se quiera ejercer algún mecanismo de control presente o futuro sobre aquello que se pretende evaluar, o porque se busca optimizar los recursos empleados. A lo mejor quieren saber si el programa debe continuar o se tiene que interrumpir; si deben asignarse más fondos en próximas ediciones o, por el contrario, reducirlos; si existe una adecuación entre ese servicio o programa y los objetivos que se persiguen; cuáles han sido los problemas con los que se han encontrado los profesionales al desarrollar la intervención o prestar el servicio; cuáles son las razones por las que ha funcionado o ha fracasado el programa o la intervención; si los métodos y esquemas conceptuales utilizados han sido los apropiados; si las medidas que se incorporaron a raíz de evaluaciones previas han dado resultados positivos; si nuestros usuarios están satisfechos con el servicio prestado; si el servicio o proyecto está llegando a la población diana o no; si el servicio o proyecto está dando respuesta a la necesidad que lo originó; si su puesta en marcha se adecúa a lo indicado en la planificación; etc.

Son infinitos los porqués, si bien hay dos elementos que suelen actuar como ejes justificativos más importantes y comunes en una evaluación, son los dos grandes *porqués* de una evaluación: 1. Se solicita la evaluación porque se quiere saber cómo mejorar aquello que se evalúa (evaluación orientada a la mejora); y 2. Se solicita la evaluación porque se quiere saber si el objeto de evaluación (proyecto, servicios, trabajador, etc.) cumple con su cometido o no y en qué medida lo hace (evaluación como medida de control y rendición de cuentas).

Con independencia de cuál sea el caso, lo importante es saber cuáles son los motivos por los que el cliente solicita la evaluación y cuáles son sus exigencias al respecto, qué outputs espera de nuestra evaluación. Esto supone conocer cuáles son sus intereses, no sólo los explícitos, es decir, los que manifiesta claramente, sino también los implícitos, que no manifiesta, ya que en ocasiones subyacen motivos ocultos que el evaluador debe esforzarse por descubrir. En otros casos, puede que el cliente ni si quiera tenga claros los motivos que le llevan a solicitar la evaluación, y divague sin terminar de concretar sus intereses. En cualquiera de los supuestos, puede ser útil, como estrategia de concreción, plantear de manera clara, incluso por escrito, preguntas a las que se quiere responder con la evaluación, esto es, las cuestiones evaluativas. Las suele fijar el propio cliente con o sin la ayuda del equipo evaluador. A lo largo del capítulo tres veremos, a modo de ejemplo, algunas cuestiones evaluativas, así como la relación que tienen con el tipo de evaluación a desarrollar. Hay que tener en cuenta que los motivos por los que se solicita una evaluación, así como las posibles cuestiones evaluativas (demandas) a las que dar respuesta van a diferir según el cliente o promotor de la evaluación. Es decir, si la encarga un agente político probablemente lo hará por unos motivos, mientras que si la petición viene de un técnico, los motivos serán otros.

¿QUÉ USO SE VA A DAR A LOS RESULTADOS DE LA EVALUACIÓN?

Esta pregunta supone conocer el para qué de la evaluación, es decir, para qué van a servir los resultados que arroje la evaluación, qué decisiones se busca tomar a partir de esa información, qué hará el cliente con los resultados. Como hemos visto en este capítulo, las evaluaciones buscan, a partir de los resultados alcanzados, emitir un juicio de valor que permita la toma de decisiones objetivas y racionales sobre lo que se está evaluando. Por eso, con esta pregunta, lo que se pretende es conocer la utilidad que tendrá la evaluación, qué uso y destino dará el cliente a los resultados.

Lo común es utilizar los resultados para emprender una mejora global o parcial en el elemento evaluado, un cambio positivo, si bien es cierto que el uso de la información puede ser diverso y más concreto: hacer ajustes económicos, conceder una mayor inversión, reducir la dotación presupuestaria, conceder ascensos o traslados al personal, renovar o no contratos laborales, renovar o no colaboraciones, incorporar nuevo personal, redefinir objetivos, tareas, etc., hacer ajustes en la organización, nuevos nombramientos, cambios en el organigrama, conceder una prórroga en el tiempo de ejecución, modificar los plazos que han sido establecidos en el cronograma, implementar ese servicio o proyecto en otras comunidades conforme a las mejoras identificadas, justificar la financiación concedida ante terceros (usuarios, políticos, entidades, opinión pública, medios de comunicación, etc.), impulsar nuevas ediciones de ese mismo proyecto pero con mejoras significativas, diseñar nuevas acciones complementarias, etc. Si eran infinitos los *por qué,* también lo son los *para qué.* Ambas cuestiones van de la mano: yo encargo una evaluación *porque* necesito reducir gastos, así que los resultados van a servir *para* elaborar un nuevo presupuesto más ajustado a los recursos disponibles; los resultados de la evaluación y los juicios de valor van a servir *para* averiguar de dónde se pueden hacer esos recortes.

En el ámbito de los servicios sociales, por su carácter público, no pueden perderse de vista las presiones que se ejercen desde distintos ámbitos o grupos de presión, así como la alarma social que provocan determinados temas o acontecimientos. Estos elementos a veces actúan como detonantes de la evaluación. Por ejemplo, un grupo social ejerce múltiples presiones para conocer de qué manera se están invirtiendo los fondos. La administración pone en marcha la labor evaluativa como mecanismo que permita justificar sus inversiones y rendir cuentas ante la opinión pública. Los resultados se utilizarán, en el mejor de los casos, para realizar cambios si son necesarios y, a su vez, dar respuesta a las presiones recibidas. Lo mismo sucede cuando se genera alarma social por cuestiones como la dilación en el acceso a determinados recursos (ayudas económicas, plaza en residencias, etc.). También se recurre a la evaluación cuando se quiere conseguir un mayor rédito político o social. De hecho, a veces la evaluación cumple una función sociopolítica, esto es, se realiza para lograr apoyos, favorecer debates sociales, mejorar la imagen pública, ser la base de futuras decisiones políticas, etc. Otras veces se hace para aumentar el conocimiento que la sociedad democrática tiene sobre las acciones desarrolladas y/o financiadas por la administración pública.

Las cuatro preguntas que se han planteado son básicas en la definición de los alcances de la evaluación como ya hemos señalado, permitiendo fijar el fundamento y la transcendencia de ésta. Se suelen responder en la entrevista inicial que el equipo evaluador tiene con el promotor o cliente de la evaluación. A veces el cliente tiene las ideas muy claras, por lo que encontrar respuestas a estas preguntas es fácil y rápido. Otras veces, sin embargo, sus intereses son difusos. En ese caso, el equipo evaluador debe realizar una tarea adicional, de estímulo, para que el cliente pueda dar forma a sus ideas y, de ahí, extraer la fundamentación de la tarea evaluativa. Pueden ser necesarias varias entrevistas para ir perfilando los intereses del cliente. A lo largo de estas es posible que, además de información sobre los alcances de la evaluación —qué hay que evaluar, quién encarga la evaluación, por qué y para qué—, surja otra adicional que permita definir mejor la tarea a realizar. Nos referimos, por ejemplo, a información sobre la composición que tendrá el equipo evaluador, el enfoque metodológico que se le va a dar, la participación de actores sociales y su rol, el calendario de ejecución (para cuándo deben estar los resultados), los recursos de los que se va a disponer, su procedencia, la forma en la que se redactará y/o presentará el informe final, etc. Aunque no constituyen en sí mismos los alcances de una evaluación, son elementos adicionales que, en el caso de conocerlos, permitirán al equipo evaluador definir mucho mejor el trabajo a desarrollar, conocer su viabilidad y completar o matizar los propios alcances. Algunos autores consideran que estos elementos junto a los alcances constituyen los *términos de referencia* de una evaluación (TdR). Perea (2010, p. 34) con este término se refiere, en concreto, a los antecedentes y contexto del objeto de evaluación, los objetivos de la evaluación, las cuestiones a tratar en el proceso, el ámbito de aplicación y los métodos a emplear, la composición del equipo evaluador, el calendario de ejecución, los grupos a los que se va a consultar sobre el terreno y los plazos que se manejan para la presentación de informes. Cuanto más claros y específicos sean los términos de referencia, más éxito tendrá la evaluación. Si esta surge a instancias de una normativa o documento, como pueden ser las bases de una convocatoria o financiación recibida, hay que leer con detalle ese documento, ya que en él suele aparecer toda la información que el evaluador necesita para definir los términos de referencia.

5.2. Opciones Evaluativas / Modalidades de Evaluación

Una vez que tenemos definida la fundamentación de la evaluación, es decir, su alcance, hay que tomar decisiones sobre cómo va a ser, es decir, qué **forma** va a tener. Esto supone abordar las características que tendrá, es decir, las opciones o modalidades que adoptará en relación a varias cuestiones. En este epígrafe destacaremos las seis cuestiones más importantes a la hora de definir la forma de una evaluación:

1. Procedencia de quien realiza la evaluación
2. Momento en el que se va a evaluar
3. Enfoque metodológico que se va a emplear
4. Ámbito espacial de la evaluación
5. Dimensión de la evaluación
6. Nivel de análisis de la evaluación

Sobre estas seis cuestiones existen clasificaciones, que dan lugar a las distintas opciones o modalidades de evaluación. Entre sí no son excluyentes, por lo que una misma evaluación tendrá seis características en lo referente a su forma, una relativa a cada cuestión abordada. A continuación, se exponen los planteamientos teóricos más destacados de cada una, si bien conviene aclarar dos aspectos importantes: el primero es que a la hora de definir la *forma* de una evaluación se pueden tomar en consideración muchas otras cuestiones además de las seis que aquí se proponen, estas son, sencillamente, las más recurrentes a la hora de plantear una evaluación; la segunda es que puede ser que el equipo evaluador tenga libertad plena para definir la forma de la evaluación o puede ser que el cliente/promotor haya expresado su interés por alguna modalidad de evaluación en concreto, es decir, por que algún elemento de la evaluación sea de una manera, por ejemplo que se use un cuestionario en la recogida de la información, que el equipo evaluador incorpore personas de la institución, etc. El equipo evaluador tendrá que valorar entonces ese interés concreto y decidir si la evaluación es posible.

1. Procedencia de quien realiza la evaluación

De acuerdo con esta cuestión, Ander-Egg (1990, pp. 35 y 36) explica que se pueden identificar cuatro opciones de evaluación:

- **Evaluación interna**: en esta modalidad la evaluación se realiza por parte de personas que pertenecen a la institución ejecutora del programa o proyecto a evaluar, pero que no son directamente responsables de su ejecución.
- **Evaluación externa**: recurre a evaluadores que no pertenecen, ni están vinculados directa o indirectamente, con la institución ejecutora del programa o proyecto que se quiere evaluar. Normalmente, se trata de un equipo de personas contactadas por la institución, que quiere evaluar alguna actividad o la totalidad de las acciones que se realizan.
- **Evaluación mixta**: este tipo de evaluación es una combinación de las dos anteriores. Se realiza por un equipo que incluye tanto evaluadores internos como externos a la institución ejecutora del programa o proyecto. Santos (1990) entiende que, cuando se combina la evaluación interna y la externa, se está haciendo una *coevaluación.*
- **Autoevaluación**: no hay que confundirla con la evaluación interna, pues, en este caso, las actividades de evaluación están a cargo de aquellos implicados directamente en la ejecución o realización del programa o proyecto. Ellos valoran y enjuician sus propias actividades de intervención para determinar si están cumpliendo las metas propuestas.

Ander-Egg se cuestiona cuál de las opciones es la más adecuada. Señala que existen ventajas y desventajas para todas: una evaluación externa, por ejemplo, tiene más posibilidades de contar con un equipo profesional competente para realizar este trabajo; asimismo, tiene más probabilidades de ser objetivo en el ejercicio de su labor investigadora, ya que no está implicado en el elemento a evaluar. Su intervención permitiría, además, plantea Ander-Egg, enriquecer el elemento que está siendo evaluado con la experiencia acumulada en la evaluación de otros similares. Las desventajas también son evidentes, apunta este autor: para un evaluador externo es difícil captar plenamente todos los factores en juego y compenetrarse en poco tiempo con el programa, proyecto o unidad de evaluación; el coste además siempre es superior que en el caso de la evaluación interna o la autoevaluación, pues implica nuevo personal, con su correspondiente retribución. Sobre la autoevaluación, Ander-Egg apunta que casi siempre se corre el riesgo de que sus índices de objetividad y fiabilidad sean bajos, aunque el profesional encargado tenga una capacidad técnica elevada. Frente a estas ventajas y desventajas, puede pensarse en la conveniencia de la evaluación mixta, según concluye el propio autor.

Alemán y Trinidad (2012, pp. 61-65) también reflexionan sobre las dificultades que puede entrañar cada modalidad. Si esta fuera externa, señalan que un aspecto a tener en cuenta es quienes son los promotores de la evaluación, es decir, quienes han escogido al equipo evaluador y le han encargado la tarea; si ese equipo ha sido designado por altos cargos de la institución o administración, es fácil que los implicados en el programa, como trabajadores, técnicos, etc., se sientan amenazados y entiendan la evaluación como un mecanismo de control, dado que en el poder se hallan arraigados intereses económicos, políticos e ideológicos. Hay riesgo de que perciban al equipo evaluador como un representante de esa jerarquía y surjan actitudes defensivas. Esto puede hacer que se brinde una imagen distorsionada del programa, proyecto u elemento de evaluación. Igualmente, puede que existan presiones hacia el equipo evaluador tanto de los implicados en el programa como de la administración por conseguir información rápida y sesgada; esta dinámica origina los siguientes problemas, según Alemán y Trinidad:

- Se exige información en momentos y formas inoportunas.
- Se condiciona al evaluador para que ofrezca información con un sentido determinado.
- Se falsifica la descripción de la realidad para que el evaluador tanga una visión deformada.
- Se utiliza la información recibida del evaluador de forma partidista, arbitraria e interesada.
- Se pretender dirigir la evaluación para que llegue a los lugares, personas, problemas y situaciones que interesan.

Si la evaluación es solicitada por los propios implicados en la intervención y son ellos quienes designan al equipo evaluador externo, la cosa no cambia, es decir, también pueden darse problemas. Se puede destacar el hecho de que surjan actitudes de manipulación. Como explican Alemán y Trinidad, puede ser que los implicados (profesionales del proyecto, por ejemplo) elijan a un equipo de evaluadores que se adapte a sus intereses, consiguiendo así informes de evaluación más conformistas, en línea con la filosofía del programa o proyecto; también pueden ocultar los cauces de información y dificultar la difusión de los resultados en el caso de que la evaluación discurra por cauces no deseados. Ante esto, Alemán y Trinidad enfatizan la idea de que hay que utilizar informes de manera democrática, propiciando debates serios y rigurosos que faciliten la reflexión, la autocrítica y la toma de decisiones coherente.

En lo que respecta a la evaluación interna y a la autoevaluación, Alemán y Trinidad (*ibid.*) sugieren una serie de dificultades que las pueden frenar:

- La resistencia de algunos profesionales a ser objeto de evaluación.
- El carácter individualista de los profesionales.
- La falta de motivación profesional.
- La carencia de tiempo.
- La falta de apoyo técnico.
- La falta de preparación por parte de las personas para ejecutar funciones de evaluación.
- Falta de credibilidad en el trabajo de evaluación que realizan.
- Retraso del momento preciso de evaluación, pérdida de la oportunidad.
- Ocultación de problemas significativos. Falta de objetividad.
- Impaciencia por obtener resultados.
- Inercia institucional.
- Salvaguardia del propio estatus.

Espinoza (1983, pp. 21-23) señala que optar por alguna de las formas de evaluación que se proponen en esta clasificación es una decisión que tiene que estar en estrecha relación con factores como los siguientes:

1. Grado de confianza de directivos y administradores de la institución ejecutora en la capacidad profesional de las personas que han de encargarse de la evaluación. Si creen que su propio personal está capacitado para ejecutar la evaluación recurrirán a ellos, si no confían en sus capacidades recurrirán a los servicios de evaluadores externos o crearán un equipo de trabajo mixto.
2. Grado de objetividad que se desea en la evaluación. Cuanto mayor sea el grado de objetividad que se desee alcanzar más posibilidades hay de recurrir a evaluadores externos, ajenos al programa y a la propia institución. No obstante, hay que ser precavidos por si acaso estos evaluadores externos presentan resultados de evaluación mejores de lo que en realidad son para

congraciarse con la entidad ejecutora del programa que, en definitiva, es quien los ha contratado y les paga.

3. Grado de comprensión del proyecto. Hay veces que el programa o proyecto presenta tales complejidades que sólo aquellas personas que han trabajado directamente en él y lo conocen en profundidad tienen todos los elementos necesarios para proceder a su evaluación. En estos casos se recomienda recurrir a evaluadores internos, afines al proyecto o programa que se desea evaluar.
4. Potencialidad de utilización de los resultados. Utilizar los resultados requiere normalmente que los evaluadores desempeñen un papel activo en la integración de esos resultados en la política general de la institución. El personal interno quizás esté mejor posicionado para conseguir que, desde la institución, se preste la atención suficiente a los resultados de la evaluación. Sin embargo, a veces son los evaluadores externos los que, gracias a su prestigio o autoridad, realmente pueden convencer a quienes corresponda de que se preste atención a los resultados de la evaluación.
5. Grado de autonomía. El evaluador interno conoce los supuestos generales y contextuales del proyecto, por lo que desarrolla su evaluación dentro de un marco existente, con un margen de maniobra en ocasiones limitado. Los evaluadores externos, en cambio, pueden ejercer con mayor autonomía su actividad evaluadora y ver la realidad desde una perspectiva más amplia.

2. *Momento en el que se va a evaluar*

Para esta cuestión, Ander-Egg (1990, pp. 36 y 37) establece una doble distinción:

- **Evaluación parcial**: conocida también por algunos investigadores como **formativa**. Es la que se realiza durante el desarrollo de un programa o proyecto y sirve específicamente para retroalimentarlo, es decir, para introducir correcciones en la marcha de este, que puedan mejorarlo. Se puede aplicar en distintas fases —diagnóstico, formulación y ejecución—, mediante la estimación periódica de los resultados. Se trata de una forma de evaluación permanente, orientada a revisar y analizar continuamente el trabajo realizado.
- **Evaluación final**: a este tipo de evaluación algunos investigadores la denominan **sumativa**. Es aquella que se realiza una vez terminado el programa o proyecto. Bajo esta modalidad la evaluación constituye la fase final del proceso metodológico, y está orientada en la mayoría de los casos a medir, analizar y estimar el desarrollo total de un proceso. Sirve para determinar

futuras acciones y cambios en la dirección u orientación que se ha dado al programa/proyecto. Permite juzgar si dicho programa o proyecto se puede o debe mantener o si tiene que desaparecer.

Ambas formas de evaluación tienen utilidades diferentes, según Ander-Egg (*ibid.*); por ejemplo, la evaluación parcial será la única posible en aquellos programas que tienen una duración indefinida. Aguilar y Ander-Egg (1992, p. 30) apuntan que no hay que menospreciar la evaluación sumativa en beneficio de la formativa, ni viceversa; ambas son complementarias. Señalan que, de lo que se trata, es de utilizar una u otra de acuerdo con el contexto y la situación concreta. Aguilar y Ander-Egg (*ibid.*, pp. 27 y 28) sugieren que a la evaluación que se realiza durante y a la que se hace *ex-post*, es decir, al final, se podría añadir una tercera, la **evaluación inicial**. Como su nombre indica, se realiza antes de aprobar la puesta en marcha de un proyecto o programa y de tomar, por tanto, la decisión de emprenderlo; de hecho, los resultados que se deriven de esta evaluación suelen ayudar en la toma de esta decisión, proporcionando criterios racionales sobre la conveniencia o no de llevarlo a cabo. El proyecto en estos casos no ha empezado, se encuentra en la fase de diseño. Lo que se busca es evaluarlo, mediante una estimación crítica de su pertinencia, viabilidad, idoneidad y eficacia potencial. Estos autores indican que la evaluación inicial comporta tres aspectos importantes que se indican a continuación, si bien podríamos añadir otros relacionados con su diseño:

1. Determinar la *pertinencia* del proyecto con la realidad, es decir, fijar si hay coherencia entre las soluciones que la intervención propone y las características (necesidades, problemas, etc.) que presenta la realidad que se busca modificar.
2. Fijar las *congruencias* internas y externas de la intervención. Esto es, analizar su *viabilidad* y evaluar la coherencia entre recursos y objetivos, entre todos los objetivos (generales, específicos y metas), y entre el diagnóstico y las proposiciones.
3. Analizar la *rentabilidad económica* de las diferentes acciones para alcanzar los objetivos propuestos.

3. Enfoque metodológico que se va a emplear

Desde un punto de vista metodológico, las evaluaciones, como cualquier investigación social aplicada, pueden plantearse desde dos enfoques. Por una parte, se encuentran las que siguen la perspectiva **positivista/cuantitativa**, que recurren a técnicas como la encuesta, los indicadores cuantitativos, el análisis de la relación coste/beneficio, etc. Por otra parte, las que se enmarcan en una perspectiva **naturalista/cualitativa**, que usan técnicas de esta naturaleza, tales como la observación, entrevista, grupos de discusión, etc. Existiría una tercera opción, denominada **mixta**, que se produce cuando se combinan ambas, con sus respectivas técnicas e instrumentos.

Alemán y Trinidad (2012, p. 101) con base en las consideraciones de Cook y Reichardt (1986), definen las dos perspectivas de la siguiente manera: en el caso de la cualitativa, el interés radica en la descripción de los hechos observados/estudiados para interpretarlos en el contexto global en el que se producen con el fin de explicar y comprender los fenómenos. La perspectiva cuantitativa se caracteriza por su preocupación por el control de las variables y la medida de resultados expresados numéricamente. Esta distinción entre ambos enfoques metodológicos nos evoca a la confrontación tradicional de los dos paradigmas clásicos en investigación social: el Positivismo y el Interpretativismo. Sobre ello volveremos en próximos capítulos de este libro.

4. Ámbito espacial de la evaluación

Se refiere al espacio físico que ocupa el programa o proyecto a evaluar. Su variación puede ser tan amplia como se desee: desde nacional a regional, provincial, local (pueblo, barrio, etc.) y de lugar (institución, aula, etc.) (Ander-Egg, 1990, p. 37). Como se aprecia, el ámbito espacial de la evaluación va a venir definido, necesariamente, por el ámbito espacial de la propia intervención o actuación que va a ser objeto de evaluación.

5. Dimensión de la evaluación

Lo mismo ocurre con la dimensión de la evaluación; esta es una característica de la actividad evaluativa que va a venir definida por la dimensión que tenga la intervención o actuación que se pretende evaluar. Hace referencia al número de personas beneficiarias del programa o proyecto a evaluar; puede abarcar desde unas pocas personas hasta millones, sobre todo cuando el programa comprende amplios sectores de la población (Ander-Egg, 1990, p. 37).

6. Nivel de análisis de la evaluación

Aquí se plantean tres opciones: global, parcial o mixta. Alemán y Trinidad (2012, pp. 100 y 101) explican las diferencias que hay entre ellas de la siguiente manera. La evaluación será **global, molar u holística** cuando todas las partes, todos los sujetos implicados, y todas las fases del desarrollo de un programa o proyecto sean tenidas en cuenta de manera globalizada; ante esta perspectiva, la evaluación responde al principio de unidad, como elemento esencial, que explica el diseño, aplicación y resultados de la intervención. Este tipo de evaluación supone evaluar todo lo referido al programa o proyecto: el análisis de necesidades, el diagnóstico, el diseño, la ejecución, los resultados, el impacto, etc. La evaluación será **parcial o molecular**, según estos autores, cuando se limite a un aspecto o parte concreta de la totalidad del programa/proyecto de intervención. En este caso, la evaluación se centra en un elemento en concreto como los beneficiarios a los que ha llegado, profesionales, resultados previstos, resultados imprevistos, redes de información, impacto económico, etc. La combinación de las dos anteriores es lo que se conoce como una evaluación **mixta** que sería la tercera opción. Esta se caracteriza, explican Alemán y Trinidad, por contar de partida con un conocimiento global o general del programa/proyecto, aunque ello implique menor grado de detalle, y a través del mismo detectar aquel aspecto, actitud, comportamiento, nivel, función, etc. que parece tener dificultades, conflictos, problemas, irregularidades, etc. Una vez detectado, se fijan prioridades a conocer (el qué se quiere conocer), las decisiones que se busca tomar para la mejora (el pará qué) y se fija una evaluación más detallada y profunda que la global que se ha realizado en un primer momento.

Alemán y Trinidad (*ibid.*, pp. 188-190), con base en las consideraciones de algunos autores, han reflexionado sobre las ventajas e inconvenientes que tiene cada nivel de análisis. Sobre la evaluación de nivel global, destacan las siguientes ventajas:

- Aborda la realidad tal y como es, en toda su riqueza y complejidad. Los comportamientos, actitudes y relaciones de un elemento, al que se considera un subsistema, están condicionados por otros, en cuyo marco se inscriben.
- Permite apreciar las relaciones entre elementos.
- Posibilita constatar las congruencias e incongruencias del sistema, los desajustes, desfases y faltas de coordinación, así como las coherencias entre los elementos.

Los inconvenientes más destacados de este nivel de análisis están referidos a las siguientes cuestiones:

- La metodología para su estudio es muy compleja, ya que implica elaborar modelos metodológicos capaces de incorporar la red de relaciones, y encontrar procedimientos de análisis de datos que pueden enfrentar idéntica tarea.
- Supone incorporar una gran cantidad de variables que, además, deben ser abordadas desde diversas fuentes productoras de datos.

- Cada variable necesita una amplia red de indicadores para ganar en validez y garantizar niveles satisfactorios de fiabilidad. Esto supone una acumulación inmanejable de datos.
- La dificultad que supone conseguir las fuentes de datos, la dedicación y el esfuerzo necesarios para contestarlos.

En lo que se refiere a la evaluación de nivel parcial, la principal ventaja, según estos autores, es que permite una visión más detallada y completa, incluso más fiable y válida, de lo que se evalúa. También una mejor medida de las variables, al ser menos las que deben ser consideradas. Como inconvenientes, destacan el peligro que existe de perder la referencia integradora y explicativa de todo el proceso, también el peligro de perder de vista la consideración del servicio como un ecosistema que permite explicar y dar sentido al funcionamiento general y a los procesos que desarrollan la actividad, y el peligro que supone descontextualizar el aspecto evaluado (subsistema) del sistema global, dificultando la comprensión del porqué de determinados fenómenos.

5.3. Requisitos para que una Evaluación pueda realizarse

Atendiendo a la conceptualización del término, así como a los principios que lo rigen y a los objetivos que se persiguen, está claro, expone Ander-Egg (1990, p. 21), que la acción de evaluar no es algo que se pueda hacer en todo tiempo y lugar; por contra, tienen que darse unas condiciones y un ambiente apropiado para que sea posible. Este autor explica que si pocas veces hay posibilidades de evaluar es porque existen una serie de razones que lo impiden o dificultan. Él las sintetiza en la siguiente lista, que toma como marco de referencia la situación de finales del siglo XX. Más de tres décadas después, la mayoría de razones que acuñaba Ander-Egg están presentes todavía en la práctica cotidiana del Trabajo Social y los Servicios Sociales:

- No se asume políticamente la acción de evaluar.
- No se proponen metas ni objetivos de evaluación claros ni bien definidos.
- Se carece de capacidad autocrítica.
- No se dispone de personal capacitado para evaluar.
- No hay interés por evaluar los programas de tipo social, considerados por algunos responsables políticos y administrativos como marginales.
- La evaluación se confunde con los juicios subjetivos que emiten los encargados de los servicios o programas sociales y los usuarios.

Podría decirse que, para que una evaluación tenga lugar, es necesario que se den una serie de requisitos previos a la acción. Ander-Egg (*ibid.* pp. 21 y 22) alude en su escrito a los que unas décadas antes acuñó Aaron Wildavsky (1972), que siguen siendo aplicables a la realidad actual:

- Los responsables políticos y de la administración pública deben estar convencidos de que la evaluación es necesaria; deben estar de acuerdo con sus propósitos, aplicaciones y posibles consecuencias, y comprometidos con su inclusión en los programas, proyectos y demás unidades.
- Dentro de la organización deben tomarse medidas que garanticen la objetividad, así como la disponibilidad de recursos y conocimientos. Esto normalmente supone la inclusión de personal externo en el proceso de evaluación.
- Deben compartirse todas las etapas, así como la información disponible, no sólo de la evaluación, sino también de la propia intervención, entre el personal externo e interno.
- Hay que intentar, en la medida de lo posible, que los beneficiarios del servicio, programa o intervención participen en el proceso de evaluación.

Si todos estos requisitos básicos están presentes, llevar a cabo una evaluación en materia de acción social será posible. Aguilar y Ander-Egg (1992, pp. 56 y 57) apuntan que hay una serie de problemas que pueden surgir en la implementación de la evaluación, por eso conviene reflexionar a propósito de ellos antes de llevarla a cabo. Algunos aluden a la *forma* que tendrá dicha evaluación, es decir, a las opciones o modalidades evaluativas que adoptará. Esos aspectos sobre los que conviene reflexionar para evitar problemas en el futuro son los siguientes:

- Si existen recursos para pagar los gastos que supone hacer la evaluación.
- Quienes serán los responsables de la evaluación.
- Si la evaluación se hará sólo con personal de la institución o también con personal externo.
- Con qué equipo, consultoría o persona ajena a la institución se va a contar para garantizar la seriedad y objetividad en el trabajo de evaluación.
- Cómo se van a distribuir las tareas y responsabilidades entre el equipo de trabajo, sobre todo si implica personal externo e interno.
- Si las personas que deben contestar a las preguntas (entrevistas, cuestionarios, observación, etc.) están dispuestas a colaborar.
- Cómo se va a seleccionar a los usuarios o beneficiarios que formarán parte de la evaluación, y cómo asegurar su participación real y efectiva.
- Qué procedimientos se utilizarán para incorporar a los beneficiarios o destinatarios de las intervenciones, y qué tipo de información van a proporcionar.

Alemán y Trinidad (2021, pp. 55 y 56) explican que, ante una evaluación, las reacciones y actitudes son diversas, pero lo cierto es que el rechazo, sobre todo por parte de los profesionales, suele ser lo más común. En el fondo nadie quiere ser evaluado, por lo que se suelen plantear resistencias. Esa actitud, explican los autores, podría estar relacionada en nuestro país con la escasa implantación/desarrollo de la evaluación y, sobre todo, con las connotaciones que tiene, al haberla considerado durante mucho tiempo como una actividad de sanción y control. En contraposición, Alemán y Trinidad explican que en otros países europeos y en Estados Unidos es una actividad más usual y extendida; la manera de percibirla responde a una concepción más amplia y constructiva, por eso surgen menos resistencias. Como se trata de una actividad bastante impopular, estos autores sugieren que antes de implantar cualquier proceso de evaluación se busque crear un clima favorable hacia la misma, sensibilizando a cada uno de los implicados de la necesidad de la evaluación y de sus ventajas, dándoles a conocer las competencias respecto a las cuales va a ser evaluada su actividad y estableciendo los objetivos que van a ser utilizados como criterios de evaluación. Si ellos se sienten informados y comprenden el fundamento de la evaluación, podrán desarrollar sentimientos de empatía y colaboración activa en las distintas fases del proceso.

Espinoza (1983, pp. 175-190) también nos habla sobre los problemas que pueden surgir en el desarrollo de una evaluación. Coincide, grosso modo, con los planteamientos de sus colegas. Alude, en concreto, a cuatro tipos de problemas, que conviene tener presentes desde el principio para controlarlos y minimizar sus efectos:

- Institucionales: se refiere a los problemas que pueden aparecer en la institución que acoge la intervención que está siendo evaluada. Los principales problemas vienen dados porque la institución se resiste a cambiar la intervención, es decir, plantean problemas para adoptar e introducir medidas de retroalimentación —decisiones— que mejoren la intervención. Esta resistencia ocurre bien porque consideran que el cambio implica más tiempo y esfuerzo, nuevos recursos, etc., y no están dispuestos a asumir esos costes, o bien porque las recomendaciones y decisiones, a la vista de los resultados de la evaluación, entran en conflicto con las expectativas que la institución tiene en ese momento o no armonizan con los valores y patrones de la institución o son incompatibles con su ideología y metodología.
- De relaciones personales: siempre pueden surgir conflictos entre los trabajadores de la institución o del proyecto y el equipo evaluador, sobre todo porque el primero percibe al segundo como una amenaza. El clima en algunos casos puede llegar a ser hostil. Las causas de fricciones más comunes vienen dadas por diferencias en los caracteres, en el desempeño de papeles o en las concepciones valóricas, y también por las propias características de

la institución previas a la evaluación (mal clima de trabajo, recelos entre compañeros, tensiones con el equipo directivo, etc.).

- Técnicos: esto tiene que ver con la propia planificación de la evaluación. Si no se definen bien los objetivos, no se conoce el marco de referencia, no se atiende, en el diseño, a los alcances de la evaluación, etc., es más que probable que surjan este tipo de problemas, los técnicos.
- Operativos: en esta categoría Espinoza incluye los problemas que pueden aparecer en la ejecución de la evaluación, concretamente en la fase de aplicación de las técnicas e instrumentos de evaluación, análisis de la información recogida, formulación de conclusiones y recomendaciones, elaboración y entrega del informe final, y adopción de medidas de retroalimentación.

6. EVOLUCIÓN HISTÓRICA DE LA EVALUACIÓN

Son diferentes los autores que han abordado la evolución histórica de la Evaluación. Alemán y Trinidad (2012), Escudero (2003), Guba y Lincoln (1989), Mateo (1986), Medina y Medina (2011) son algunos de los que, de manera bastante coincidente, han descrito las etapas por las que ésta ha ido atravesando hasta llegar al momento actual. La aproximación histórica al fenómeno es importante, ya que permite comprender su concepción, estatus, funciones, ámbito, etc., a la vez que nos ayuda a situar los distintos modelos teóricos de evaluación y las tendencias. No hay que olvidar que la *Evaluación* es una actividad que ha sufrido profundas transformaciones conceptuales y funcionales a lo largo de la historia, sobre todo, durante el siglo XX. En este sentido, la aproximación diacrónica al concepto, con una explícita secuencia temporal de acontecimientos, resulta imprescindible para su comprensión actual. Si tomamos en cuenta las clasificaciones históricas que ofrece la literatura revisada, concluimos que, grosso modo, son cinco las fases o épocas que se pueden identificar en el desarrollo histórico de la Evaluación:

1. Periodo Pre-Tyleriano (hasta 1930)
2. Época de Tyler (1930-1945)
3. Época de la Inocencia (1946-1956)
4. Época de la Expansión (1957-1972)
5. Época de la Profesionalización (desde 1973)

1. *Periodo Pre-Tyleriano (hasta 1930)*

Escudero (2003, pp. 12 y 13) explica que desde la antigüedad se han venido creando y usando procedimientos de evaluación, aunque sin una teoría explícita, para valorar y, sobre todo, diferenciar y seleccionar a los estudiantes; a medida que aumenta la demanda por el acceso a la educación, se acentúa la necesidad de comprobar los méritos individuales de los candidatos, lo que hace que las instituciones educativas vayan introduciendo nuevas normas y procedimientos. Estos se van perfeccionando a lo largo de los siglos XVIII y XIX. Escudero explica que, en Estados Unidos, en 1845, Horace Mann comienza a utilizar las primeras técnicas evaluativas del tipo «test» escritos, que se extienden a las escuelas de Boston, y que van orientados a evaluar actitudes lecto-escritoras; sin embargo, no se trata todavía de una evaluación sustentada en un enfoque teórico, sino, más bien, de algo que responde a prácticas basadas en instrumentos poco fiables, explica el autor. A finales del siglo XIX, en 1897, aparece un trabajo de Joseph M. Rice, que se suele identificar como la primera investigación evaluativa en educación según Escudero; se trataba de un análisis comparativo en escuelas americanas sobre el estudio de la ortografía, utilizando como criterio las puntuaciones obtenidas en los test. Con la llegada del siglo XX, los test empiezan a adquirir una gran importancia como estrategia de evaluación dentro del ámbito de la educación. Con la generalización del «testing», la evaluación pasa a asociarse de manera clara y directa con la medición, de hecho, resultaban términos intercambiables como ya vimos en la introducción a este capítulo. Escudero añade que el papel del evaluador en este momento era técnico, como proveedor de instrumentos de medición.

2. *Época de Tyler (1930-1945)*

Ralph Tyler es considerado el padre de la Evaluación Educativa, por ser el primero en dar una visión metódica de la misma a través de un modelo sencillo, pero innovador, que superaba los planteamientos que regían en otros contextos como el de la Psicología. Sus aportaciones fueron tan importantes, que constituyen por sí mismas una de las fases en el desarrollo histórico de la evaluación: la época tyleriana. El modelo teórico que desarrolla se impulsa en la década de los cuarenta y se conoce como *Evaluación por Objetivos*. Fue un enfoque muy influyente en el ámbito de la educación hasta bien entrados los años sesenta. Según este modelo, la evaluación está orientada a la valoración del grado de cumplimiento de los objetivos propuestos. Alvira (2002, p. 9) explica que, para Tyler, el procedimiento evaluativo consistía en la medición de los objetivos operativos antes del programa (preprograma) y después del programa (posprograma), deduciendo el logro o no de los objetivos y emitiendo el correspondiente juicio de valor positivo o negativo. Por tanto, la evaluación era entendida como un proceso a través del cual determinar hasta qué punto habían sido alcanzados los objetivos educacionales; unos objetivos que debían estar establecidos de antemano y haber sido definidos en términos de conducta. El modelo que define Tyler se desarrolla en las siguientes etapas (Alvira, *ibid.* p. 12):

1. Especificar las metas y objetivos del programa.
2. Ordenar los objetivos de modo jerárquico (mayor a menor concreción).
3. Definir los objetivos en términos de comportamiento, medibles.
4. Seleccionar o elaborar instrumentos adecuados para medir las situaciones o condiciones del programa en que se produce o no la consecución de los objetivos.
5. Recoger la información necesaria utilizando los instrumentos de medida del punto anterior.
6. Análisis comparativo entre lo logrado, que se deduce de la información obtenida, y lo que se quería logar (objetivos y metas preestablecidos).

Este modelo aplica una metodología basada en datos numéricos, por lo que utiliza como instrumentos de recogida de información los cuestionarios y los test, de ahí la importancia que tiene descomponer los objetivos en elementos medibles. El evaluador suele ser un técnico experto, ajeno a la entidad que ejecuta ese programa educativo. Alvira señala que el modelo de Tyler tiene algunos problemas, derivados de su sencillez. Por una parte, permite saber si un programa logra lo que quiere o no, pero no aborda el cómo se consiguen los objetivos ni el por qué no se han logrado, esto quiere decir que el modelo tiene un enfoque sumativo (final). Por otra parte, el modelo necesita que los objetivos se especifiquen y delimiten, que se concreten en actuaciones que puedan ser medibles, lo que no siempre es fácil, como ya hemos señalado. Escudero (2003, p. 15) explica que los planteamientos de Tyler se extendieron en España con la Ley General de Educación de 1970, algo que pone de manifiesto su importancia.

3. Época de la Inocencia (1946-1956)

Esta época estuvo claramente influenciada por las consecuencias que dejó la Segunda Guerra Mundial (1939-1945). Este conflicto bélico acaparó toda la atención política, económica, científica, social, etc. La consecuencia es que la evaluación pasó a un segundo plano durante este periodo, apenas se le prestó atención. Escudero (2003, p. 15) explica que, después de la Segunda Guerra Mundial, y con la recuperación económica de los años cincuenta y sesenta, surgió un periodo de expansión y optimismo que se calificó de «irresponsabilidad social», por el gran despilfarro consumista que hubo; en esta etapa, prosigue Escudero, se extienden mucho las instituciones y servicios educativos y sociales, se producen cantidad de test estandarizados, se avanza en la tecnología de la medición y en los principios estadísticos del diseño experimental y aparecen las famosas taxonomías de los objetivos educativos. Sin embargo, en esta época, la aportación de la evaluación a la mejora es escasa apunta Escudero, debido a la carencia de planes coherentes de acción. La realidad es que, aunque empezaba a interesar la evaluación de nuevo y ese interés se extendía a otros ámbitos diferentes al de la educación, como por ejemplo el de lo social, no había especialistas en la materia, debido a la escasa formación que se había ofrecido hasta la fecha, y se apreciaba un déficit estructural, con carencias significativas en cuanto a metodologías, técnicas, modelos, etc. de evaluación de programas y proyectos sociales.

4. Época de la Expansión (1957-1972)

También conocida como la Etapa del Realismo. En este momento, empiezan a destinarse muchos millones de dólares de los fondos públicos para subvencionar nuevos programas educativos e iniciativas del personal de las escuelas públicas americanas, encaminadas a mejorar la calidad de la enseñanza. Algo parecido sucede en el ámbito de lo social; un ejemplo lo encontramos en el sistema de lucha contra la pobreza que, en esta época, impulsó el presidente estadounidense John Fitzgerald Kennedy. A pesar de las fuertes inversiones que se produjeron, este momento histórico se encontraba dominado, en términos internacionales, por una recesión económica, especialmente evidente desde finales de los años sesenta. Esto hace que la población civil y los poderes públicos se preocupen por la eficacia y el rendimiento del dinero que se emplea en la mejora de los sistemas públicos. Surge así la necesidad de vincular procedimientos de evaluación a los programas que se estaban implementando, para determinar la rentabilidad (o no) de esos programas y/o servicios. Se estipula que cada una de las acciones desarrolladas con apoyo económico público debía ser evaluada, a fin de justificar subvenciones futuras. Se desarrollan, entre otras cosas, mecanismos de control y valoración de la utilidad de dichos programas. Se quiere evitar así el despilfarro y uso irresponsable de los recursos públicos.

Escudero (2003, p. 17) explica que, como resultado de estas nuevas necesidades de la evaluación, se inicia durante esta época un periodo de reflexión y de ensayos teóricos con ánimo de clarificar la multidimensionalidad del proceso evaluativo. Estas reflexiones teóricas enriquecerán el ámbito conceptual y metodológico de la evaluación, apunta este autor, lo que dará lugar al nacimiento de esa nueva modalidad de investigación aplicada que hoy denominamos Investigación Evaluativa. Hay que reconocer que en esta época empiezan a proliferar distintos modelos teóricos de evaluación. Siguiendo algunas de las consideraciones de Escudero (*ibid.* pp. 17-19), encontramos los dos que se presentan a continuación. No obstante, antes de dar paso al relato de sus principales características, apuntamos que, además de la proliferación de nuevos modelos teóricos de evaluación, esta etapa es importante porque es cuando se crea el *National Study Commiettee on Evaluation,* concretamente en 1971, con un gran reconocimiento en el ámbito internacional. Entre sus iniciativas llevó a cabo un análisis para conocer cuál era el panorama que caracterizaba a la evaluación en ese momento, constatando que había numerosas carencias. Por eso, era necesario desarrollar teorías y métodos de evaluación, así como impulsar nuevos programas de formación para los evaluadores.

➢ Modelo de Stake: la Evaluación centrada en el cliente

Stake propuso su modelo de evaluación, *The Countenance Model,* que sigue la línea de Tyler, pero es más completo al considerar las discrepancias entre lo observado y lo esperado en los antecedentes y transacciones, y posibilitar algunas bases para elaborar hipótesis acerca de las causas y los fallos en los resultados finales (Escudero, *ibid.* pp. 19 y 20). La tradición tyleriana se aprecia en el modelo que propone Stake, en cuanto a que la evaluación para él debe partir del establecimiento de unos objetivos. Sin embargo, considera que la evaluación debe estar centrada en el cliente, en sus necesidades, de hecho, su modelo se conoce popularmente como *Evaluación centrada en el cliente.* En su enfoque, la evaluación debe atender a aspectos cuantitativos que midan el nivel de consecución de los objetivos, pero sin descuidar los aspectos cualitativos. Su modelo avanzó con el tiempo hacia la *Responsive Evaluation.*

Alvira (2002, pp. 14 y 15) indica que el proceso de evaluación dentro de este modelo sigue los siguientes cuatro pasos:

1. Se recopila y analiza la información que describe el programa/servicio y su base lógico conceptual.
2. Se identifican las normas de calidad o normas absolutas de los grupos de referencia importantes (sobre todo clientes).
3. Se recogen datos descriptivos de programas alternativos críticos y de ahí se deducen normas relativas.
4. Se procede a emitir un juicio sobre el programa o servicio en función de su adecuación a las normas absolutas y relativas.

➢ Modelo de Suchman: el enfoque científico

Profundiza en la convicción de que la evaluación debe basarse en datos objetivos que sean analizados con metodología científica, matizando que la investigación científica es preferentemente teórica y, en cambio, la investigación evaluativa es siempre aplicada (Escudero, 2003, p. 20). Su modelo se conoce como el *Enfoque Científico*, por la importancia que concede a este aspecto, de hecho, hay dos elementos clave para él en el análisis: validez y fiabilidad. Alvira (2002, p. 15) explica que en este modelo el autor diferencia tres posibles tipos de evaluación: de resultados, previa y durante el proceso. Suchman considera que la evaluación de resultados parte del establecimiento de unos objetivos; la evaluación previa se centra en delimitar las necesidades, metas y objetivos, y puesta en marcha de la intervención social; finalmente, la evaluación durante el proceso busca determinar qué actividades y procedimientos resultan más útiles. Alvira añade que en este modelo se identifican cinco criterios de valoración, que podrían dar lugar a cinco evaluaciones: del esfuerzo, del producto o resultado, de la suficiencia, de la eficiencia y del proceso, es decir, del camino que lleva a los resultados.

5. Época de la Profesionalización (desde 1973)

Esta última fase se inicia en los años setenta y enlaza con la situación actual. Como señala Escudero (2003, pp. 20 y 21), se trata de una época caracterizada por la pluralidad conceptual y metodológica, ya que surgen toda clase de aportaciones teóricas y modelos evaluativos que inundan el mercado bibliográfico. Este autor explica que es posible llegar a identificar más de cuarenta modelos de evaluación, que algunos clasifican en dos grandes grupos, cuantitativos y cualitativos. De hecho, es el momento más álgido de la discusión entre evaluación cuantitativa y cualitativa, si bien ambas comienzan a aproximarse en la década de los ochenta, ante la constatación más que evidente de que no son metodologías enfrentadas, sino que cada una tiene su campo de actuación, pudiendo ser incluso positivo el uso conjunto de ambos métodos. Alemán y Trinidad (2012, p. 71) señalan que si la característica que mejor define la etapa del realismo es la realización de trabajos prácticos, la que podría definir esta etapa sería la teoría, teniendo en cuenta la gran cantidad de publicaciones que aparecieron y la elaboración de programas por parte de las universidades para graduarse en evaluación. Y es que, a finales de los años setenta, como parte de su profesionalización, la evaluación comienza a adquirir especial importancia en el mundo académico. Las universidades incorporan la metodología de evaluación en sus titulaciones para formar así a futuros profesionales. Sin embargo, este avance es más propio del contexto internacional. En España, todavía son escasas en la actualidad las universidades que prestan atención a la formación en materia de evaluación. Dentro de las titulaciones de la rama de lo social apenas se abordan estos contenidos; la formación se impulsa desde otras disciplinas como la educación, la psicología o la economía. La actividad evaluativa no puede entenderse como una profesión en España hasta bien entrado el siglo XXI.

Dentro del aluvión de propuestas de modelos teóricos de evaluación que se produjo en esta etapa, Escudero distingue dos épocas, con marcadas diferencias conceptuales y metodológicas: una primera época, donde las propuestas siguen la línea expuesta por Tyler; aquí destacan las aportaciones de Stake —en su primera formulación del modelo— (1967), Metfessell y Michael (finales de los años sesenta), Hammond (1983) y Provus (1971). Para todos ellos, los objetivos propuestos siguen siendo el criterio fundamental de valoración. Otros modelos de este grupo consideran que el proceso de evaluación se encuentra al servicio de quienes deben tomar decisiones, aspecto que enfatizan. Es el caso del Modelo CIPP de Stufflebeam (1971) y el de Alkin (1969). La segunda época está dominada, explica Escudero, por modelos que tienen diferentes concepciones de la evaluación y de la metodología a emplear, son los modelos alternativos. Algunos de los más destacados son la *Evaluación Responsable* de Stake (1975 y 1976), la *Evaluación Democrática* de McDonald (1976), la *Evaluación Iluminativa* de Parlett y Hamilton (1977) y la *Evaluación como crítica artística* de Eisner (1985). En líneas generales, Escudero explica que los modelos de este segundo grupo enfatizan el papel de la audiencia y de la relación del evaluador con ella; la audiencia prioritaria de la evaluación en estos modelos no está formada por quien debe tomar las decisiones, como en los modelos orientados a la toma de decisiones, ni por el responsable de elaborar los currículos u objetivos, como en los modelos de consecución de metas u objetivos. La audiencia prioritaria son los propios participantes del programa. Añade Escudero (*ibid.* p. 22) que estos modelos propugnan por una evaluación de tipo etnográfica, de ahí que la metodología que consideran más adecuada sea la propia de la antropología social. De hecho, si nos centramos en el enfoque metodológico que priorizan, observamos que el modelo de Tyler (1940) y el de Cronbach (1940) se encontrarían entre los de corte cuantitativo/objetivista/conductista, mientras que el segundo modelo de Stake (1975 y 1976), el de McDonald (1976), y el de Parlett y Hamilton (1977) estarían entre los cualitativos/subjetivistas/interpretativos. En el punto medio se encuentran una serie de modelos que se consideran en transición entre la metodología cuantitativa y la cualitativa, es el caso del Modelo CIPP de Stufflebeam (1971) y el de Scriven (1973).

Para terminar, dada la repercusión que tuvieron, vamos a dedicar algo de tiempo y espacio al desarrollo de varios de los modelos teóricos de evaluación que surgieron en esta época:

➢ Modelo CIPP de Stufflebeam: Evaluación orientada a la toma de decisiones

Como ya se ha señalado, Stufflebeam propone un modelo donde la evaluación está al servicio de quienes deben tomar las decisiones, proporcionando información útil para esta tarea. Según explica Alvira (2002, p. 16), el tipo de información que propone este modelo es diversa: qué necesidades existen y hasta qué punto los objetivos propuestos reflejan las necesidades sentidas; descripción del programa de intervención, de las propuestas alternativas contempladas y análisis conceptual de la adecuación de la propuesta elegida a los objetivos; grado de realización del plan de intervención propuesto y descripción de sus modificaciones en el caso de que las haya habido; resultados y consecuencias observadas a partir de la intervención, y grado en el que se han satisfecho las necesidades. Para conseguir esta información, Stufflebeam propone su Modelo CIPP; cada sigla de esta denominación responde a un tipo de evaluación:

1. Evaluación del Contexto (C). Esta evaluación se centra en el análisis de la población objeto de intervención, en sus necesidades, en la coherencia de los objetivos propuestos y en programas de intervención alternativos.
2. Evaluación de los Inputs (I). Se centra en el análisis del programa y la planificación de la intervención, conforme al planteamiento inicial y las estrategias propuestas.
3. Evaluación del Proceso (P). Se analiza cómo se está desarrollando la intervención, su realización, las actividades desarrolladas y la implementación del programa.
4. Evaluación del Producto (P). Incide en el análisis de los resultados, vinculándolos con los objetivos propuestos y la información obtenida en los otros tipos de evaluación.

Vemos que este modelo también toma como referencia los objetivos, pero ampliando la metodología tradicional que proponía Tyler. Es un modelo donde la evaluación es global, totalizadora y sistemática.

➢ Modelo de Scriven: Evaluación orientada al consumidor

Añade a la evaluación la perspectiva del cliente o el usuario, que a veces es olvidada por las entidades planificadoras y evaluadoras. Se aleja de las necesidades de evaluación de los evaluadores para centrarse en las necesidades de evaluación de los propios usuarios/consumidores. Tuvo poco desarrollo en la práctica, ya que se entendió más como un posicionamiento ideológico que como un método aplicado de evaluación. El modelo se basa en una serie de puntos o criterios de evaluación, que Alvira sintetiza de la siguiente manera (2002, p. 17):

- Antecedentes, contexto, recursos y función del programa/servicio que se quiere evaluar.
- El sistema de distribución del programa/intervención.
- Descripción de los usuarios o población objeto de la intervención.
- Necesidades y valores de los que se ven realmente afectados por la intervención.

- Existencia o no de normas o criterios previos para la evaluación.
- El proceso de la intervención social.
- Los resultados de la misma.
- Los costes de la intervención.
- La comparación con programas o servicios alternativos.

➢ Modelo de McDonald: Evaluación Democrática

Es un modelo de negociación para poder orientar las decisiones sobre el qué y cómo se quiere hacer desde una perspectiva dinámica, donde la realidad es un todo en continuo cambio. Las características más relevantes de este modelo según Fonseca (2007, p. 431) son las siguientes:

- ⊙ Demanda sumergirse en el curso real y vivo de los acontecimientos.
- ⊙ Conocer las diversas interpretaciones que hacen aquellos que viven esa realidad.
- ⊙ Las opiniones e interpretaciones de los participantes deben expresarse, contrastarse y reflejarse en el informe de evaluación.
- ⊙ Las técnicas recomendadas para recabar la información son la entrevista y los debates.
- ⊙ Debe facilitar y promover el cambio y la mejora.
- ⊙ Integra el rol del profesor/educador como investigador y evaluador.
- ⊙ Fomenta la cultura de la autodeterminación y la autoevaluación.
- ⊙ Propicia la emergencia del pensamiento libre y autónomo.
- ⊙ Está dirigido a modificar permanentemente la práctica educativa.
- ⊙ Invita a los participantes a investigar, experimentar y a evaluar permanentemente en su propia realidad natural.
- ⊙ Demanda al profesor/educador como evaluador que oriente, promocione, que sea neutral, que favorezca el diálogo, la discusión, la búsqueda y el análisis.

Este modelo concede una importancia clave a la información. De hecho, la evaluación se percibe como un servicio a la comunidad, ya que en una sociedad democrática el derecho a saber es un pilar fundamental. El derecho a la información es uno de los ejes de este modelo, junto con el equilibrio de intereses educativos y la independencia del evaluador. Dado que existen distintas audiencias, las necesidades de información no son siempre las mismas, varían de un grupo a otro; el tratamiento que se haga de la información depende de a qué audiencia esté referida. El modelo identifica tres audiencias: 1. Las audiencias implicadas en el desarrollo de un programa como directores, gestores, trabajadores sociales, planificadores, etc.; 2. Quienes contratan la evaluación y son responsables de la toma de decisiones; y 3. Las audiencias naturales, que son todos aquellos grupos afectados indirectamente por la puesta en marcha del programa. En el enfoque democrático pueden distinguirse, según su intencionalidad y el aprovechamiento que hagan de ella las distintas audiencias, cuatro tipos de información relacionadas entre sí: a) formativa, b) divulgativa, c) dialogante y d) enfocada hacia la toma de decisiones.

➢ Evaluación Iluminativa de Parlett y Hamilton

Parte de un paradigma naturalista, con la intención de aportar algo de luz sobre las características, elementos, problemas de un programa. Parte también de un posicionamiento holístico, dentro de un marco contextualizado. Las fases del proceso de evaluación para este modelo serían tres: observación, ampliación de la indagación y explicación. Se deben especificar las condiciones de análisis a través de un proceso de descripción, bajo unas condiciones naturales, y utilizando la entrevista y la observación como técnicas de recogida de información. De este modo, analizando los elementos que intervienen en el programa, así como sus ventajas e inconvenientes, se podrán identificar sus aspectos más relevantes. Parlett y Hamilton valoran la necesidad de identificar los valores subjetivos de los informadores como elementos propios intervinientes en el proceso evaluador. Desde un punto de vista conceptual, la Evaluación Iluminativa supone que (Pérez, 1993, pp. 30-31):

- No puede comprenderse un sistema vivo y abierto si se considera aislado de su contexto más amplio.
- La comprensión de un sistema como el aula, requiere del análisis de su funcionamiento relativamente autónomo y del comportamiento interrelacionado de los elementos que lo componen.
- Es imprescindible conocer y descubrir la biografía individual del sistema, y la percepción subjetiva que cada uno de los participantes tiene del problema y su desarrollo.
- Los individuos están inevitablemente impregnados por el pensamiento informal que define el medio de enseñanza (objeto de evaluación), de forma más extensa e intensa de lo que ellos mismos son conscientes.
- No existe una única realidad de la que derive directamente una verdad objetiva. Existen, por el contrario, numerosas perspectivas y puntos de vista que el evaluador debe indagar y contrastar desde una posición de observador neutral.

- La realidad de cada aula es singular e irrepetible. La pretensión de generalizar leyes universales debe matizarse por la necesidad de considerar lo singular que define cada espacio y cada experiencia.

Concluimos señalando que a lo largo de este epígrafe se han expuesto las cinco fases que vertebran la evolución histórica de la *evaluación*. Se construyen desde el ámbito de la Educación, por lo que prestan una especial atención a los elementos propios de ese contexto. A lo largo de ellas se insertan los distintos modelos teóricos de evaluación de programas, unos programas que en su mayoría son de corte educativo. Se han impulsado, precisamente, desde el ámbito de la educación, por lo que han tenido una aplicación directa en ese ámbito. En la Figura 3 se recogen de manera gráfica en una línea del tiempo los siete modelos que se han expuesto a lo largo de este epígrafe.

El desarrollo histórico de la evaluación en el ámbito de lo social se encuentra poco trabajado hasta el momento. Probablemente se trate de una asignatura pendiente, especialmente si hablamos de la evolución que ha tenido esta actividad o función en el ámbito del Trabajo Social y los Servicios Sociales. No obstante, se han ofrecido unas breves pinceladas al inicio de este capítulo, a completar con lo expuesto en este apartado.

Figura 3. Algunos Modelos Teóricos de Evaluación de Programas - Secuencia Temporal

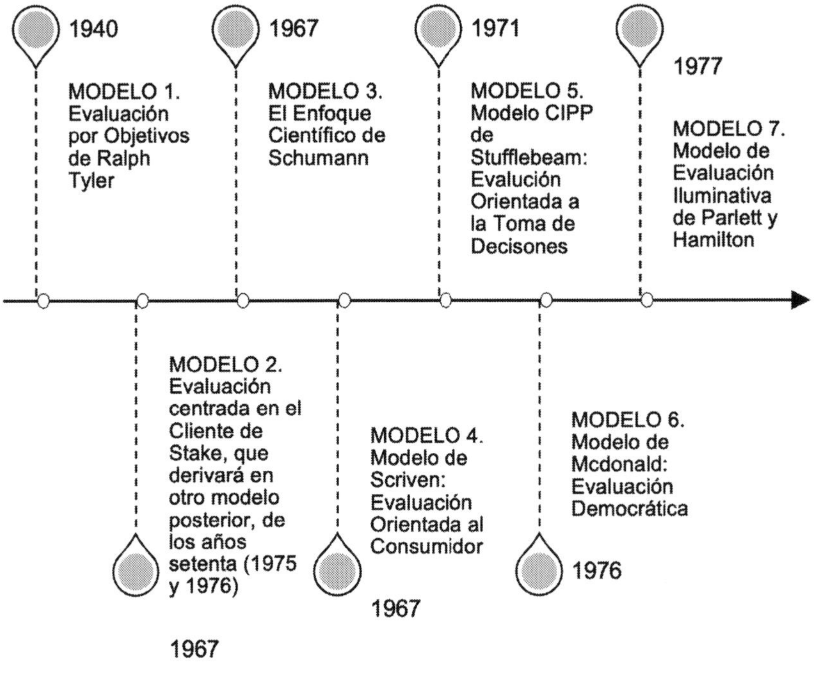

1940
MODELO 1. Evaluación por Objetivos de Ralph Tyler

1967
MODELO 2. Evaluación centrada en el Cliente de Stake, que derivará en otro modelo posterior, de los años setenta (1975 y 1976)

1967
MODELO 3. El Enfoque Científico de Schumann

1967
MODELO 4. Modelo de Scriven: Evaluación Orientada al Consumidor

1971
MODELO 5. Modelo CIPP de Stufflebeam: Evalución Orientada a la Toma de Decisones

1976
MODELO 6. Modelo de Mcdonald: Evaluación Democrática

1977
MODELO 7. Modelo de Evaluación Iluminativa de Parlett y Hamilton

Fuente: Elaboración propia.

Capítulo 2

UNIDADES DE EVALUACIÓN EN TRABAJO SOCIAL Y SERVICIOS SOCIALES

SUMARIO: 1. SUJETO(S). SUPERVISIÓN PROFESIONAL EN TRABAJO SOCIAL. 2. PROGRAMAS Y PROYECTOS SOCIALES. 3. INTERVENCIÓN A NIVEL MICROSOCIAL. PLAN DE ACCIÓN. 4. ORGANIZACIONES SOCIALES. 5. SISTEMAS Y MODELOS ORGANIZATIVOS.

Iniciamos este capítulo trayendo a colación las afortunadas y sensatas palabras de Espinoza (1983, pp. 9 y 10), quien señala que la evaluación tiene una innegable utilidad para todas las dimensiones del quehacer humano, si bien cobra una especial relevancia en el campo de la acción social. En este, los factores que intervienen, de distinta naturaleza, son extremadamente dinámicos, apunta este autor, por lo que se requiere de una constante adecuación, a través de la evaluación, a fin de enfrentar con éxito el trabajo que se realiza. Espinoza añade que las instituciones vinculadas a la acción y promoción social cuentan con unos recursos extremadamente limitados, por lo que deben optimizar su uso; una forma de conseguirlo es a través de la evaluación.

Lo cierto es que estamos asistiendo a un proceso, emergente todavía en nuestro país, de revalorización de la función evaluativa del trabajo social. En este proceso, las actividades de evaluación se dirigen hacia prácticamente todos los elementos del sistema de servicios sociales: usuarios, equipos de trabajo y profesionales, organizaciones sociales, planes, programas y proyectos, etc. Esto supone una mirada global de la acción social, tomando conciencia de que los factores que intervienen en la resolución de la problemática o de la necesidad son múltiples y complejos, y todos pueden ser objeto de evaluación. De acuerdo con esto, son varias las unidades de evaluación en Trabajo Social y Servicios Sociales, es decir, son múltiples los elementos que pueden ser objeto de una evaluación en el marco de nuestra profesión. Desde un punto de vista metodológico, estas unidades se pueden clasificar en varias categorías. El recorrido que la actividad evaluadora ha tenido en cada una de ellas es desigual, así como el bagaje y conocimiento científico que se han generado al respecto. Las estrategias que se siguen en el proceso de evaluación también varían en función de la unidad que centre la tarea de evaluación. En este capítulo haremos un repaso por las unidades de evaluación que hay en Trabajo Social y Servicios Sociales, teniendo claro, como ya se ha señalado en alguna ocasión, que la más usual es, y probablemente siga siéndolo durante décadas, el programa o proyecto social, esto es, la intervención de nivel macrosocial.

1. SUJETO(S). SUPERVISIÓN PROFESIONAL EN TRABAJO SOCIAL

Representa la categoría de análisis más concreta. En ella se incluyen todos aquellos individuos cuya actividad profesional conviene evaluar, como es el caso de trabajadores sociales u otros profesionales, directivos o responsables de una organización social o de un proyecto/programa, equipos de trabajo, etc. Sobre ellos cabe plantearse numerosas cuestiones como su formación, su nivel de conocimiento sobre la materia, la motivación que tienen, el tiempo dedicado a cada tarea, el impacto que sus actuaciones tienen sobre los usuarios y otros compañeros, cómo son las relaciones con el entorno y con respecto al usuario, cómo se coordinan con otros profesionales, o con qué eficacia desarrollan sus funciones y tareas, diagnostican sus defectos y virtudes, optimizan sus funciones, evalúan los resultados de sus actuaciones, proceden a la toma de decisiones, etc.

Como se puede deducir, los motivos de la evaluación —los porqués— son numerosos: mejorar la calidad de la actuación profesional y, con ello, la de los servicios donde desarrollan su trabajo, detectar carencias formativas que cubrir, mejorar la percepción que los usuarios tienen sobre los equipos de trabajo que les atienden, favorecer la coordinación y el trabajo en equipo, reflexionar sobre la actuación profesional, interrumpir servicios o programas, proceder a despidos o no renovaciones, promocionar a trabajadores, renovar contratos, consolidar plantillas, alterar condiciones de trabajo, favorecer aspectos como el liderazgo o la comunicación, definir buenas prácticas, regular el acceso a puestos directivos, etc. La siguiente tabla (Tabla 2), a partir de Bollington y Hopkins (1990, p. 4), resume todas estas perspectivas siguiendo un sencillo esquema que toma como referencia el nivel de análisis que se adopta (el individual, es decir, del propio sujeto, o el organizativo, esto es del sujeto en el marco de la organización donde desarrolla su trabajo) y las dos maneras más comunes de entender una evaluación que ya vimos en el primer capítulo: evaluación orientada a la mejora (se quiere saber cómo mejorar aquello que se evalúa) y evaluación como medida de control y/o rendición de cuentas (se quiere saber si el objeto de evaluación cumple con su cometido o no y en qué medida lo hace).

Tabla 2. Perspectivas sobre la evaluación de sujetos

PROPÓSITO / NIVEL	ORIENTADA A LA MEJORA	MEDIDA DE CONTROL/ RENDICIÓN DE CUENTAS
INDIVIDUAL	Desarrollo individual del profesional (ofrecer formación, mejoras salariales, etc.)	Decisiones sobre el profesional (despido, renovación, promoción, cambios en el contrato, etc.)

NIVEL \ PROPÓSITO	ORIENTADA A LA MEJORA	MEDIDA DE CONTROL/ RENDICIÓN DE CUENTAS
ORGANIZATIVO	Mejora de la organización social (mejora de la calidad de los servicios prestados, reforzar plantillas, etc.)	Decisiones de carácter administrativo sobre la organización social (interrumpir el servicio, reeditar un programa, etc.)

Fuente: Elaboración propia a partir de Bollington y Hopkins (1990, p. 4).

En relación con la evaluación de sujetos dentro del ámbito del Trabajo Social y los Servicios Sociales, Aguilar y Ander-Egg (1992, p. 41) señalan la importancia que tiene evaluar su rendimiento. Ellos circunscriben sus consideraciones al rendimiento del profesional en el marco de un programa de intervención, si bien éstas podrían extenderse al resto de ámbitos de actuación del trabajador social. De acuerdo con sus explicaciones, evaluar el rendimiento del personal consiste en medir la capacidad, competencia y habilidad de un individuo para efectuar determinadas actividades y tareas que le son asignadas como propias de su trabajo. Estos autores señalan que es una ardua tarea desglosar la expresión *rendimiento personal* en los elementos que lo componen, aunque señalan los siguientes:

1. Las habilidades y aptitudes necesarias para las tareas encomendadas.
2. La actitud frente al trabajo y las motivaciones para realizarlo con responsabilidad.
3. La capacidad de aplicar los conocimientos tanto teóricos como prácticos a la actividad profesional y de sistematizar la propia experiencia.
4. La forma y capacidad de organizar el trabajo y de solucionar los problemas concretos que vayan surgiendo.

Estos autores añaden que cada uno de los elementos refleja una parte del rendimiento total del personal, por lo que evaluar sólo uno de estos aspectos podría ser insuficiente. Proponen, además, algunas cuestiones que podrían guiar la evaluación (*ibid.* pp. 72 y 73):

- ¿Cuál es la aptitud y habilidad del personal en la aplicación de técnicas y procedimientos a las tareas y actividades propias de su trabajo?
- ¿Cuáles son las actitudes y motivaciones para realizar responsablemente el trabajo?
- ¿Lo que hacen los responsables de la dirección, los cuadros medios y los ejecutores del programa o proyecto corresponde con lo establecido en el análisis de puestos, manual de organización o manual de procedimientos?
- ¿La competencia profesional del personal del programa se ajusta a los estándares de calidad exigidos?

- ¿Cuál es la capacidad que tiene el personal para organizar el trabajo y resolver problemas?
- ¿El personal posee los conocimientos y habilidades necesarias para el correcto desarrollo de las funciones a su cargo? ¿Y las aptitudes?
- ¿El personal desarrolla sus funciones y actividades en los tiempos oportunos? Si emplea más tiempo, ¿por qué?
- ¿Cuál es el nivel de satisfacción del personal del programa?
- ¿Existen incentivos para el personal? ¿De qué tipo y con qué efectos?

El *Diccionario de Trabajo Social* (Fernández, Lorenzo y Vázquez, 2012, p. 218) explica que, en el ámbito de una organización social, podemos identificar dos tipos de evaluación de los trabajadores: la del desempeño (rendimiento) y la de competencias. Esta fuente define la primera como aquella que se lleva a cabo para valorar el nivel de eficacia logrado por los empleados en su puesto de trabajo, a fin de establecer planes de mejora que incluyan actuaciones en materia salarial, formativa, de promoción, etc. que incidan, a su vez, sobre el desempeño o rendimiento del propio profesional. El objetivo de la segunda es identificar determinados repertorios de comportamientos (competencias) que posean las personas y que las hacen más eficaces y eficientes en su actividad profesional; se trata de extraer características de las personas que están relacionadas de forma causal con su actuación exitosa en el puesto de trabajo. Podemos decir que estos son los dos tipos de evaluación más comunes cuando se trata de evaluar a los trabajadores —sujetos— de la acción social.

Lo cierto es que el profesional del trabajo social es una de las piezas clave del sistema de acción social; su actuación resulta fundamental para el logro de los objetivos y fines que se persiguen con la intervención, tanto si esta se desarrolla en un ámbito macrosocial como si tiene lugar en un contexto microsocial. La actuación profesional repercute en la propia intervención, en la organización donde desarrollan su trabajo, en el sistema de servicios sociales, en la vida de los usuarios y de la comunidad, etc. Por eso resulta tan importante su evaluación. Sin embargo, no se encuentra demasiado extendida todavía, no se ha interiorizado aún en la práctica profesional, a diferencia de lo que ocurre en otras disciplinas como, por ejemplo, la Educación, donde ya existen sistemas de acreditación del profesorado y donde la evaluación de éste se ha convertido en un requisito indispensable, sobre todo si se quiere optar a una promoción laboral, aumentos salariales, etc.

Lo que sí existe en Trabajo Social, siendo habitual su uso, es la *supervisión profesional*. Esta puede definirse como un proceso sistemático de intercambio de información y transmisión de saberes, en el que un profesional con experiencia y conocimientos (el supervisor) se convierte en figura de autoridad y referencia para otro u otros profesionales (los supervisados), con los que establece una relación dinámica y positiva a través de la cual les proporciona apoyo y formación, a la vez que fomenta una acción profesional de calidad (Fernández, Lorenzo y Vázquez, 2012, p. 496). Como vemos, no se trata de una evaluación en sí misma, sino de un acompañamiento con fines formativos, de crecimiento y mejora profesional. Fernández Barrera (1997, p. 17) indica que la supervisión, en su aplicación al trabajo social, ofrece un *setting* (entorno, ambiente, escenario...) donde facilitar la reflexión sobre las actuaciones profesionales y favorecer el mantenimiento de una curiosidad intelectual para ir estimulando el afán de aprender y mejorar las propias actuaciones; a través de la implicación real de los supervisados, se consigue optimizar los resultados y la calidad de los servicios, apunta esta autora. Añade que los orígenes de la supervisión en trabajo social se remontan prácticamente a los orígenes del trabajo social profesionalizado; de hecho, se considera que Octavia Hill y Mary Richmond, aunque no hicieron referencia explícita a ello en sus publicaciones, fueron las primeras que asumieron funciones supervisoras.

La supervisión en trabajo social se puede ejercer sobre personas con perfiles diferentes, es decir, existen distintos niveles de aplicación; hablamos, por ejemplo, de la supervisión de profesionales del trabajo social, de estudiantes de trabajo social, de voluntarios que desarrollan su labor en el marco de una organización social, incluso de los propios usuarios cuando la intervención se presta a ello, etc. Está claro que, dependiendo de cuál sea el nivel de aplicación, aspectos como el proceso de supervisión, la estrategia a utilizar, los métodos, el registro de la información, la documentación empleada, incluso la propia evaluación de la supervisión, serán diferentes.

Fernández Barrera (*ibid.*, pp. 35-65) identifica tres tipos de supervisión: la administrativa, la educativa y la de apoyo. Vamos a definir brevemente cada una de ellas, utilizando las propias explicaciones de esta autora:

- La supervisión administrativa: se produce en el marco de una organización social con el objetivo de que se cumplan los objetivos de dicha organización, se entiende como una técnica de gestión. Normalmente, se contempla dentro del organigrama de la propia organización, es decir, hay personas que, de manera formal, asumen esta función en su puesto de trabajo y pueden llegar a percibir algún complemento retributivo por ello. La demanda de supervisar viene impuesta desde arriba, procede de la propia organización. El supervisor actúa como responsable del trabajo que llevan a cabo sus supervisados.
- La supervisión educativa: es probablemente el tipo de supervisión que más se produce en trabajo social, al menos en España. Tiene como objetivo enseñar, formar y ayudar en la mejora de conocimientos a los trabajadores sociales o a aquellos que están en fase de formación como los que están cursando el título de Grado en Trabajo Social. Fernández Barrera añade

que la supervisión educativa ofrece recursos que permiten a los trabajadores sociales realizar su trabajo con eficacia, ayuda a mantener la profesionalización y a consolidar la identidad profesional. Como resultado de la supervisión educativa, el trabajador social está en mejor posición para hacer una autoevaluación de sus actuaciones; aprende cuál es la diferencia entre la práctica adecuada y la no adecuada, y es capaz de hacer una autocrítica. El supervisor tiene la obligación de crear un ambiente que favorezca el aprendizaje. La supervisión anterior, la administrativa, tiene un carácter jerárquico, de control, de manera que el supervisor está por encima del supervisado. En la educativa, la posición que ocupa el supervisor suele ser de acompañamiento y asesoramiento técnico o profesional, si bien es cierto que en el caso de la formación de los estudiantes de facultades y escuelas de trabajo social el supervisor tiene una relación de poder y autoridad con respecto al estudiante supervisado, consecuencia del propio sistema de evaluación académica.

- La supervisión de apoyo: es aquella que tiene en cuenta en sus objetivos y aplicación el ofrecer apoyo a las personas que reciben dicha supervisión, de forma que puedan superar mejor las tensiones y dificultades que se prestan en el ejercicio de su trabajo. En ocasiones se denomina *apoyo psicológico*, ya que va dirigida a analizar los aspectos personales del supervisado que influyen en su práctica cotidiana, de modo que pueda entender qué factores personales afectan directamente a sus actuaciones profesionales y pueda conseguir superarlos. Aunque existe cierto debate acerca de la competencia del trabajador social para asumir este tipo de supervisión —reservada casi en exclusiva a los psicólogos—, lo cierto es que cuando nos referimos a factores personales que pueden influir en las actuaciones profesionales, los de tipo social son también relevantes, al igual que la manifestación que, a este nivel, pueden tener los psicológicos.

Cualquiera de las supervisiones que se han identificado (administrativa, educativa o de apoyo) pueden darse de manera individual o grupal. De acuerdo con el *Diccionario de Trabajo Social* (Fernández, Lorenzo y Vázquez, 2012, pp. 496 y 497), la *supervisión individual* consiste en un encuentro directo entre supervisor y supervisado, donde el primero comparte su conocimiento y experiencia con el segundo utilizando la técnica de la entrevista; entre las principales ventajas destacan, según esta fuente, las siguientes: una mayor dedicación de tiempo al supervisado por parte del supervisor, una mayor personalización y un ritmo más ajustado a las necesidades y objetivos del supervisado, permitiendo un mejor seguimiento; como desventajas cabe señalar, siguiendo con esta misma fuente, que el supervisado sólo establece relación con el supervisor, lo que implica una única perspectiva en las aportaciones y en el *feedback*, además existe un riesgo de estancamiento y dependencia, y es posible que el proceso de supervisión se altere o no cumpla sus fines si la relación entre ambos se deteriora. La *supervisión grupal*, por su parte, siguiendo con las explicaciones que ofrece el *Diccionario de Trabajo Social*, es un encuentro entre un grupo de trabajadores sociales, en ejercicio o en formación, que se reúnen para analizar su actividad profesional con el apoyo y seguimiento de un supervisor que pone a disposición de los participantes su experiencia y conocimientos para analizar y reflexionar sobre los temas que se consideran de interés para el grupo. En este tipo de supervisión se utilizan las técnicas de conducción y dinámica de grupos. La principal ventaja de esta supervisión radica en la diversidad que los participantes aportan al grupo, enriqueciéndolo con sus experiencias profesionales, sus diferentes perspectivas de análisis y el contraste de posibles soluciones a sus problemas; el grupo proporciona apoyo social y emocional al propio grupo. Entre las desventajas, el diccionario destaca el riesgo de desatender las necesidades individuales, y que surjan desacuerdos en los temas a tratar o conflictos internos entre sus miembros que puedan terminar deteriorando la actividad del grupo. Fernández Barrera (1997, p. 99) señala que estas son las dos modalidades básicas de aplicación de la supervisión, si bien, añade, existe la posibilidad de una tercera, que es la *supervisión mixta*; sería aquella en la que predominan las sesiones grupales, pero en la que también es admisible, y en ocasiones positiva, la realización de sesiones individuales cuando el trabajador social supervisado lo necesita.

2. PROGRAMAS Y PROYECTOS SOCIALES

El proceso metodológico de intervención en Trabajo Social se organiza de acuerdo con una serie de fases bien definidas, representadas gráficamente en la Figura 4.

Figura 4. Proceso metodológico de intervención en Trabajo Social

Análisis de Necesidades
Diagnóstico Social
Diseño de la Intervención
Ejecución de la Intervención
Resultados: modificación de la(s) necesidad(es)/problema(s)

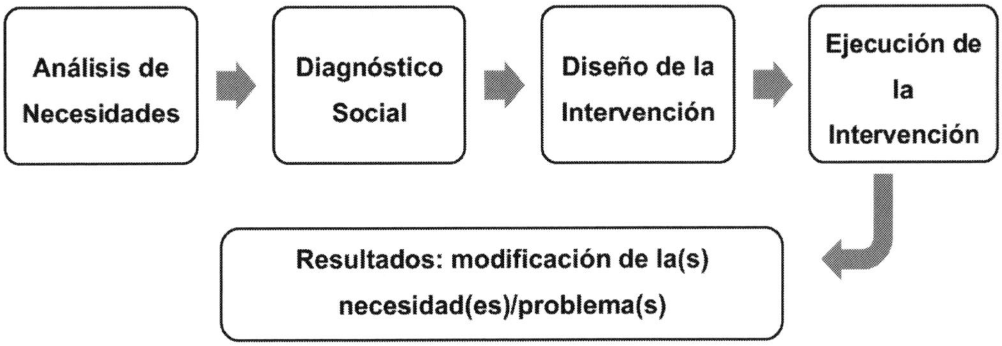

Fuente: Elaboración propia.

La primera, de donde debe partir cualquier actuación de este profesional, es el análisis de la situación, también conocida como análisis de necesidades o análisis de la demanda. En este punto, el trabajador social pone en práctica habilidades y técnicas, encaminadas a conocer la situación de necesidad o el problema que presenta el sujeto de la intervención, así como los recursos disponibles. Ese sujeto puede ser un individuo o una familia, en cuyo caso la labor del trabajador social se desarrollaría en un contexto microsocial; también puede ser un grupo o una comunidad, con lo que se inscribiría en un contexto macrosocial. Es sustancial hacer esta aclaración, ya que la práctica profesional del trabajador social se va a ver condicionada en cuanto a modelos, métodos, técnicas, etc., por el ámbito de actuación: microsocial o macrosocial. Los resultados del análisis de necesidades permiten al profesional realizar una valoración objetiva del caso, esto es, un diagnóstico social de la situación analizada. Ese diagnóstico no se elabora de cualquier manera, todo lo contrario, debe seguir un esquema concreto e incluir una serie de contenidos, ampliamente significados por la literatura especializada. Entre ellos, la clasificación y jerarquización de necesidades a cubrir, puesto que las necesidades siempre suelen exceder a los recursos disponibles, también la hipótesis diagnóstica donde se ponen en relación las distintas problemáticas del caso, estableciendo relaciones causa-efecto entre variables, etc. A partir de ese diagnóstico social, el trabajador social diseña la intervención que pretende aplicar sobre la necesidad o el problema que se ha estudiado y diagnosticado. En esa tarea tendrá en cuenta las características concretas de la necesidad/problema y los recursos de los que se dispone, tanto internos como externos. La actuación profesional diseñada estará compuesta, entre otros, por objetivos, actividades, técnicas y recursos. Esta fase constituye, para algunos, el elemento central de la acción profesional; es la fase de conceptualización, diseño o lógica de la intervención profesional. A continuación, la intervención diseñada se pondrá en marcha en lo que se conoce como la fase de ejecución o implementación. Esta se desarrollará conforme a un calendario previsto de antemano, y sobre la base de lo programado en la etapa anterior. De esta fase se derivarán una serie de resultados. Estos consistirán en la modificación/resolución o no de la(s) necesidad(es) y/o problema(s) diagnosticados al inicio del proceso de intervención. Como vemos, el proceso metodológico en trabajo social es circular, y se encuentra compuesto por una serie de fases que se van secuenciando, encontrando cada una de ellas su fundamentación en la fase inmediatamente anterior.

Cuando la intervención del trabajador social tiene lugar en un contexto macrosocial, gran parte de sus actuaciones profesionales se enmarcan en un programa o proyecto social. Estos, junto al plan y a la política social, representan los distintos niveles de planificación como veremos más adelante. La Plataforma de ONG de Acción Social (2010, p. 10) explica de manera bastante sencilla la relación entre un plan, un programa y un proyecto social. Este último queda conceptualizado como “la unidad mínima de asignación de recursos, que a través de un conjunto integrado de procesos y actividades pretende transformar una parcela de la realidad, disminuyendo o eliminando un déficit, o solucionando un problema”. Añade que los proyectos “producen y/o distribuyen bienes o servicios (productos), para satisfacer las necesidades de aquellos grupos que no poseen recursos para solventarlas autónomamente, con una caracterización y localización espacio-temporal precisa y acotada”, esto es, un contexto geográfico de actuación y una calendarización. Esta Plataforma explica que el programa social es un conjunto de proyectos que persiguen objetivos orientados en la misma dirección, es decir, que están relacionados entre sí; esos proyectos pueden diferenciarse por trabajar con poblaciones diferentes, utilizar distintas estrategias de intervención o centrarse en una dimensión concreta de la problemática sobre la que se actúa. El plan es un conjunto de programas que están relacionados entre sí, ya que pretenden actuar sobre la misma necesidad o problemática. El plan ofrece orientaciones sobre qué necesidades sociales priorizar, y define las principales vías y estrategias de intervención. Todos estos elementos (plan/programa/proyecto) se enmarcan en una política social, de la que constituyen su traducción operacional (Figura 5).

Figura 5. Niveles de Planificación de la Acción Social

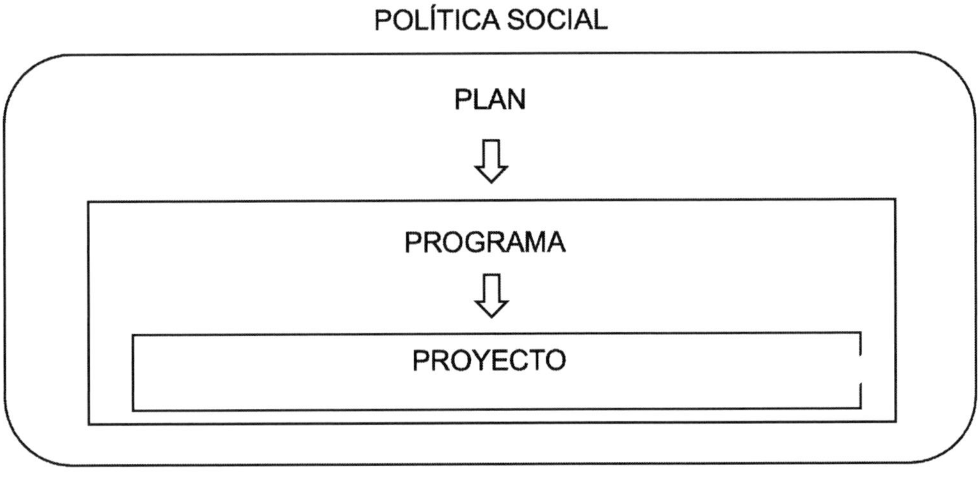

Fuente: Elaboración propia.

La política social, el plan, el programa y el proyecto son distintos niveles operacionales de la planificación como ya hemos adelantado previamente. El nivel más bajo correspondería a la *planificación operativa*, que se traduce en proyectos, tiene un alcance temporal relativamente corto (en torno a un año) y abarca un territorio concreto como puede ser un barrio, un centro, etc.; el siguiente nivel es el de la *planificación táctica,* esta se traduce en programas, tiene un mayor alcance (entre dos y cinco años) y su ámbito geográfico abarca comunidades autónomas, municipios, etc.; a continuación, se encuentra la *planificación estratégica,* cuya traducción se materializa en planes, tiene un horizonte temporal más amplio (de entre cinco y diez años) y un ámbito de aplicación territorial de corte nacional o regional; finalmente, se haya la *planificación normativa* que corresponde a las políticas públicas que se impulsan desde los gobiernos nacionales, con un horizonte amplio de ejecución, que abarque algo más de la legislatura y que cubra toda la nación (Cf. Medina y Medina, 2011, p. 113).

Referido de manera concreta al ámbito de los programas y proyectos sociales, cabe preguntarse en qué punto tiene lugar la actividad de evaluar. Alvira (2002, p. 5) explica que, a finales del siglo XX, existía una concepción tradicional, que contemplaba la evaluación como un ejercicio que se realizaba al final del proceso metodológico, esto es, después de que existiera una programación o planificación diseñada, y una vez dicha intervención estuviera en marcha (ejecución) (Figura 6). En este caso las fases del proceso metodológico se secuenciaban linealmente, se partía de la identificación del problema o necesidad y su diagnóstico, pasando por el diseño de la intervención, su ejecución y finalmente su evaluación (modelo A).

Figura 6. Modelo A. Esquema Tradicional de Evaluación - Desde finales del siglo XX

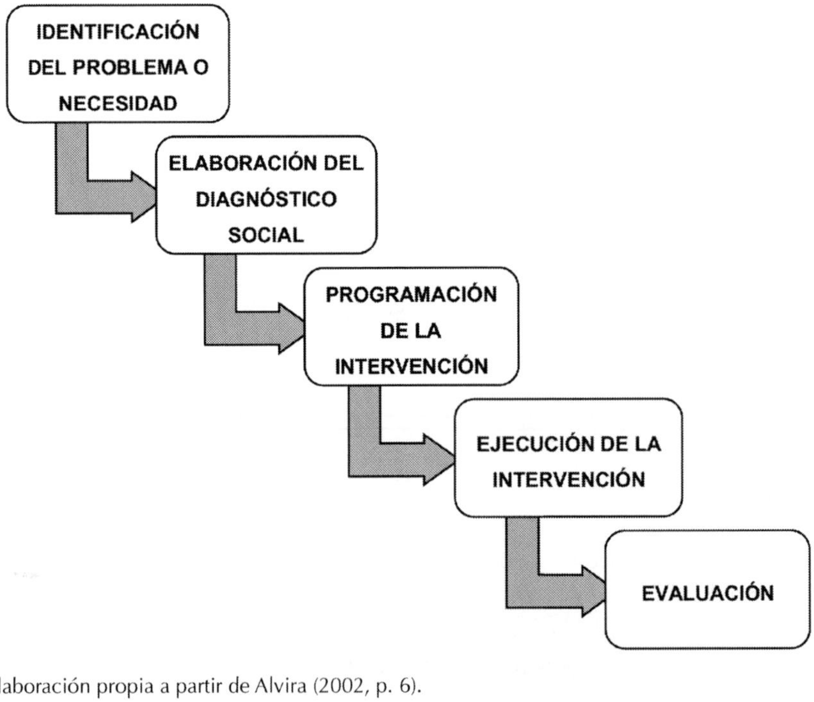

Fuente: Elaboración propia a partir de Alvira (2002, p. 6).

Frente a este esquema inicial, en la actualidad nos encontramos con otro (modelo B), donde la evaluación se puede desarrollar de manera paralela al propio proceso de análisis, diagnóstico, diseño y ejecución de la intervención, estableciéndose una retroalimentación continua entre programación y evaluación (Figura 7). Puede decirse que la expansión de la evaluación ha venido acompañada de un cambio en su concepción y en el paradigma dominante. Ahora nos encontramos con que la evaluación puede realizarse sobre la fase de análisis y diagnóstico, lo que daría lugar a una evaluación del análisis de necesidades y del diagnóstico, sobre el diseño de la intervención, hablando de evaluación de su conceptualización y lógica, y sobre la puesta en marcha de la intervención, dando lugar a una amplia pluralidad de formas de evaluación, en función de aquel aspecto que nos interese evaluar, como la cobertura, los resultados, el impacto, la misma evaluación, etc. Esto permite la valoración de la funcionalidad de los procesos que, de manera secuencial, componen un programa o un proyecto de intervención social, haciendo que la evaluación y la programación se entrelacen, en una retroalimentación permanente. Hablamos en este epígrafe de un programa o proyecto social, pero lo cierto es que el cambio en la manera de entender la evaluación puede hacerse extensible a cualquier ciclo de intervención social, con independencia de dónde se enmarque (servicio, UTS, residencia, etc.).

Figura 7. Modelo B. Esquema Innovador de Evaluación - Imponiéndose en la Actualidad

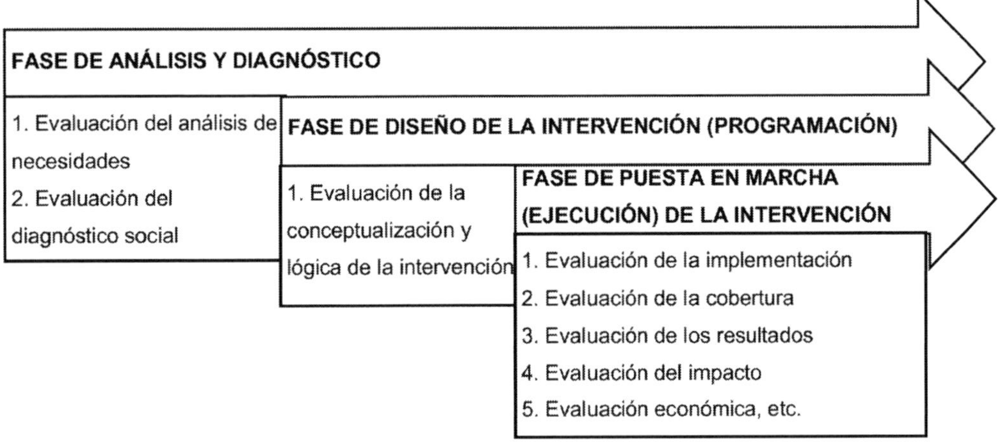

Fuente: Elaboración propia a partir de Alvira (2002, p. 6); se incluyen adaptaciones significativas en la fase de análisis y diagnóstico.

3. INTERVENCIÓN A NIVEL MICROSOCIAL. PLAN DE ACCIÓN

Cuando hablamos de evaluación en Trabajo Social y Servicios Sociales, la atención se suele centrar en un elemento concreto: la evaluación de aquellas acciones que, mediante planes, programas y proyectos sociales, se llevan a cabo a nivel macrosocial, es decir, en el marco de una comunidad o grupo grande. Las intervenciones de nivel microsocial, centradas en el individuo y en los grupos pequeños, como pueden ser las familias, tradicionalmente se han quedado al margen de los procesos de evaluación, como si este tipo de intervenciones no pudieran o no debieran ser objeto de una valoración objetiva con el fin de emitir juicios de valor orientados a la toma de decisiones. Lishman (1999, citado en García-Longoria, 2016a, p. 2) reflexiona sobre los motivos que pueden explicar esta situación:

1. La distancia que siempre ha habido entre investigación y práctica social. No olvidemos que la evaluación es una investigación, y que el trabajo social, como profesión, siempre ha estado más conectado con la práctica que con la investigación. Esto se manifiesta especialmente en el nivel de intervención microsocial, donde las actuaciones del profesional son más inmediatas y urgentes. Además, el trabajador social de casos puede sentirse amenazado, al tener que juzgar sus resultados y rendir cuentas con criterios establecidos por organismos administrativos o políticos. Eso lo distancia todavía más de la actividad evaluativa.

2. La evaluación en trabajo social se ha vinculado sobre todo con ciertos métodos de intervención y análisis, como la metodología cuantitativa. Esto hace que la evaluación sea menos frecuente en el terreno de lo microsocial, donde la metodología que se aplica suele ser de corte cualitativo.

3. La distancia entre distintas tendencias de evaluación, que no han compartido sus avances o se han ignorado entre sí.

4. La dificultad de posibilitar, sobre todo en el ámbito local, la evaluación como una parte más de la intervención directa en la labor cotidiana del trabajador social.

5. La falta de formación por parte de los profesionales para afrontar la evaluación en la práctica de intervención directa. También, la escasez de programas de formación sobre la materia, y de órganos reglados, como universidades, que los ofrezcan.

Esta realidad está empezando a cambiar, de manera que ya son varias las voces que enfatizan la necesidad de prestar atención también a la evaluación de las intervenciones que se realizan a nivel microsocial, es decir, a la evaluación del diseño y de la ejecución del plan de acción individual o familiar. Estas mismas voces destacan la idea de diseñar una metodología propia, diferente en esencia a la que opera en el ámbito de lo macrosocial, más orientada hacia la realidad que se pretende evaluar. De hecho, reivindican esta cuestión porque la manera tradicional de evaluar la práctica microsocial en Trabajo Social ha sido mediante la adaptación de ciertas prácticas evaluativas de corte macrosocial. Una de las más comunes ha sido, y seguirá siendo, el empleo de indicadores cualitativos diseñados ad hoc por el trabajador social. Aunque estos indicadores se tratarán con detalle en el capítulo cinco de este manual, podemos adelantar que, en esencia, son ítems que afirman alguna cuestión relativa al caso, en línea con el aspecto que se quiera evaluar. Por ejemplo, si se pretende evaluar el comportamiento del sujeto, se pueden proponer indicadores como: 1. Participa en las reuniones/entrevistas, 2. Responde a las preguntas que se le plantean, 3. Colabora en la búsqueda de empleo, 4. Acude a la formación prevista, etc. En relación con el logro de los objetivos de la intervención, los indicadores podrían ser: 1. Se ha cubierto la necesidad diagnosticada, 2. Se ha tramitado la tarjeta sanitaria individual (o similar), 3. Se ha ampliado la red de apoyo de la familia, 4. El usuario se ha inscrito en una actividad formativa, etc. Para evaluar las tareas realizadas por el profesional se podrían plantear indicadores como: 1. Se ha llamado al familiar de contacto, 2. Se ha realizado la visita domiciliaria, 3. Se ha tramitado la prestación, 4. Se ha establecido contacto con el centro educativo de la/el menor, etc. Como se puede deducir, los indicadores están en relación estrecha con el caso y con el elemento que se quiera evaluar. De hecho, a menos que sean muy generalistas, se suelen emplear tan sólo para ese caso.

A modo de ejemplo, podemos exponer los indicadores de evaluación que proponen Ovejas y Berasaluze (2019, p. 21) en su artículo sobre cómo resolver supuestos prácticos en trabajo social. En él plantean un caso de intervención con un grupo familiar de origen marroquí, a partir de la demanda de ayuda económica recibida en la UTS de un ayuntamiento y presentada por Nora, de 35 años, casada con Mohamed, de 40 años, con quien tiene dos hijas, Hana y Anisa, de 12 y 8 años. En la unidad familia se encuentra también el padre de Mohamed, Amir, de 70 años, con problemas de movilidad. En la resolución del supuesto, después de formular la demanda, el análisis de la realidad, el diagnóstico y la planificación de la intervención por áreas de atención (que para este supuesto son cinco: económica, convivencial, salud, laboral y de apoyo social), las autoras proponen una evaluación. Sus indicadores están relacionados con los objetivos de intervención y con la metodología diseñada (actividades y técnicas), ya que su evaluación se centra en esa cuestión, esto es, en conocer si los objetivos se han alcanzado gracias a la metodología planificada en la actuación profesional. Así, para el objetivo *Garantizar la cobertura de las necesidades básicas de alimentación y alojamiento (de esta unidad familiar)*, proponen dos indicadores cualitativos: 1. Las necesidades básicas de alimentación están cubiertas y 2. Las necesidades básicas de alojamiento están cubiertas. Si ambos indicadores se cumplen, se podrá dar por alcanzado el objetivo propuesto en la intervención. Para el objetivo *Valorar los indicios de malos tratos en la pareja e intervenir en el caso de confirmarse* proponen como indicadores: 1. Se conoce la existencia o no de malos tratos en la pareja y 2. En el caso de existir malos tratos, se ha puesto en marcha el proceso de intervención pertinente. Para el objetivo *Detectar e intervenir en una posible situación de desprotección de las dos niñas de este supuesto* plantean también dos indicadores: 1. Se conoce la existencia o no de situación de desprotección de las dos niñas y 2. En el caso de existir desprotección moderada, se ha puesto en marcha el proceso de intervención pertinente (derivación Servicio Municipal de Infancia). En relación con el siguiente objetivo de intervención, *Detectar posibles necesidades de la persona mayor del supuesto derivadas de los problemas de movilidad,* proponen como indicadores de evaluación: 1. Se conocen las necesidades vinculadas al estado de salud de la persona y 2. Se conoce el nivel de autonomía. Para el objetivo *Posibilitar la orientación laboral y la cualificación profesional de Nora y Mohamed,* sus indicadores de evaluación son: 1. Nora y Mohamed han recibido orientación laboral y han elaborado los respectivos itinerarios personalizados, y 2. Nora y Mohamed han iniciado procesos de formación para mejorar su empleabilidad o han conseguido incorporarse al mercado laboral. Para el último de los objetivos, *Fomentar redes de apoyo social,* proponen tres indicadores: 1. Cuentan con red de apoyo social primario, 2. Las niñas participan en alguna actividad de tiempo libre y 3. Amir participa en alguna actividad dirigida a personas mayores. El sistema de indicadores de evaluación que proponen para este caso está, como vemos, formado por 13 indicadores cualitativos, repartidos entre las distintas áreas de actuación y objetivos. Mediante distintas técnicas —entrevista, observación, etc.— tendrán que recoger información, que les permita comprobar si los indicadores propuestos en el diseño de la intervención se han alcanzado o no. Es importante destacar este hecho, es decir, que los indicadores cualitativos de evaluación se formulan o plantean en el mismo momento de diseñar la intervención; podría decirse que son ejercicios casi paralelos.

Estas mismas autoras mencionan en su artículo (*ibid.* p. 16) un libro de Fernández y Ponce de León (2018) en el que también se proponen indicadores de evaluación para la intervención individual-familiar. Algunos de los planteados por estos autores son: incremento de ingresos mensuales; cobertura de gastos de bienes básicos, de gastos de vivienda o extraordinarios; eliminado riesgo de embargo; impago o endeudamiento cubierto; mejora situación vivienda y de equipamiento; eliminación de barreras arquitectónicas, etc. La forma que tienen estos autores de redactar los indicadores es diferente, pero cumplen en esencia la misma función que los anteriores, es decir, afirman alguna cuestión relativa a los objetivos y/o actividades (tareas) de intervención propuestos. Como vemos, están circunscritos también al caso con el que están trabajando. Esa es una de las claves en la redacción de los indicadores cualitativos de evaluación, que deben estar referidos al caso y a aquel elemento de éste que se quiera evaluar (por ejemplo, la consecución de los objetivos, la participación de los usuarios en las tareas, posibles cambios en los usuarios, labor desarrollada por el trabajador social, etc.).

Una vez que el listado de indicadores está definido, tarea que recae normalmente en el trabajador social o en el equipo de profesionales que va a asumir esa intervención, el profesional o el cliente (depende del sistema que se haya construido y de la opinión que se quiera recabar) deberá sencillamente marcar con una X aquel que se ha conseguido; lo hará en el momento oportuno, esto es, cuando haya información suficiente para ejecutar la evaluación. Las opciones de respuesta para cada indicador serán dos: SÍ o NO. A veces, se incorpora una tercera opción, que es la de EN PROCESO para indicar que no se ha conseguido ese indicador, pero que se está avanzado en su logro. Aunque es raro, puede que, junto a los indicadores cualitativos, se decida incorporar alguno cuantitativo como, por ejemplo, *número de reuniones que se han mantenido con el usuario* o *número de sesiones a las que ha acudido la pareja.* Los propios Fernández y Ponce de León (2018) mencionan indicadores de este tipo a modo de ejemplo, como número de entrevistas, número de visitas a domicilio y número de formaciones realizadas. Se incorporan cuando, además de evaluar si algún aspecto relacionado con la intervención se ha conseguido o no, se quiere cuantificar. Pueden actuar a modo de complemento.

Como hemos mencionado al inicio de este epígrafe, la evaluación de la intervención individual-familiar a partir del uso de un sistema de indicadores —en su mayoría cualitativos por tratarse de un ámbito de intervención microsocial— podría entenderse como la manera más tradicional de evaluar la práctica profesional del trabajador social de casos. Sin embargo, vamos a explicar a continuación otros enfoques metodológicos de evaluación, que se están extendido, y cuyo conocimiento y uso podría contribuir al desarrollo de la evaluación en este ámbito de intervención social.

EVALUACIÓN DE PROCESOS

Esta práctica evaluativa se basa en la valoración del proceso de intervención que se sigue con ese caso-cliente, diferenciando normalmente entre las distintas fases que comprenden dicho proceso: análisis de la necesidad o de la demanda, diagnóstico, diseño de la acción profesional e intervención. Es decir, se hace un seguimiento del caso fase a fase, con objeto de conocer la manera en la que se está ejecutando la intervención y los resultados que, de forma progresiva, se van consiguiendo. La evaluación, en estos casos, se fundamenta en el seguimiento, y adopta un enfoque formativo, de retroalimentación continua. Al tratarse de un marco de intervención microsocial, donde la unidad de atención es un único usuario o grupos pequeños, es más fácil llevar a cabo ese seguimiento individualizado e identificar los posibles avances, estancamientos o retrocesos que se producen con la intervención.

Para el seguimiento, el trabajador social se apoya normalmente en la descripción, a través de instrumentos como los resúmenes, los sumarios, la historia social, los diarios de campo, el resumen orientado al problema, el historial, etc., donde quedan plasmadas, con carácter diacrónico, anotaciones sobre las intervenciones realizadas. Como técnicas, prevalecen claramente la entrevista y la observación (con o sin visita domiciliaria).

A lo largo del proceso también se suelen emplear, como estrategia única de evaluación o como complemento a los diseños descriptivos que acabamos de mencionar, las escalas de valoración de procesos, cumplimentadas, a modo de autoevaluación, por el trabajador social o por el usuario. Aunque más adelante, en el capítulo seis de este manual, retomaremos con detalle el uso de las escalas en una evaluación, García-Longoria (2016b, pp. 158-162) propone, en línea con lo que estamos explicando, tres tipos de escalas:

1. Escalas de valoración del proceso por parte del trabajador social
2. Escalas de valoración del proceso por parte del cliente
3. Escala de evaluación de las habilidades del sistema-cliente para la resolución de problemas (la suele rellenar el cliente como veremos más delante)

Antes de explicar cada una con detalle, cabe mencionar, como la propia autora hace (*ibid.* p. 162), que pueden emplearse independientemente o de forma combinada; todo dependerá de las particularidades de cada caso, así como del interés del trabajador social y de la institución en la que trabaja. Así, habrá casos en los que bastará con el juicio del profesional sobre el proceso de intervención, recurriendo tan sólo a la primera de las escalas. En otros, quizás se desea introducir un enfoque más explicativo, intentando descubrir la opinión del cliente —se hace uso entonces de la escala 2 y/o 3—, lo que permitirá construir una teoría acerca de los elementos que intervienen en el proceso.

1. Escalas de valoración del proceso por parte del trabajador social

Este tipo de escalas permite al profesional valorar aquellos aspectos que considera más destacados en el proceso de intervención. La escala está formada por una serie de ítems, que el profesional fijará de acuerdo con su criterio y experiencia. Esto significa, apunta García-Longoria (*ibid.* p. 158), que la construcción de estas escalas es una creación propia del trabajador social, sirviendo, a su vez, como reflexión sistemática de su propio trabajo. Es importante añadir que, en aras de garantizar la máxima objetividad en la evaluación, la escala debería construirse a la vez que se diseña la intervención (al igual que pasaba con los indicadores cualitativos de los que hablábamos en páginas anteriores); si no, se corre el riesgo de evitar ítems que el trabajador social sabe que no tendrán una evaluación positiva e incorporar otros que el trabajador social sabe que sí tendrán una evaluación positiva. De hecho, el diseño de la evaluación y la construcción de sus elementos, sean del tipo que sean —indicadores, escalas u otros—, son tareas que deben hacerse siempre de manera paralela al diseño de la propia intervención. La escala suele adoptar un enfoque cualitativo. Está organizada en cinco niveles, debiendo el trabajador social señalar el que proceda para cada uno de los ítems analizados. García-Longoria propone dos opciones en la configuración de esos niveles o categorías de valoración (se elegiría una de las dos, la A o la B, según el sistema de ítems):

Opción A	**Opción B**
Completamente en desacuerdo	Mucho peor de lo esperado
En desacuerdo	Algo peor de lo esperado
Sin opinión	Como era esperado
De acuerdo	Algo mejor de lo esperado
Muy de acuerdo	Mucho mejor de lo esperado

Las categorías o niveles de respuesta pueden ser las que se proponen u otras, queda a criterio del trabajador social, al igual que el diseño de los ítems. Los niveles de respuesta suelen ser cualitativos, como hemos visto en los dos ejemplos propuestos en la tabla anterior, dando lugar a una escala descriptiva. Sin embargo, también pueden transformarse en niveles numéricos, permitiendo una valoración de cada ítem en términos cuantitativos; hablaríamos entonces de una escala numérica. Para hacer esta transformación, tan sólo hay que asignar un valor a cada uno de los cinco niveles. Si se toma como referencia una escala tipo Likert, que explicaremos con más detalle en el capítulo seis, el primer nivel de la escala sería el 1, el segundo nivel el 2, y así sucesivamente hasta llegar al máximo nivel, que sería el 5. Esto permite calcular un valor medio para la intervención (la suma de los valores que alcanza de manera individual cada ítem), y realizar comparaciones con respecto a los resultados que arrojen otras escalas de evaluación utilizadas en el proceso. García-Longoria explica que, del 1 al 5, una puntuación media por encima de 3 supondría un proceso óptimo en el trabajo social realizado, independientemente del resultado final obtenido en la intervención. Esta manera de construir la escala, sobre todo con niveles de respuesta de corte numérico, permitiría identificar con facilidad aquellas partes del proceso que requieren de una especial atención o, incluso, de una reformulación.

Como hemos señalado, la escala es una invención del propio trabajador social, quien selecciona los ítems que la van a componer, de acuerdo con los elementos que se vayan a evaluar a lo largo del proceso. García-Longoria (*ibid.* p. 159) propone la siguiente escala, como invención propia.

VALORACIÓN DEL PROFESIONAL SOBRE EL PROCESO		
Fase del proceso	**Ítems de Valoración**	**Nivel alcanzado***
Investigación/ Diagnóstico	***Pertinencia.*** Estuvo bien enfocado el objetivo de la investigación, en relación con la necesidad planteada	
	Idoneidad. Se usaron los procedimientos adecuados para conseguir los objetivos propuestos	
	Validez. Se llegó a un diagnóstico por los elementos aportados en el estudio	
	Participación. Si se hizo partícipe al cliente en el diagnóstico	
Programación	La ***finalidad*** de la intervención era pertinente con el diagnóstico del problema	
	Se establecieron ***actividades*** de intervención idóneas para cada objetivo	
	Se establecieron ***métodos*** de intervención adecuados para conseguir los objetivos	
Intervención	Se ***realizaron*** todas las actividades programadas	
	Se intervino con las ***unidades de atención***	
	Se utilizaron los ***métodos*** de intervención indicados en la programación	
	La intervención fue realizada en los ***tiempos*** propuestos	

* El nivel alcanzado para cada ítem lo rellena el profesional, usando las categorías o niveles que se hayan fijado previamente en la escala, bien en términos cualitativos o bien en términos cuantitativos.

Fuente: Adaptación a partir de García-Longoria (2016b, p. 159).

2. *Escalas de valoración del proceso por parte del cliente*

En este caso, es el sistema-cliente quien cumplimenta la escala de evaluación, es decir, quien determina qué nivel se ha alcanzado para cada uno de los ítems que componen la escala. Al igual que en la escala anterior, el diseño de los ítems es una tarea que asume el trabajador social. García-Longoria (*ibid.* p. 160) explica que, en este caso, los ítems buscan preguntar a cada cliente sobre su satisfacción en relación con sus propias consecuciones y también respecto al servicio recibido por el trabajador social en cada fase. Los ítems, en línea con la escala anterior, suelen estar referidos a las siguientes cuestiones, según García-Longoria:

- **Identificación del problema**: Grupo de ítems referidos a si se ha sabido centrar su verdadero problema (valoración del proceso de investigación y diagnóstico).
- **Adecuación de la intervención**: Ítems sobre la idoneidad de las actuaciones llevadas a cabo (valoración del proceso de intervención).
- **Cambios/mejoras que ha percibido en su situación**: Ítems referidos a si ha percibido alguna mejora o avance en la situación-problema (valoración de la eficacia de la intervención desarrollada por el trabajador social).

En este caso, García-Longoria propone la siguiente tabla-esquema para la construcción de la escala. Vemos que la organiza en las tres fases que comprenden el proceso metodológico de intervención, debiendo incluirse en cada una los ítems a tratar —ella habla, incluso, de preguntas, en lugar de ítems—. Si se incluyen preguntas en la escala, el trabajador social obtiene información no sólo sobre el nivel alcanzado para cada ítem, sino también sobre los motivos que fundamentan su opinión. Esta puede ser una estrategia acertada, ya que permite al profesional obtener una información extremadamente valiosa.

VALORACIÓN DEL PROCESO POR EL CLIENTE		
Investigación/ Diagnóstico	**Intervención**	**Resultados**
Ítems o preguntas	Ítems o preguntas	Ítems o preguntas

Fuente: Adaptación a partir de García-Longoria (2016b, p. 160).

Si se proponen ítems y, para cada uno de ellos, hay que formular posibles categorías o niveles de respuesta para que el cliente escoja de entre ellos el que mejor se adecúe con su opinión, puede seguirse la estrategia descrita en la escala anterior, planteando categorías descriptivas o numéricas, según se considere más adecuado.

3. Escala de evaluación de las habilidades del sistema-cliente para la resolución de problemas

Esta escala se emplea cuando la intervención que se lleva a cabo tiene que ver con la propia capacidad del usuario para gestionar la resolución de sus problemas. La escala, de hecho, tiene como finalidad valorar el aprendizaje del sistema-cliente en lo que se refiere al proceso individual de gestión y resolución de problemas. Se busca conocer si la persona ha adquirido habilidades que le permitan afrontar problemas presentes y futuros. En definitiva, la escala permite averiguar si sabe clarificar el problema, si identifica las partes que lo componen, si es capaz de generar soluciones alternativas, si ve el problema desde el punto de vista del otro sistema, es decir, si se pone en el lugar de la otra parte, y si sabe desarrollar un plan de acción para afrontar el problema (García-Longoria, *ibid.* p. 161).

Aquí lo que se valora no es tanto el proceso de intervención del trabajador social con el cliente, sino el proceso interno que debe seguir el cliente para la gestión del problema o conflicto. Proceso que, por otra parte, el trabajador social habrá trabajado con el cliente en las sesiones. Así que, de alguna manera, sí se está evaluando la intervención del profesional, aunque sea indirectamente. El esquema que propone García-Longoria es parecido al de las anteriores escalas.

VALORACIÓN DE LA RESOLUCIÓN DE PROBLEMAS POR PARTE DEL CLIENTE		
Capacidad de análisis	**Capacidad para generar alternativas**	**Capacidad para desarrollar el plan**
Ítems o preguntas	Ítems o preguntas	Ítems o preguntas

Fuente: Adaptación a partir de García-Longoria (2016b, p. 161).

Al igual que ocurría con la escala anterior, el trabajador social formularía ítems para cada dimensión, mientras que el cliente señalaría el nivel alcanzado en cada uno. Aunque puede adoptar un enfoque cualitativo, en estas escalas es más frecuente el empleo de una escala numérica tipo Likert (puntuación de 1 a 5). Puede que los ítems vayan acompañados de preguntas que permitan conocer la opinión del sistema-cliente acerca de su propio proceso de aprendizaje. García-Longoria propone las siguientes preguntas, en relación con cada una de las dimensiones analizadas:

a) Capacidad de análisis del problema
- ¿Ha llegado a determinar cuál era su problema principal?
- ¿Sabe cuáles eran las causas de su problema?
- ¿Llegó a saber cuáles eran las consecuencias del problema que tenía?
- ¿A quién afectaba su problema?

b) Capacidad para generar alternativas
- ¿Veía solución a su problema?
- ¿Examinó diferentes alternativas de solución a su problema?
- ¿Cuántas propuestas hizo para solucionar su problema?
- ¿Le parecía que sus alternativas podían resolver el problema?

c) Capacidad para desarrollar un plan de acción y resultado
- ¿Hizo todo lo posible por cumplir el programa que acordamos?
- ¿Cree que la solución que adoptamos era la mejor?
- ¿Tuvo participación en las actividades que diseñamos?

EVALUACIÓN DE RESULTADOS

Junto a la práctica evaluativa de carácter formativo que acabamos de explicar, basada en la valoración del proceso de intervención a partir de instrumentos de registro y de técnicas como la observación, la entrevista o la escala, se está empezando a extender otro tipo de evaluación, en este caso de carácter sumativo. Se trata de una evaluación orientada a determinar la eficacia en la consecución de los objetivos previstos en el plan de acción, más orientada, por ende, hacia la valoración del efecto o de los resultados que arroja la intervención del profesional. Dos estrategias se han desarrollado para el estudio de la eficacia a este nivel:

- El uso de las escalas construidas por el trabajador social o por la institución donde este desarrolla su labor. Estas se utilizan especialmente para evaluar el nivel de consecución de los objetivos, de ahí que se construyan a partir de dichos objetivos.
- El uso de diseños basados en un pre-test y un post-test, orientados, sobre todo, hacia la evaluación de los cambios en los comportamientos o conductas disruptivas de los usuarios.

Veamos cada estrategia por separado.

1. Escalas para la evaluación de la eficacia de la intervención

Existen varias opciones a este respecto. La primera se produce cuando se usan escalas ya diseñadas. En este caso, el trabajador social busca y aplica una escala ya existente, que se adecúe de alguna manera a aquello que se pretende evaluar. Es cierto que esa escala, al no haberse construido de forma expresa para la intervención, no tendrá en cuenta los objetivos específicos de esta. Por tanto, el grado de consecución de dichos objetivos se mediría, pero de forma indirecta. A veces puede ser necesaria la autorización de los creadores para el empleo de la escala. Algunos ejemplos de esta manera de evaluar se encuentran en el uso que hacen los trabajadores sociales del ámbito sociosanitario de escalas como la de *Rosemberg*, que mide el nivel de autoestima y el sentimiento de satisfacción que la persona tiene consigo misma, o la de *Sobrecarga del Cuidador* para valorar posibles riesgos en la persona que asume las tareas de cuidado.

La segunda opción se produce cuando se crean escalas propias a partir de la combinación de ítems procedentes de diversas escalas ya construidas. Por ejemplo, se puede crear una escala sobre el riesgo personal si se combinan ítems de la *Escala de Desesperanza,* sobre las expectativas negativas que las personas tienen del futuro, y de la *Escala de Plutchick* sobre el riesgo de suicidio. El único detalle en este caso es que las escalas a veces no son demasiado fiables, ya que el trabajador social ha *juntado* en una misma escala, a su criterio, ítems procedentes de distintas escalas, sin contar con procesos objetivos de validación. En el capítulo seis hablaremos con detalle sobre los sesgos más comunes en la construcción de instrumentos de evaluación.

En las dos opciones anteriores, la escala se puede aplicar antes de la intervención, como un pre-test, para conocer la situación de partida, y/o al término de la intervención, a modo de post-test, para conocer los cambios que arroja la intervención y, por tanto, su nivel de efectividad.

La tercera opción consiste en que el trabajador social elabore su propia escala, si bien tiene el inconveniente, al igual que ocurría con las escalas de valoración de procesos que veíamos en páginas anteriores, de la subjetividad en la elaboración y de la validez de sus resultados. Como ventaja, la escala resulta mucho más específica para el caso que se está evaluando, y se construye a partir de los objetivos que se contemplan en los programas de intervención del plan de acción. De hecho, al construirse a partir de los objetivos, se conocen como *escalas de consecución de objetivos.*

Dentro de esta tercera opción, tenemos las escalas que se construyen individualmente, para la valoración del nivel de consecución de cada objetivo por separado (habría tantas escalas como objetivos de intervención), y las que se construyen a partir de todos los objetivos propuestos en un mismo programa (habría una escala para cada programa de intervención). En ambos casos, la construcción de la/s escala/s se hace en la fase de diseño o programación y su elaboración es una creación del profesional. Una vez realizada la intervención se anota el nivel alcanzado, lo que indica el grado de eficacia de la intervención. A continuación, se exponen brevemente ambas escalas de consecución de objetivos.

1.1. Escala para la valoración del nivel de consecución de cada objetivo del programa de intervención

En este caso, lo primero que hay que hacer es identificar el objetivo de intervención que se va a evaluar. García-Longoria (2016c, p. 165) propone que la escala se organice en cinco niveles, según el grado de consecución de dicho objetivo. El primer nivel correspondería al peor de los escenarios, aquel en el que se obtiene un resultado mucho más desfavorable del esperado. El nivel cinco, por su parte, representaría el nivel más favorable, aquel que está muy por encima de lo esperado con la intervención. El trabajo fundamental del profesional en la construcción de la escala consiste en identificar cómo sería la situación para cada uno de los niveles. Veámoslo con un ejemplo.

EJEMPLO

El IES en el que se va a intervenir se encuentra situado en un barrio con alta tasa de inmigración. En el centro escolar se reproduce, a pequeña escala, la diversidad cultural que caracteriza al barrio, con estudiantes de, al menos, quince nacionalidades diferentes. Durante los últimos cursos se han intensificado los problemas de convivencia escolar. Estos se producen, sobre todo, entre estudiantes españoles y de nacionalidad extranjera, así como entre estudiantes extranjeros de distintas nacionalidades —los conflictos a este nivel se dan, principalmente, entre estudiantes marroquíes y colombianos—. Tras realizar un análisis del caso, la trabajadora social del centro constata que los estudiantes apenas interactúan entre sí, tan sólo lo hacen con los compañeros de su misma nacionalidad que están en su clase. Esto ha provocado un fraccionamiento en la convivencia del centro, con la creación de múltiples grupos de estudiantes según su origen, y el aislamiento progresivo de esos grupos. La falta de interacción y convivencia real y efectiva ha provocado un desconocimiento sobre otras culturas, además de sentimientos de desconfianza entre grupos, avivando estereotipos y prejuicios. Para prevenir futuros conflictos y mejorar el clima de convivencia escolar, la trabajadora social del centro va a intervenir a dos niveles.

Primero, lo hará a nivel de centro, a través del Proyecto "Construyamos Juntos la Paz en nuestro IES". El objetivo general de este proyecto es favorecer la convivencia entre las culturas del centro, a través de una serie de actividades que favorezcan el conocimiento mutuo y el diálogo. Entre otras actividades, se ha creado la Semana de Intercambio Cultural; cada semana estará dedicada a una cultura y se realizarán las siguientes actividades:

- Se decorará el centro con elementos propios de esa cultura
- Se preparará una degustación con los platos típicos de la cultura
- Se impartirá una charla formativa-informativa sobre esa cultura con invitados destacados de esa comunidad
- Se organizará una fiesta típica de esa cultura donde se escenificarán bailes, juegos, canciones, etc.

Además de intervenir a nivel de centro, la trabajadora social ha diseñado Planes de Acompañamiento Socioeducativo Individualizados (PASI) para, de manera directa, intervenir con los estudiantes que causan más problemas en el centro, y evitar así que la situación derive en episodios más graves, de acoso escolar o *bullying*. Cada uno de los PASI es individualizado, y se apoya en el análisis y diagnóstico que la trabajadora social ha desarrollado para cada caso. De momento, se prevé intervenir con quince estudiantes de la ESO. Uno de esos jóvenes es Jonathan. Es colombiano, tiene 16 años y cursa 3° de la ESO; vive con su madre y su hermano pequeño de 8 años. Su padre permanece en Colombia y tiene contacto regular con ellos a través del móvil. Hace tres años que Jonathan se instaló en el barrio con su familia y se incorporó al centro escolar. Desde que empezó este curso ha tenido problemas casi diarios con otros compañeros de su misma clase, sobre todo con Ibrahim y Moustafa, que son marroquíes, y con Arturo, David, Javi y Pablo, que son españoles. Los enfrentamientos consisten en insultos racistas, empujones en los cambios de clase y en los recreos, y risas y mofas sobre cuestiones como la vestimenta, el Ramadán, etc. El PASI que la trabajadora social ha diseñado para intervenir sobre el caso de Jonathan cuenta, entre otros, con el siguiente programa de intervención:

PROGRAMA 1			
Finalidad: Desarrollar sentimientos de empatía, respeto y comprensión en Jonathan por las culturas de sus compañeros de clase			
Objetivos	**Unidad de Atención**	**Tareas**	**Técnicas**
Favorecer las relaciones personales entre Jonathan y los jóvenes de su clase de otras culturas y nacionalidades	Jonathan y otros jóvenes de su clase	1. Potenciar habilidades sociales en Jonathan que le permitan entablar relaciones con su grupo de iguales 2. Coordinación con la tutora del grupo para plantear actividades que permitan una interacción en el aula y un mejor conocimiento mutuo entre Jonathan y jóvenes de otras nacionalidades. Por ejemplo: – Sentar a Jonathan en clase con compañeros de otras culturas y nacionalidades – Crear grupos de trabajo multiculturales en los que se integre Jonathan para realizar trabajos de clase	– Coordinación – Entrevista – Método centrado en la tarea
Dar a conocer a Jonathan los elementos identitarios más destacados de otras culturas para deconstruir estereotipos y prejuicios	Jonathan y los compañeros de clase con los que tiene más problemas de convivencia	1. Organizar entrevistas personales entre Jonathan y cada compañero de clase con el que tiene problemas para que se expliquen mutuamente los elementos identitarios más destacados de su cultura y cómo llegaron a España 2. Trabajar las habilidades de escucha activa y empatía con Jonathan y el resto de los compañeros que participan en las entrevistas	– Entrevista – Método centrado en la tarea

PROGRAMA 1			
Finalidad: Desarrollar sentimientos de empatía, respeto y comprensión en Jonathan por las culturas de sus compañeros de clase			
Objetivos	**Unidad de Atención**	**Tareas**	**Técnicas**
Implicar a Jonathan en las actividades culturales que se han organizado en el centro con motivo de la Semana de Intercambio Cultural	Jonathan y su familia	1. Incorporar a Jonathan al grupo de trabajo de Colombia 2. Asignar a Jonathan tareas para la Semana de Intercambio Cultural sobre la cultura colombiana que se va a realizar en el centro 3. Implicar a la familia de Jonathan en la organización de la Semana de Intercambio Cultural de Colombia 4. Invitar a Jonathan a que acuda a las actividades de otras culturas y realizar un acompañamiento	– Acompañamiento – Asesoramiento – Entrevista

Fuente: Elaboración propia.

Para el caso expuesto, se proponen las siguientes escalas de valoración del nivel de consecución de cada objetivo del programa de intervención.

ESCALA 1		
Objetivo de intervención: Favorecer las relaciones personales entre Jonathan y los jóvenes de su clase de otras culturas y nacionalidades		
Categorías de respuesta	**Ítem (situación que representa cada nivel)**	**Nivel alcanzado (marcar con una X)**
Resultado más desfavorable esperado	Jonathan no se relaciona con los compañeros de otras nacionalidades ni acepta participar en las tareas propuestas, no realiza los trabajos de grupo y se ausenta de clase para no tener que sentarse en el sitio indicado	
Resultado muy deficiente, por debajo de lo esperado	Jonathan no acepta relacionarse con los compañeros de clase de otras nacionalidades, mostrándose descontento y poco participativo en las actividades que se proponen	
Resultado esperado	Jonathan se muestra reticente a interactuar con los compañeros de otras nacionalidades, aunque interactúa mínimamente con algunos	

ESCALA 1		
Objetivo de intervención: Favorecer las relaciones personales entre Jonathan y los jóvenes de su clase de otras culturas y nacionalidades		
Categorías de respuesta	**Ítem (situación que representa cada nivel)**	**Nivel alcanzado (marcar con una X)**
Resultado mejor de lo esperado	Jonathan se muestra reticente a interactuar con los compañeros de otras nacionalidades, si bien interactúa con varios a través de las tareas propuestas	
El mejor resultado posible	Jonathan interactúa con los compañeros de otras nacionalidades a través de las tareas propuestas	

Fuente: Elaboración propia.

ESCALA 2		
Objetivo de intervención: Dar a conocer a Jonathan los elementos identitarios más destacados de otras culturas para deconstruir estereotipos y prejuicios		
Categorías de respuesta	**Ítem (situación que representa cada nivel)**	**Nivel alcanzado (marcar con una X)**
Resultado más desfavorable esperado	Jonathan no asiste a las entrevistas que se proponen y se muestra contrario a la intervención	
Resultado muy deficiente, por debajo de lo esperado	Jonathan asiste por obligación a las entrevistas que se fijan, aunque apenas participa	
Resultado esperado	Jonathan asiste voluntariamente a las entrevistas que se fijan, aunque su participación en mínima	
Resultado mejor de lo esperado	Jonathan asiste voluntariamente a las entrevistas que se fijan, mostrando cierto grado de participación	
El mejor resultado posible	Jonathan ha participado en las entrevistas, y se están eliminando ciertos estereotipos y prejuicios con respecto a otros compañeros	

Fuente: Elaboración propia.

ESCALA 3		
Objetivo de intervención: Implicar a Jonathan en las actividades culturales que se han organizado en el centro con motivo de la Semana de Intercambio Cultural		
Categorías de respuesta	**Ítem (situación que representa cada nivel)**	**Nivel alcanzado (marcar con una X)**
Resultado más desfavorable esperado	Jonathan no se ha implicado en la Semana de Intercambio Cultural de Colombia	
Resultado muy deficiente, por debajo de lo esperado	Jonathan ha colaborado, pero mínimamente, en la Semana de Intercambio Cultural de Colombia	
Resultado esperado	Jonathan ha colaborado en algunas de las actividades que se han organizado con motivo de la Semana de Intercambio Cultural de Colombia	
Resultado mejor de lo esperado	Jonathan ha colaborado en casi todas las actividades que se han organizado con motivo de la Semana de Intercambio Cultural de Colombia y ha asistido a algunas actividades propuestas por otras culturas en sus respectivas Semanas de Intercambio Cultural	
El mejor resultado posible	Jonathan ha colaborado en todas las actividades que se han organizado con motivo de la Semana de Intercambio Cultural de Colombia y ha participado en algunas actividades propuestas por otras culturas en sus respectivas Semanas de Intercambio Cultural	

Fuente: Elaboración propia.

A modo de inciso nos gastaría señalar que, si analizamos detenidamente la manera de construir esta escala, vemos que guarda cierta similitud con las rúbricas de evaluación que se suelen utilizar en el ámbito de la educación. En ese caso, se construye una escala formada por varios niveles, indicando con una frase (ítem), como hemos hecho nosotros, la situación que representa cada uno de los niveles, por ejemplo, Sobresaliente - Notable - Aprobado - Suspenso. Sobre la manera de construir rúbricas existen numerosos manuales, como Del Pozo (2012, pp. 59-74). Este autor explica que una matriz de valoración o rúbrica es un instrumento utilizado para medir el desarrollo de los aprendices, o los usuarios en el caso del Trabajo Social, en el desempeño de una tarea concreta; suele tener forma de tabla con un listado de indicadores o ítems graduados en varios niveles de calidad según su grado de cumplimiento. Este autor añade que la escala de valoración que se emplea en la rúbrica suele constar de cuatro niveles como, por ejemplo, los que él mismo propone:

- Excelente - Satisfactorio - Satisfactorio con Recomendaciones - Necesita Mejorar
- Muy competente - Competente - Aceptable - No aceptable
- Supera el estándar - Cumple el estándar - Se aproxima al estándar - Por debajo del estándar
- Excelente - Bueno - Regular - Mejorable

Retomando la explicación que nos ocupa sobre las escalas para la valoración del nivel de consecución de cada objetivo del programa de intervención, hay que señalar que el procedimiento descrito habría que seguirlo pada cada uno de los objetivos que componen el plan de acción, es decir, para cada objetivo de cada programa de la intervención. Al final tendríamos tantas escalas como objetivos haya en la intervención, y cada una reflejaría información sobre el nivel de consecución del objetivo en cuestión. Como vemos, se trata, en esencia, de una escala de corte cualitativo, pero, al igual que pasaba con las anteriores, se puede transformar en cuantitativa si se asignan valores numéricos a cada nivel. De esta manera, la aplicación del sistema de escalas nos permitiría obtener dos valoraciones o puntuaciones (Cf. García-Longoria, 2016c, pp. 166 y 167). La primera responde al nivel de consecución de cada objetivo por separado; en este caso podríamos saber qué áreas u objetivos se han conseguido y cuáles son todavía deficientes, lo que nos permitiría, a su vez, replantear el análisis de necesidades, redefinir el diagnóstico o reprogramar los objetivos y/o actividades de intervención para obtener un nuevo enfoque que permita mejores resultados. La segunda responde al nivel de consecución global del programa, calculado a partir de los niveles conseguidos de manera individual por cada objetivo de ese programa. Por ejemplo, si en la primera escala que hemos propuesto a modo de ejemplo se ha conseguido alcanzar el nivel 3 (puntuación 3), en la segunda escala el nivel 2 (que tiene una puntuación de 2) y en la tercera el nivel 4 (puntuación de 4), la evaluación del programa, a partir de la media aritmética de las tres puntuaciones anteriores, será de 3 puntos. Una puntuación media próxima al valor 3 indicará una eficacia aceptable en el programa. Si se calcula la media para cada programa a partir de los objetivos que lo componen, se podrá calcula también la media del plan de acción, teniendo así una visión global de lo que ha sucedido con esa intervención en su totalidad. Esto supone obtener una tercera valoración o puntuación sobre la eficacia que se ha alcanzado con ese caso.

García-Longoria (2016c, p. 167) explica que todos estos resultados permiten concluir el éxito o fracaso que ha tenido la intervención del profesional con ese caso en concreto; sin embargo, matiza que también sirven de base para valorar la eficacia general del trabajador social en su actividad profesional. Es decir, si durante un mes ha atendido diez casos, se puede calcular la media que arrojan todas sus intervenciones. Esto puede ser útil para hacer comparaciones entre los resultados de distintos trabajadores sociales o de un mismo profesional, pero en distintos momentos. No obstante, la autora apunta que hay que ser cauteloso con la interpretación global que se realice, ya que estas escalas sólo toman en consideración el nivel de consecución de los objetivos propuestos. Puede ser que, como explica García-Longoria, el trabajador social haya realizado una intervención impecable, aplicando sus conocimientos, técnicas, etc. y, sin embargo, el resultado obtenido haya sido negativo, bien porque el cliente no ha colaborado o bien porque ha habido elementos del entorno que han dificultado el cumplimiento de los objetivos propuestos.

1.2. Escala para la valoración del nivel de consecución de los objetivos del programa de intervención

En este caso se construye una escala para todo el programa a partir de la combinación de los distintos objetivos de intervención que lo forman. Aquí entra en juego un elemento importante. Se trata de la finalidad que entraña ese programa de intervención. De hecho, la manera de construir la escala toma en consideración ese elemento. Así pues, la escala está formada por cinco niveles al igual que las escalas anteriores. En este caso, sí que se adopta un enfoque cuantitativo, de manera que cada ítem representa un *grado* en la consecución de los objetivos del programa. Tomando como base, una vez más, a García-Longoria (*ibid.* p. 166), el proceso de construcción sería el siguiente.

- Siempre se empieza a construir por el nivel 3. Este representa el/los objetivo/s de ese programa de intervención que se consideran mínimos para entender que la finalidad del programa se ha alcanzado. Esto obliga al profesional a realizar un ejercicio de reflexión acerca de cuáles son los elementos imprescindibles para que el programa haya tenido éxito. En este nivel podrá incluirse uno solo de los objetivos o varios, a juicio del profesional.
- A partir de esos mínimos se construye la escala de forma ascendente y descendente, considerando la consecución de los objetivos contenidos en la finalidad evaluada. El 1 se corresponderá con una situación en la que ningún objetivo se ha conseguido, mientras que el 5 representará la consecución de todos los objetivos propuestos en ese programa.

Si tenemos en cuenta el ejemplo expuesto anteriormente, la escala podría ser la siguiente:

EJEMPLO

PROGRAMA 1 Finalidad: Desarrollar sentimientos de empatía, respeto y comprensión en Jonathan por las culturas de sus compañeros de clase		
Objetivos de Intervención	**Indicadores/Ítems**	**Puntuación (tachar la que proceda)**
1. Favorecer las relaciones personales entre Jonathan y los jóvenes de su clase de otras culturas y nacionalidades 2. Dar a conocer a Jonathan los elementos identitarios más destacados de otras culturas para deconstruir estereotipos y prejuicios 3. Implicar a Jonathan en las actividades culturales que se han organizado en el centro con motivo de la Semana de Intercambio Cultural	No se ha conseguido ninguno de los objetivos propuestos en este programa de intervención	1
	Se ha conseguido implicar a Jonathan en las actividades de la Semana de Intercambio Cultural, aunque sólo en las que tienen que ver con la cultura colombiana y con otras culturas latinoamericanas	2
	Se ha conseguido implicar a Jonathan en las actividades de la Semana de Intercambio Cultural, tanto en las de su propia cultura como en las de otras, y acepta participar en las entrevistas con algunos de sus compañeros para conocer elementos identitarios	3
	Se ha conseguido implicar a Jonathan en las actividades de la Semana de Intercambio Cultural, tanto en las de su propia cultura como en las de otras, acepta participar en las entrevistas con algunos de sus compañeros para conocer elementos identitarios e interactuar en clase con algunos compañeros	4
	Se han conseguido los objetivos propuestos en este programa de intervención	5

Fuente: Elaboración propia.

Vemos que, en la escala propuesta, el grado 3 supone haber conseguido uno de los objetivos con bastante solvencia y haber alcanzado una parte de otro. A partir de esos logros, se construye la escala, de manera que el grado 2 supondrá haber conseguido menos de lo indicado en el 3, mientras que el 4 supondrá lo conseguido en el 3, más otros logros. Es cierto que el nivel 1 representa ningún objetivo conseguido y el 5 la consecución de todos, pero también es cierto que, cuando los casos son extremadamente difíciles, la puntuación 5 puede ser menos exigente. Igualmente, si el caso representa un nivel de dificultad bajo, el grado 1 puede ser un poco más ambicioso. Estas escalas se pueden hacer de manera mucho más sencilla, sin concretar los objetivos alcanzados. Sería como sigue:

EJEMPLO

PROGRAMA 1 **Finalidad: Desarrollar sentimientos de empatía, respeto y comprensión en Jonathan por las culturas de sus compañeros de clase**		
Objetivos de Intervención	**Indicadores/Ítems**	**Puntuación (tachar la que proceda)**
1. Favorecer las relaciones personales entre Jonathan y los jóvenes de su clase de otras culturas y nacionalidades 2. Dar a conocer a Jonathan los elementos identitarios más destacados de otras culturas para deconstruir estereotipos y prejuicios 3. Implicar a Jonathan en las actividades culturales que se han organizado en el centro con motivo de la Semana de Intercambio Cultural	No se ha conseguido ninguno de los objetivos propuestos en este programa de intervención	1
	Se ha conseguido parcialmente uno de los objetivos de este programa	2
	Se ha conseguido uno de los objetivos de este programa*	3
	Se han conseguido dos objetivos de este programa	4
	Se han conseguido los objetivos propuestos en este programa de intervención	5

* El objetivo que se ha conseguido completamente debe ser el que se consiguió de manera parcial en el grado 2. Igualmente, uno de los objetivos conseguidos en el grado 4 debe ser el objetivo conseguido en el grado 3. De esta manera se respeta la progresión gradual de la escala, aspecto que resulta fundamental en su construcción.

Fuente: Elaboración propia.

2. *Diseños explicativos para la evaluación de la eficacia de la intervención en Trabajo Social*

Para construir este apartado, nos apoyamos nuevamente en las aportaciones teóricas de García-Longoria (2016d, pp. 169-180). En base a sus observaciones, los diseños explicativos tienen como finalidad examinar el impacto que la intervención del trabajador social ha tenido sobre la conducta del sistema-cliente, lo que permite conocer si la actividad del profesional ha resultado exitosa o no. Consisten en seleccionar una conducta problemática del sistema-cliente que se pueda observar, y medir varias veces en el tiempo alguna característica de esta conducta —en cuanto a su frecuencia, intensidad, duración, etc.— para obtener una puntuación estandarizada en cada una de las medidas, que permita realizar un juicio sobre la evolución del caso y, por ende, sobre la intervención del trabajador social. Es el trabajador social quien decide sobre qué conducta o conductas va a intervenir y, por tanto, evaluar. Puede aislar una conducta o considerar varias a la vez. Las conclusiones que se deriven de la aplicación de este tipo de diseños harán referencia a los efectos que la intervención ha tenido sobre el sistema-cliente, a partir de la comparación de esa conducta en distintos momentos de la vida de la persona. Para utilizar estos diseños son necesarios tres elementos, que sintetizamos a continuación, con base en García-Longoria:

(a) Una línea-base de conducta. Cuando se selecciona la conducta a observar, hay que realizar una primera medición al menos tres veces para saber cuál es el punto de partida en ese caso. El estudio de esa conducta dará lugar a una línea que se conoce como *línea-base de conducta.* Esta se construye, normalmente, en el momento del análisis/diagnóstico o de la formulación de la intervención. Como hemos señalado, para que sea considerada una línea, debe tener, al menos, tres registros continuos. Permite caracterizar mejor la conducta sobre la que se va a trabajar y compararla con registros posteriores. La línea-base es *estable* cuando todas las mediciones son semejantes y resulta una línea recta o casi recta. Si hay variaciones importantes en el patrón de conducta, la línea, entonces, puede ser *de tendencia,* si crece o decrece a lo largo de la toma de datos, o *cíclica* (también llamada *circular*) si las medidas varían dependiendo del momento en que se tomen los datos, pero mantienen un patrón regular. Por supuesto, también puede ser que no haya un patrón determinado. La línea-base, en este caso, es *sin patrón.* Puede haber un diseño explicativo sin línea-base, bien porque la conducta no existiera (todos los registros eran, por tanto, cero) o bien porque no se hubiera podido registrar información al respecto.

(b) Una definición clara de la intervención que el trabajador social va a realizar para modificar esa conducta. Esa será la intervención a evaluar con los diseños explicativos. Puede tratarse de una actividad puntual o de todo un programa de intervención.

(c) Operacionalización de la conducta y plan de medición. Hace referencia a dos cosas importantes. Primero, qué elemento de la conducta va a ser objeto de observación y medida. Por ejemplo, si el problema es que un joven no acude a clase, se puede observar su asistencia a cada clase. En relación con el registro de esta variable, habrá que formular los indicadores de evaluación. La atención puede centrarse en cuatro elementos:

- Frecuencia. Se refiere al número de veces que ocurre una conducta o al número de veces que las personas experimentan diferentes sentimientos en un periodo determinado. Para nuestro ejemplo, podría ser el número de veces que el estudiante acude a clase cada día, sabiendo que en un día hay seis clases (una para cada asignatura).
- Duración. Se refiere al tiempo que dura una conducta. Por ejemplo, el tiempo que el estudiante perdura en el aula en cada clase.
- Intervalo. Examina el tiempo que pasa entre una conducta y otra. Por ejemplo, número de días que transcurren entre que el alumno acude a clase y vuelve a asistir.

- Intensidad. Hace referencia a la magnitud con la que se produce esa conducta. Como la intensidad es un elemento bastante subjetivo, se suele acompañar de una escala de medida. Por ejemplo, nivel de interés que tiene el alumno por asistir a las clases, en una escala de medida de 1 a 5, donde 1 es ningún interés y 5 es máximo interés.

La segunda cosa importante será el plan de medición. Es decir, quién y cómo se va a registrar la información relativa a ese indicador o sistema de indicadores (en el caso de que se hayan formulado varios), y cada cuánto tiempo se va a hacer el registro. Para el ejemplo que estamos tratando, proponemos que la información del caso la recoja la tutora del curso a lo largo de los cinco días que componen la semana; el registro lo hará en un documento diseñado ad hoc.

Atendiendo a los tres elementos que hay en cualquier diseño explicativo, podemos señalar que el proceso que se sigue en su aplicación es el siguiente:

1º Definir la Variable Dependiente (VD), esto es, la conducta del sistema-cliente que se pretende modificar. Para ello nos podemos apoyar en la información que obra en el análisis y diagnóstico del caso.

2º Definir la Variable Independiente (VI), es decir, la intervención que el trabajador social va a desarrollar para la modificación de esa conducta, y que, por tanto, constituye el objeto de la evaluación (recordemos que la idea de estos diseños es evaluar si la intervención diseñada e implementada ha sido eficaz, es decir, si ha conseguido el propósito/objetivo que se perseguía).

3º Operacionalizar la conducta:

- Establecer las dimensiones a valorar y los indicadores.
- Establecer el plan de medida, que incluye la forma en que se tomarán los datos para cada dimensión (quién y a través de qué instrumento de registro) y la frecuencia de las medidas (un mínimo de tres).

4º Establecer la línea-base para cada dimensión o para cada indicador, a través de una representación gráfica. La línea-base se suele representar con la letra A.

5º Establecer el resto de las líneas, registrando las medidas en cada uno de los momentos de la intervención que se hayan definido. Lo normal es que sólo haya una línea, que se representará con la letra B, si bien puede haber más. También en este caso nos apoyamos en representaciones gráficas. Al igual que con la línea-base, cada línea requiere, al menos, de tres medidas.

6º Elaborar el informe con los resultados de la evaluación. En el informe se comparan los resultados que se han registrado en cada una de las medidas efectuadas. Esto permite saber si se han producido cambios en la conducta y si, por tanto, la intervención realizada por el trabajador social ha sido eficaz. Este informe debe ser lo más completo posible, ya que muchas veces es lo que se incluye en el expediente del caso. Por eso, debe contener información sobre lo que se quería medir (VD), sobre la intervención realizada (VI), sobre el plan de registro, etc. Conviene añadir también representaciones gráficas que comparen el comportamiento de cada indicador en el tiempo, variaciones porcentuales, etc.

La presencia de varios registros dará a lugar a distintos tipos de diseños explicativos. Por ejemplo, el diseño más común es AB, esto es, una línea-base antes de la intervención y una línea al término de la intervención (pre-test y post-test). También existe la posibilidad de que el diseño sea ABB. En este caso, hay un registro al inicio, otro durante y otro al final de la intervención (a veces, la segunda B se representa como B´). Puede que no exista línea-base, en cuyo caso el diseño será sólo B o BB (durante y al final). Incluso, puede ser B-AB, si el registro se produce al final (es decir, no ha habido línea-base) y, tras un periodo de no actividad con el sistema-cliente, se retoman las mediciones al inicio de la segunda intervención y al final. Si, en este caso, antes de comenzar la primera medición hubiera habido una línea-base, el diseño sería AB-AB. Si se hubiera producido una segunda intervención, pero diferente a la primera, el diseño podría ser AB-AC (se utiliza la C para señalar que la segunda intervención no ha sido igual que la primera, probablemente porque la primera no resultó eficaz). Las posibilidades como vemos son múltiples. Para un conocimiento más detallado, véase García-Longoria (*ibid.* pp. 173-180).

Como hemos hecho con todas las estrategias de evaluación microsocial que hemos explicado en este apartado, presentamos a continuación un caso práctico. Nos apoyamos nuevamente en el caso de Jonathan, al que aludíamos en páginas anteriores.

EJEMPLO

Evaluación a través de Diseño Explicativo AB (paso a paso)

1. DEFINICIÓN DE LA VARIABLE DEPENDIENTE

   La conducta problemática que se va a tomar como referencia en esta evaluación con diseño explicativo consiste en los problemas de convivencia que Jonathan tiene con ciertos compañeros de su clase de otras nacionalidades. Como ya hemos señalado en el análisis y diagnóstico, esos problemas son casi diarios y se producen sobre todo con Ibrahim y Moustafa, que son marroquíes, y con Arturo, David, Javi y Pablo, que son españoles. Los enfrentamientos consisten en insultos racistas, risas y mofas sobre cuestiones como la vestimenta, y en empujones en los cambios de clase y en los recreos.

2. DEFINICIÓN DE LA VARIABLE INDEPENDIENTE

La intervención objeto de evaluación es el programa de intervención que se ha diseñado para trabajar de manera directa sobre esta conducta disruptiva, y que ya expusimos con anterioridad. Recordemos que la finalidad de la intervención era desarrollar sentimientos de empatía, respeto y comprensión en Jonathan por las culturas de sus compañeros de clase, a través de distintas actividades y técnicas que permitan el conocimiento y la interacción mutua. Como objetivos de intervención se proponían tres: 1. Favorecer las relaciones personales entre Jonathan y los jóvenes de su clase de otras culturas y nacionalidades; 2. Dar a conocer a Jonathan los elementos identitarios más destacados de otras culturas para deconstruir estereotipos y prejuicios; y 3. Implicar a Jonathan en las actividades culturales que se han organizado en el centro con motivo de la Semana de Intercambio Cultural.

3. OPERACIONALIZACIÓN DE LA CONDUCTA

Como objetivo de evaluación se propone conocer si los problemas de convivencia que se diagnosticaron en este caso se han reducido o han desaparecido tras la intervención efectuada por la trabajadora social. La dimensión que evaluar será *Problemas de Convivencia.* Como indicadores se seleccionan los siguientes:

- Número de veces al día que Jonathan insulta en términos racistas a un compañero/a de clase
- Número de veces al día que Jonathan empuja a un compañero/a de clase
- Número de veces al día que Jonathan se ríe o mofa de un compañero/a de clase por razones culturales
- Número de veces al día que Jonathan interactúa pacíficamente con un compañero/a de clase de distinta nacionalidad

El registro se realizará antes y después de la intervención (se basa en un pre-test y en un post-test), por lo que el diseño explicativo empleado será AB. El registro se basará en la observación y se realizará durante una semana, esto es, durante cinco días de clase. Habrá mediciones en dos momentos: cinco días antes de la intervención, en A, y cinco días después de la intervención, en B. El registro lo asumirá el delegado y el subdelegado de clase, con el visto bueno de Jonathan y del resto de compañeros. El registro se hará en una hoja que la trabajadora social ha diseñado para tal fin. Los registros se matizarán con una entrevista individualizada de la profesional con Jonathan y demás compañeros de clase.

4. LÍNEA-BASE (A)

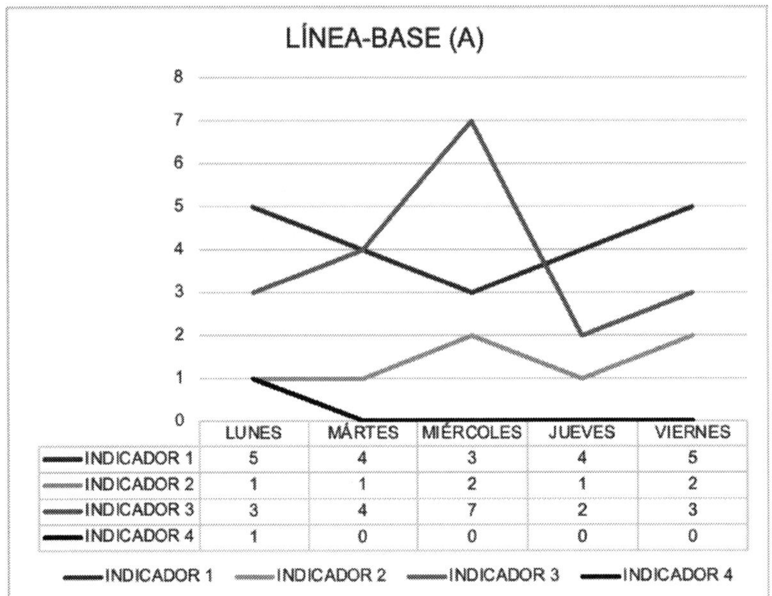

	LUNES	MÁRTES	MIÉRCOLES	JUEVES	VIERNES
INDICADOR 1	5	4	3	4	5
INDICADOR 2	1	1	2	1	2
INDICADOR 3	3	4	7	2	3
INDICADOR 4	1	0	0	0	0

Fuente: Elaboración propia.

5. LÍNEA TRAS LA INTERVENCIÓN (B)

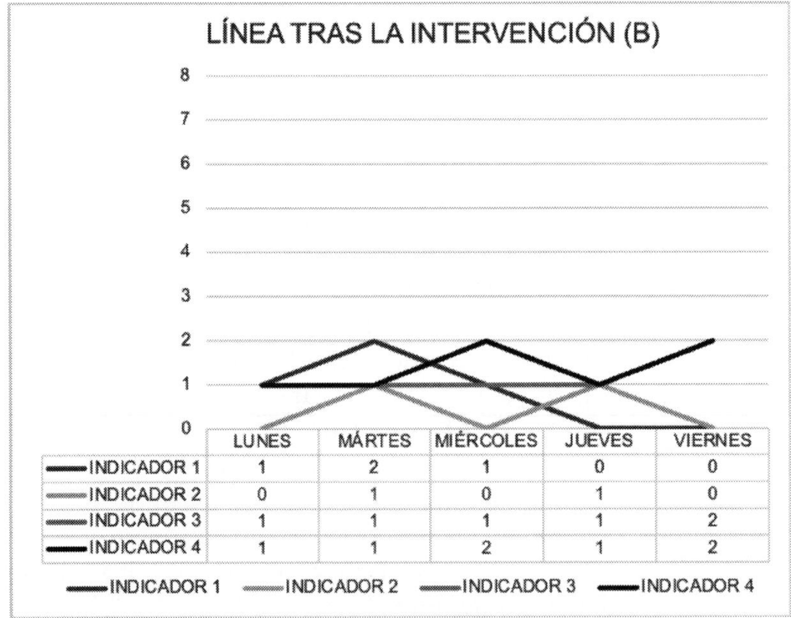

	LUNES	MÁRTES	MIÉRCOLES	JUEVES	VIERNES
INDICADOR 1	1	2	1	0	0
INDICADOR 2	0	1	0	1	0
INDICADOR 3	1	1	1	1	2
INDICADOR 4	1	1	2	1	2

Fuente: Elaboración propia.

6. INFORME DE RESULTADOS

Como se puede apreciar al comparar las gráficas, se ha producido un descenso global de los problemas de convivencia que Jonathan presenta en el centro escolar. Vemos que el número de insultos racistas ha pasado de 21 en una semana a 4. Algo parecido ha ocurrido con los empujones y las mofas. Se ha pasado, en el primer caso, de 7 a 2, y en el segundo caso de 19 a 6. Lo que más ha descendido han sido los insultos racistas (han decrecido un 80%, seguido de los empujones, que han descendido algo más de un 70%, y las mofas, que se reducen un 68%). Por su parte, las interacciones pacíficas entre Jonathan y compañeros de su clase de otras nacionalidades han aumentado, pasando de 1 a 7. Podemos concluir que la intervención diseñada ha sido efectiva, pues ha conseguido la finalidad propuesta.

4. ORGANIZACIONES SOCIALES

Lo primero que tenemos que preguntarnos es qué se entiende por organización social. Alemán y Trinidad (2012, p. 243) hacen uso de la definición que ofrece Giddens, para quien se trata de una asociación de personas constituida oficialmente y regida por líneas impersonales que se fijan para conseguir unos objetivos específicos. Al ser de carácter social, lo fines y objetivos que persiguen son de esa misma naturaleza. De acuerdo con esta definición, una organización social contaría con múltiples características. Para empezar, al estar constituida oficialmente, debe ajustarse a las normas imperantes en la sociedad y contar con una estructura formal, compuesta por una serie de órganos, entre los cuales existe un reparto de funciones, tareas organizativas y responsabilidades. Su funcionamiento está regido por una serie de valores o creencias, que forman la ideología de la organización, y unas maneras de operar, es decir, procesos y actuaciones, orientadas hacia la consecución de sus fines. Entre las personas que componen la organización se establecen relaciones de corte profesional, condicionadas por los roles que asume cada uno, sus intereses personales y profesionales, los sistemas de comunicación de la entidad, etc. Por último, la organización desarrolla su labor en un marco o contexto geográfico (físico), político, legal, demográfico, económico y cultural específico, que debe conocer y tener en cuenta.

Desde esta visión global, en la categoría de *organización social* se incluirían todas aquellas entidades sociales públicas, privadas o concertadas que prestan sus servicios a la comunidad: instituciones, residencias, asociaciones, centros, servicios, departamentos, unidades, etc. Sobre todas ellas cabría preguntarse, a modo de evaluación, en qué medida desarrollan sus fines, alcanzan sus metas y objetivos, presentan una diferenciación interna de funciones, optimizan el reparto de esas funciones, diagnostican sus debilidades y fortalezas, evalúan sus acciones y a sus profesionales, proceden a la toma de decisiones, etc. La evaluación se puede aplicar sobre la totalidad de la organización o sobre alguna unidad, área o servicio en concreto, sin perder de vista, eso sí, la visión holística, unitaria, de la entidad. Evidentemente, cuanto mayor sea el nivel de análisis, mayor será la complejidad de la evaluación.

Ander-Egg (1990, pp. 44 y 45) explica que la evaluación de una institución engloba, por regla general, dos niveles de análisis: estructural y funcional. El análisis desde un punto de vista estructural comprende para este autor aspectos como el organigrama, los niveles de autoridad, el manual de la organización y el manual de procedimientos. Las preguntas o cuestiones evaluativas que podrían plantearse a este nivel son, por ejemplo, si estos instrumentos existen, si se utilizan y si inciden de alguna manera en el funcionamiento. Desde un punto de vista funcional, Ander-Egg se refiere a las formas y mecanismos que existen para la toma de decisiones, la naturaleza y el contenido de la comunicación (por ejemplo, los canales de comunicación que hay), el nivel de satisfacción y clima existente en la organización, la presencia de posibles psicopatologías en su funcionamiento, la existencia de sistemas de control sobre la puesta en marcha y los costos de funcionamiento.

Espinoza (1983, pp. 193-200), por su parte, propone una guía para la evaluación de una institución. Desde su punto de vista, esa evaluación supone el análisis de la endoestructura y de la exoestructura. Esta última es más sencilla de definir, ya que consiste en analizar el comportamiento que la institución tiene en sus relaciones externas, es decir, en los compromisos y vínculos que mantiene con otras instituciones del medio. En este nivel de evaluación, Espinoza propone recurrir a la información que se pueda derivar de convenios, contratos, comisiones y demás compromisos externos de la institución. El estudio evaluativo de la endoestructura resulta más complejo por la gran cantidad de aspectos que entraña. Se refiere al funcionamiento interno de la institución y se preocupa por las siguientes variables, explica Espinoza:

- Liderazgo: conviene evaluarlo a dos niveles. A nivel personal, referido a la capacidad de las personas que dirigen la institución para realizar funciones de dirección, planificación, organización y coordinación. A nivel institucional, referido a la capacidad de la institución para ejercer hegemonía en relación al resto de instituciones que se integran con ella en un mismo sector de actividad.
- Doctrina: conjunto de elementos básicos que reflejan lo que la institución quiere hacer, lo que espera alcanzar y los tipos de acciones que intenta emplear para conseguir los fines propuestos.
- Programas: conjunto de actividades a que se dedica la institución, organizadas en planes, programas y proyectos.

- Recursos institucionales: insumos que la institución convierte en bienes y servicios; esos insumos pueden proceder de la autoridad legal y política, pueden ser financieros, pueden estar referidos al equipo humano que trabaja en la institución o a los equipamientos y recursos materiales.
- Estructura interna: complejo de patrones formales e informales de autoridad que se da dentro de la institución, así como la división de trabajo entre los trabajadores.

Alvira (2002, pp. 33 y 34) señala que uno de los sistemas de evaluación de instituciones y organizaciones más antiguos es el sistema de acreditación. A través de éste, se produce el reconocimiento de un centro u organización si cumple con una serie de criterios mínimos prefijados. Esta acreditación es directa y se concede a través de revisiones o inspecciones periódicas, por lo que su carácter suele ser continuo, se renueva cada cierto tiempo. En el ámbito de lo social, tradicionalmente, los indicadores para conseguir las acreditaciones han sido de corte cuantitativo; podemos hablar, por ejemplo, del número de usuarios atendidos por cada trabajador social, número de servicios que se han prestado, etc.

Aguilar y Ander-Egg (1992, p. 40) explican que a veces la unidad de evaluación no es la institución en sí misma, sino la intervención o acción profesional que se desarrolla en ella (por ejemplo, el programa, el proyecto, el profesional, etc.). Sin embargo, en el marco de esa evaluación puede ser oportuno, incluso necesario, evaluar el ambiente organizacional en el que se desarrolla. Esto supone valorar hasta qué punto la organización responsable de la intervención favorece o dificulta su puesta en marcha, ya sea por sus aspectos estructurales o por sus aspectos funcionales. Estos autores entienden la organización desde una perspectiva sistémica, esto quiere decir que es un sistema abierto, compuesto por cinco subsistemas: objetivos y valores, tecnológico, estructural, psico-social y administrativo. La evaluación del ambiente organizacional, bien en sí mismo o bien como sistema en el que se enmarca la intervención a evaluar, incluiría esos cinco subsistemas.

Estos mismos autores explican que hay una serie de preguntas a las que se puede querer dar respuesta cuando se evalúa la estructura y el ambiente organizacional (pp. 73 y 74):

- ¿La estructura organizativa de la institución contribuye o perjudica el desarrollo del programa/proyecto?
- ¿El estilo de dirección y los mecanismos de toma de decisiones son coherentes con los objetivos del programa/proyecto? ¿Son los más adecuados para el logro de los objetivos propuestos?
- ¿La naturaleza y contenido de las comunicaciones internas del programa/ proyecto se adaptan a las necesidades de gestión de este? ¿Son excesivas o escasas?

- ¿Cuál es el clima y nivel de satisfacción existente en el seno de la organización? ¿Qué relación existe con el rendimiento del personal?
- ¿La organización de los recursos humanos, técnicos y materiales es adecuada y útil para la prestación de servicios?
- ¿Los sistemas de supervisión del personal son los adecuados?
- ¿Las modalidades de coordinación permiten articular de manera adecuada las actividades de las diferentes personas implicadas en la prestación del servicio o en la ejecución del programa/proyecto?

5. SISTEMAS Y MODELOS ORGANIZATIVOS

Tanto los individuos como las organizaciones y los planes, programas y proyectos están inmersos en sistemas sociales más complejos que responden a modelos más o menos establecidos. La estructura y organización de estos modelos y sistemas, la incidencia que sus unidades pueden tener sobre otras unidades internas (del propio sistema) o externas (de otros sistemas), su nivel de eficacia y eficiencia, su funcionamiento, su calidad, etc., son elementos susceptibles también de ser evaluados. No es fácil, ya que los sistemas y modelos representan probablemente el nivel más complejo de evaluación. Sin embargo, incluimos esta unidad también en este capítulo, ya que puede ser un elemento en cuya evaluación participe directa o indirectamente el trabajador social. Piénsese, por ejemplo, en el Sistema de Prestaciones Sociales y Económicas para Personas con Discapacidad (PSPD), en el Sistema para la Autonomía y Atención a la Dependencia (SAAD), en el Sistema de Gestión de Ayudas de Emergencia Social que tienen varios municipios de nuestro país o en el propio Sistema Público de Servicios Sociales. Todos son ejemplos de sistemas o modelos de organización de prestaciones y servicios para la atención social a uno o varios colectivos. Todos estos sistemas pueden ser evaluados bien en su totalidad, es decir, de manera global, como la unidad que representan (nivel de evaluación global), o pueden ser evaluados parcialmente, es decir, centrando la atención sólo en uno o varios de sus elementos (nivel de evaluación molecular o parcial).

Un ejemplo de evaluación de sistemas y/o modelos organizativos lo podemos encontrar en uno de los estudios que se llevó a cabo en el año 2019 en la Comunidad Autónoma de la Región de Murcia (CARM). Desde la entonces denominada Consejería de Mujer, Igualdad, LGTBI, Familias y Política Social, el sociólogo Silverio Mira, miembro del Servicio de Planificación y Evaluación de la citada Consejería, dirigió la encuesta sobre *La valoración de la atención recibida por las personas usuarias del sistema público de servicios sociales a través de los SSAP*. Se trataba de una encuesta presencial por medio de cuestionario a 810 personas, repartidas por el territorio regional. Se evaluaron, entre otras cosas, el nivel de conocimiento y contacto que los usuarios tenían con los SSAP (Servicios Sociales de Atención Primaria), las dificultades en el acceso y tiempo, el trato y ambiente, así como la respuesta a sus necesidades y demandas. Ese mismo año y desde ese mismo servicio se presentó también el estudio *Circuitos alternativos de acceso para la cobertura de las necesidades sociales,* dirigido por Gustavo Solórzano, también sociólogo. A partir de una metodología mixta se buscaba caracterizar a los sectores de la población que, siendo potenciales usuarios de los SSAP, no acudían a ellos bien porque recurrían a otros servicios públicos o a las entidades del tercer sector, o bien porque no querían recibir atención estando sus necesidades en una situación de desatención, y cuáles eran las razones o motivos que los llevaban a adoptar ese comportamiento. En la parte cuantitativa del estudio colaboraron 247 personas no usuarias, mientras que la parte cualitativa se apoyó en grupos de discusión con personas expertas y entrevistas a profesionales. Como podemos ver, ambos estudios representan ejemplos claros sobre evaluaciones que, de manera concreta, se desarrollan en el ámbito de los servicios sociales para conocer algún elemento que caracteriza al sistema o modelo organizativo.

Sin ánimo de ser muy detallistas en la explicación, creemos oportuno hacer referencia en este punto al Sistema de Evaluación de Políticas Públicas de nuestro país, cuyo principal propósito es valorar el impacto real que tienen dichas políticas, y favorecer así la eficacia y la eficiencia de la acción pública. Desde un enfoque transversal, integral y participativo guía la formulación de las políticas públicas, así como su posterior implementación. La Agencia Estatal de Evaluación de las Políticas Públicas y la Calidad de los Servicios (AEVAL), regulada conforme al Real Decreto 1418/2006, de 1 de diciembre, ha sido la agencia pública de carácter estatal encargada durante años de evaluar el sistema de políticas públicas de España. Este organismo nace en 2007 con el propósito de mejorar la calidad de los servicios públicos que se ofrecen a los ciudadanos y, a su vez, racionalizar el uso de los recursos públicos y rendir cuentas. Tras una década de funcionamiento, fue disuelta en el año 2017, quedando sus competencias transferidas al Instituto para la Evaluación de Políticas Públicas, adscrito actualmente al Ministerio de Hacienda y Función Pública a través de la Secretaría de Estado de Función Pública. A este órgano le corresponde, tal y como se indica en su página web, desarrollar las siguientes acciones:

- La evaluación de las políticas públicas y de los planes y programas cuya evaluación se le encomiende, en coordinación con los departamentos ministeriales.
- El fomento de la cultura de evaluación de las políticas públicas.
- La formulación y difusión de metodologías de evaluación.

- El fomento de la formación de los empleados públicos en esta materia, en coordinación con el Instituto Nacional de Administración Pública.
- El apoyo instrumental necesario para realizar los análisis que requieran los procesos de modernización o planificación que se impulsen desde la Secretaría de Estado de Política Territorial y Función Pública.
- La elaboración de documentos técnicos y metodologías sobre evaluación de políticas públicas.
- Participación en diversos organismos, organizaciones y foros relacionados con la evaluación de políticas públicas.

La evaluación del sistema de políticas públicas de España queda regulada conforme a lo dispuesto en la Ley 27/2022, de 20 de diciembre, de institucionalización de la evaluación de políticas públicas en la Administración General del Estado. Esta norma tiene por objeto, como indica en su primer artículo, organizar el sistema público de evaluación de políticas públicas en la Administración General del Estado, con el fin de institucionalizar la evaluación como herramienta de aprendizaje colectivo y organizativo, de mejora del servicio público, rendición de cuentas y transparencia, contribuyendo a la eficacia y eficiencia de la acción pública. Los objetivos de la evaluación de políticas públicas, según lo dispuesto en el artículo 4 de la citada ley, son:

a) Optimizar el proceso de toma de decisiones públicas, sugiriendo recomendaciones sobre su diseño e implementación.

b) Mejorar la planificación y los instrumentos de la acción pública.

c) Impulsar la innovación en la actuación del sector público.

d) Colaborar en la consecución de la eficiencia en la asignación y utilización de los recursos públicos, de forma que se garantice una adecuada gestión económica, y el cumplimiento del principio de sostenibilidad financiera y de los fines perseguidos.

e) Permitir, con sistemas de recogida, valoración y difusión de la información, el control de responsabilidades y la rendición de cuentas a la sociedad.

f) Contribuir a mejorar la situación de los retos de la sociedad y del desarrollo sostenible.

Esta ley, en su artículo 8, define la evaluación de una política pública como “el proceso sistemático y razonado de generación de conocimiento, a partir de la recopilación, análisis e interpretación de información, encaminado a la comprensión global de una política pública, para alcanzar un juicio valorativo, basado en evidencias, respecto de su diseño, puesta en práctica y efectos”. Concluimos señalando que, dependiendo de su contenido y objeto, la evaluación que realiza puede ser de tres tipos (artículo 9):

1. Evaluación de diseño, que se centrará en los aspectos relacionados con los elementos que justifican la necesidad de la política pública y el diseño de las políticas.
2. Evaluación de implementación, que tendrá por objeto la valoración del despliegue y el progreso de la ejecución de la política pública, así como el análisis de los mecanismos internos y los recursos.
3. Evaluación de resultados e impactos, que prestará especial atención a la consecución de los objetivos previamente establecidos, analizando los efectos sobre sus destinatarios y sobre la población en general.

Capítulo 3

TIPOS DE EVALUACIÓN

SUMARIO: 1. EVALUACIÓN DIAGNÓSTICA, EVALUACIÓN DEL ANÁLISIS DE NECESIDADES Y EVALUACIÓN DEL DIAGNÓSTICO SOCIAL. 2. EVALUACIÓN DEL DISEÑO. 3. EVALUACIÓN DE LA EVALUABILIDAD. 4. EVALUACIÓN DE LA IMPLEMENTACIÓN. 5. EVALUACIÓN DE LA COBERTURA. 6. MONITORIZACIÓN Y SEGUIMIENTO. 7. EVALUACIÓN DE RESULTADOS. 8. EVALUACIÓN DEL IMPACTO. 9. EVALUACIÓN ECONÓMICA. 10. METAEVALUACIÓN.

Hay diversas clasificaciones sobre los tipos de evaluación que existen, con arreglo a unos criterios que se entienden como elementales en la práctica evaluativa. Alvira (2002, p. 33) reconoce que, en ocasiones, intentar establecer una tipología puede llegar a ser frustrante, debido, precisamente, a la amplia diversidad de criterios que se utilizan para distinguir los tipos de evaluación. Señala que es posible identificar hasta treinta clasificaciones en los manuales especializados. Encontramos clasificaciones que aluden al momento en el que se realiza la evaluación, su dimensión, ámbito espacial, enfoque metodológico, procedencia del equipo evaluador, tipo de cliente que contrata la evaluación, etc. Es importante tener claro que las tipologías se superponen y entrecruzan entre sí, como explica Ander-Egg (1990, p. 35), dado que obedecen a una distinción de tipo pedagógico. Por tanto, una misma evaluación puede ser de varios tipos, en función de los criterios clasificatorios que se tomen como referencia.

En este punto conviene aclarar que no todas las clasificaciones tienen la misma propiedad. Unas aluden a criterios que moldean la evaluación, apuntando a cómo será. Hablamos de clasificaciones que permiten dar *forma* a la actividad evaluativa. Están referidas a las opciones o modalidades de evaluación, vistas ya en el primer capítulo (quién evalúa, cuándo, cómo, etc.). Otras clasificaciones se refieren de manera directa a la *naturaleza* de la evaluación, es decir, a su esencia, su porqué, su propósito. Mientras que las primeras se refieren a cómo va a ser una evaluación (la forma que va a tener), las segundas se centran en qué se va a evaluar (la naturaleza de la evaluación). Pongamos un ejemplo: una evaluación puede nacer con el propósito de saber si los usuarios de una intervención han conseguido modificar su conducta, es decir, si la intervención ha conseguido los efectos previstos y deseados sobre los usuarios. En este caso, lo que queremos es evaluar los efectos/resultados, así que estaremos ante una *evaluación de resultados*. Esa es la *naturaleza* de la evaluación, lo que ella es. Esa evaluación se desarrollará bajo unas características: por ejemplo, se hará al final del proceso de intervención, con un equipo externo de evaluadores y desde un paradigma cualitativo. Esto es lo que se conoce como la *forma* que va a tener esa evaluación de resultados o las modalidades que va a adoptar en función del momento, la procedencia del equipo evaluador y el enfoque metodológico. Es importante distinguir entre naturaleza y forma de una evaluación. La primera respondería al *tipo* de evaluación y la segunda a la *modalidad* que ésta adopta según la característica de la que se trate. Esta distinción es relativamente actual; de hecho, los manuales previos al siglo XXI no las distinguen, incluyendo todas las clasificaciones bajo un mismo epígrafe: los *tipos* de evaluación. Lo oportuno es indicar primero la naturaleza de la evaluación y después la forma, aunque en este manual hayamos visto primero (en el capítulo uno) las opciones evaluativas que dan forma a la evaluación.

En este capítulo la atención se va a centrar en los tipos de evaluación que existen atendiendo a la naturaleza de dicha evaluación. Adelantamos que la clasificación es amplia, ya que prácticamente todo puede ser evaluable en el ciclo de una intervención social. Por eso, hemos decidido acotar el capítulo y centrarnos en los tipos de evaluación que pueden darse cuando la unidad es un programa o proyecto social, que ha sido la práctica evaluativa tradicional en Trabajo Social. Aunque centremos el capítulo en esta unidad, téngase en cuenta que los tipos que se exponen podrían hacerse extensibles, quizás con matices, a otras unidades o elementos del ciclo de intervención social (servicio, modelo organizativo, profesional, etc.). Por lo que es una clasificación que nace desde (y para) el ámbito concreto de la evaluación de programas y proyectos sociales, pero que podría aplicarse a otros. De ahí que hayamos optado por un título más general en la denominación de este capítulo. Así mismo, téngase en cuenta también que en la práctica pueden darse otros *tipos* de evaluación, además de los aquí expuestos, como la evaluación del desempeño o rendimiento profesional y la evaluación de las organizaciones que veíamos en el segundo capítulo de este manual, la evaluación del riesgo, la evaluación de competencias, la evaluación del coste de oportunidades, etc.

Dependiendo de aquel elemento que se decida evaluar, tendremos un tipo u otro de evaluación: de la cobertura, de los resultados, del impacto, etc. Puede ser, incluso, que se quieran evaluar varios elementos, con lo que tendríamos una evaluación plural, de distinta naturaleza. La pluralidad de naturalezas se puede dar en una misma evaluación. De hecho, es común en determinados ámbitos de la acción social, pero entraña una mayor complejidad en la evaluación, con una dotación superior de recursos, más periodo de ejecución, etc. A la hora de escoger la naturaleza o naturalezas, hay que tener claro que los tres elementos que determinarán muy probablemente esa decisión son los siguientes: primero, las preguntas o cuestiones evaluativas a las que se quiera dar respuesta con la evaluación, es decir, los porqués de su realización; segundo, los objetivos de esta; y, tercero, la decisión que se quiera tomar a partir de los resultados de la evaluación, esto es, el para qué. Estos tres elementos están unidos, debiendo existir una coherencia interna entre ellos.

Como ya se ha visto en otros puntos de este manual, cualquier intervención conlleva una serie de fases, que pueden resumirse en tres: 1. Análisis y diagnóstico de necesidades; 2. Diseño o programación de la intervención; y 3. Puesta en marcha o ejecución. De acuerdo con estas tres fases, y teniendo en cuenta la generalización que se ha producido durante los últimos años de un nuevo modelo o esquema de evaluación, según el cual ya no hay que esperar a que finalice la intervención para evaluar, sino que se puede hacer a lo largo de las distintas fases que componen la intervención, encontramos que la naturaleza de la evaluación puede venir dada por aquella fase del proceso de intervención a la que se refiere. Como explica Alvira (2002, pp. 35-36), el nivel de desarrollo del programa/proyecto va a condicionar, evidentemente, el tipo de evaluación que, de acuerdo con este criterio, se vaya a realizar. Si nos encontramos en la fase de análisis y diagnóstico de necesidades, está claro que sólo se podrá llevar a cabo una evaluación de ese análisis o de ese diagnóstico social. En la siguiente fase, la de diseño del programa o proyecto, las opciones se reducen, pudiendo evaluar ese diseño, es decir, la conceptualización lógica de la intervención que se ha creado. Cuando ya se encuentra en marcha, es decir, cuando se está ejecutando la intervención, la evaluación puede centrase en múltiples aspectos como la implementación, la cobertura, los resultados, el impacto, etc.

En base a la naturaleza que puede tener una evaluación según la fase o el aspecto de la intervención (programa/proyecto social) que se evalúa, podemos encontrar los siguientes tipos (Tabla 3):

Tabla 3. Los tipos de evaluación de programas y proyectos sociales según la naturaleza de dicha evaluación

TIPO DE EVALUACIÓN	FINALIDAD	PREGUNTA PRINCIPAL QUE INTENTA RESPONDER	MOMENTO MÁS OPORTUNO PARA REALIZARLA
Evaluación Diagnóstica	Conocer las características esenciales del problema o necesidad que la intervención pretende solucionar	¿Cuáles son las necesidades/ problemáticas que presenta ese colectivo y que son susceptibles de intervención?	Antes de diseñar el programa/ proyecto de intervención
Evaluación del Análisis de Necesidades	Valorar si el análisis de necesidades que se ha hecho es adecuado y refleja la realidad	¿El análisis de necesidades refleja la magnitud y características esenciales de la necesidad o problemática que se pretendía estudiar?	Antes de diseñar el programa/ proyecto de intervención
Evaluación del Diagnóstico Social	Enjuiciar si es adecuado el diagnóstico social que se ha elaborado a partir del análisis de necesidades	¿El diagnóstico social es adecuado, guarda relación con los resultados del análisis de necesidades y cuenta con todos los elementos necesarios en un diagnóstico social?	Antes de diseñar el programa/ proyecto de intervención
Evaluación del Diseño	Detectar posibles debilidades en el diseño del programa/proyecto; conocer su adecuación al análisis de necesidades y al diagnóstico social	¿El programa/proyecto está diseñado de manera correcta, responde a la necesidad y a las circunstancias que lo originaron, sus partes son coherentes?	El programa/proyecto de intervención se está diseñando o ya se ha diseñado
Evaluación de la Evaluabilidad	Determinar la posibilidad de evaluación que tiene un programa/ proyecto	¿Ese programa/proyecto se puede evaluar o no?	El programa/proyecto de intervención está formulado, pero no se ha puesto en marcha todavía
Evaluación de la Implementación	Conocer si el programa/proyecto se aplica conforme a lo que estaba previsto	¿El programa/proyecto se está aplicando (o se ha aplicado) conforme a lo que estaba previsto en su diseño?	El programa/proyecto de intervención se ha puesto en marcha o ya ha terminado
Evaluación de la Cobertura	Analizar hasta qué punto el programa/proyecto ha llegado (o está llegando) a la población objeto	¿Este programa/proyecto ha llegado (o está llegando) a la población objeto, a la población diana?	El programa/proyecto de intervención se ha puesto en marcha o ya ha terminado

TIPO DE EVALUACIÓN	FINALIDAD	PREGUNTA PRINCIPAL QUE INTENTA RESPONDER	MOMENTO MÁS OPORTUNO PARA REALIZARLA
Monitorización y seguimiento	Controlar el funcionamiento del programa/proyecto que se está ejecutando para conocer cuál está siendo su desarrollo	¿Cómo se está desarrollando el programa/proyecto?	El programa/proyecto de intervención se ha puesto en marcha
Evaluación de Resultados	Determinar si el programa/proyecto ha logrado los objetivos formulados en su diseño, en términos de resultados y efectos	¿El programa/proyecto ha logrado (o está logrando) los resultados esperados, ha sido (está siendo) eficaz?	El programa/proyecto de intervención lleva un tiempo funcionando o ya ha terminado
Evaluación del Impacto	Analizar los resultados del programa/proyecto sobre una población más amplia que la población objeto	¿Qué impacto ha tenido (o está teniendo) el programa/proyecto?	El programa/proyecto de intervención lleva un tiempo funcionando o ya ha terminado
Evaluación Económica	Saber si los recursos se están asignando (o se han asignado) de manera que se pueda lograr una satisfacción óptima y racional de las necesidades humanas priorizadas	¿El programa/proyecto está siendo (o ha sido) eficiente? ¿Los recursos se están empleando (o se han empleado) de manera óptima?	El programa/proyecto de intervención lleva un tiempo funcionando o ya ha terminado
Metaevaluación	Evaluar la evaluación que se ha diseñado, se está ejecutando o ya se ha hecho (ha finalizado)	¿Es correcta en sus múltiples dimensiones la evaluación que está programada para su ejecución futura, se está haciendo o ya se ha hecho?	La evaluación de la intervención social se ha diseñado, se está ejecutando o ya se ha llevado a cabo (ha finalizado)

Fuente: Elaboración propia.

Nota: Conviene recordar que, atendiendo al momento en el que la evaluación se realiza, ésta puede ser inicial, final o parcial. Es decir, la evaluación puede realizarse cuando la intervención no ha empezado todavía, cuando ya ha finalizado o de manera paralela a su realización. La última columna de la tabla se incorpora tomando en consideración esta cuestión.

Como ya hemos señalado, un criterio para definir la naturaleza de una evaluación puede ser qué fase o aspecto de la intervención va a ser objeto de evaluación. Este criterio nos permitiría identificar los tipos de evaluación que se presentan en la tabla anterior. Sin embargo, existen otras maneras de poder definir el tipo de evaluación atendiendo a su naturaleza. Por ser considerado un clásico dentro de la literatura específica del Trabajo Social, vamos a exponer brevemente las consideraciones que ofrece Ander-Egg (1990). Para él, cualquier programa/proyecto social se puede descomponer en áreas que son susceptibles de ser evaluadas. Cuando se evalúa el programa en su conjunto se habla de una evaluación *global*; cuando se evalúa alguna área, la evaluación entonces es *sectorial*. En este último caso, establecer qué sectores o áreas se han de evaluar depende de cuatro factores principales según este autor:

1. Finalidad de la evaluación: para qué se hace
2. Destinatarios de la evaluación: quienes van a utilizar la evaluación
3. Fase en la que se encuentra la realización del proyecto
4. Disponibilidad de personal capacitado para realizar la evaluación

A efectos prácticos, este autor distingue diez tipos de evaluación: seis que hacen referencia a la coherencia interna del programa o proyecto y cuatro que se refieren a la coherencia externa. Exponemos a continuación de manera muy breve su clasificación, con las consideraciones y explicaciones que él mismo ofrece (1990, pp. 38-47). Sin embargo, antes de hacerlo, conviene traer a colación una distinción importante que proponen Aguilar y Ander-Egg (1992, p. 36) a propósito, precisamente, de las áreas de evaluación de un programa. Para estos autores, se estaría hablando de una *evaluación formal* (interna) cuando se atiende a los componentes internos, es decir, cuando se juzga la pertinencia formal y potencial del programa o su coherencia interna. En contraposición, se hablaría de una *evaluación sustantiva* (externa) cuando lo que se busca juzgar es la pertinencia de los logros del programa en relación con los problemas o necesidades que afectan a la población destinataria y que dieron lugar a la intervención. Se juzga en este caso la pertinencia real de la intervención.

a) Área de Coherencia Interna

Esta área hace referencia a la evaluación de aspectos referidos sustancialmente al programa en sí mismo.

a) Evaluación del estudio - diagnóstico. Hace referencia a la valoración de la investigación y el diagnóstico que se han hecho antes de la fase de programación y diseño de la intervención.

b) Evaluación de la fase de programación-diseño. En este caso se evalúa la coherencia que existe entre el programa y el diagnóstico de necesidades, así como la coherencia interna del propio programa, de los elementos que lo componen.

c) Evaluación de la ejecución del proyecto (en qué medida se alcanzan los objetivos). Para Ander-Egg este es el punto de referencia más importante de cualquier evaluación, puesto que "lo sustancial de la misma es determinar en qué medida las acciones emprendidas han permitido alcanzar los objetivos y metas propuestos"; no sólo se busca establecer hasta qué punto se alcanzaron los objetivos, sino también cuáles han sido las razones del éxito o fracaso. Considera que se tienen que evaluar los siguientes aspectos en relación con los objetivos: determinación, especificación, jerarquización, coherencia y compatibilidad.

d) Evaluación de la implementación. Por implementación entiende la realización de un conjunto de gestiones y tareas destinadas a disponer de los medios y recursos necesarios para la efectiva realización de un programa. Para él los aspectos más importantes son las tareas de preparación y motivación, la disponibilidad de recursos (humanos, materiales, financieros y técnicos) y la disponibilidad de medios físicos para iniciar y llevar a cabo la intervención sobre el terreno. En relación con lo primero, considera que hay que preparar a las personas involucradas en los programas/proyectos antes de su inicio. Por eso, hay que evaluar si se realizaron las tareas de preparación y motivación adecuadas, con el fin de crear un clima favorable en el cuadro territorial o en la institución. En lo referente a lo segundo, hay que evaluar la disponibilidad de recursos. Sobre los humanos (personal técnico, auxiliar, personas de la comunidad que puedan colaborar, voluntarios, etc.), se ha de evaluar la calidad, capacidad, motivación, coordinación, etc. Sobre los recursos materiales (locales, equipos, mobiliario, materias primas, etc.) hay que revisar el inventario, el grado de utilización y su idoneidad. Si nos centramos en los recursos financieros (montos, origen, disponibilidad real, fuentes de financiamiento, condiciones de dicho financiamiento, rapidez o agilidad administrativo-contable, etc.) hay que revisar si los recursos son suficientes para la gestión del servicio y/o la realización del programa/proyecto. Por último, hay que valorar la existencia y disponibilidad de los recursos técnicos (pizarras, proyector, ordenador, etc.). En lo referente al último de los puntos, señala que hay que revisar si los medios físicos están disponibles, por ejemplo, si hay un local, prepararlo para iniciar el taller en él, trasladar todo el material al mismo, etc.

e) Evaluación del perfil estructural y funcional de la institución desde la cual se realiza el programa. Todo programa se lleva a cabo en el marco de una estructura administrativa. Por eso, es importante evaluar su perfil.

f) Evaluación de los procedimientos utilizados. Para terminar con el área de coherencia interna, Ander-Egg habla de la evaluación de los procedimientos utilizados. Se trata de un análisis comparativo entre los objetivos propuestos y los resultados obtenidos, poniendo el énfasis en la forma operativa en la que se ha desarrollado el programa, o sea, en los procedimientos que se han utilizado. A veces se pueden alcanzar los objetivos, pero con unos procedimientos que no son los adecuados desde diversos puntos de vista: político, económico, social o institucional. Es de gran importancia en Trabajo Social y Servicios Sociales prestar atención a los procedimientos y a su oportunidad.

b) Área de Coherencia Externa

Esta área pone en relación el programa/proyecto social con el contexto en el que se inserta. Es decir, se valora la vinculación de la intervención diseñada con las necesidades y los problemas reales que existen en el contexto en el que se implementa.

a) Evaluación de los resultados efectivos. Se evalúan los resultados, pero desde el punto de vista del contexto en donde se realiza el programa. Lo importante es saber si la intervención responde a la necesidad que lo motivó.

b) Evaluación del área de coordinación externa del programa. En este aspecto la evaluación tiene en cuenta la interacción del programa con las unidades operativas externas a él, y con las que necesariamente está vinculado, ya sea de manera directa o indirecta. Estas unidades externas pueden ser otros programas u otras instituciones, por ejemplo.

c) Evaluación de los efectos indirectos del programa. Se trata de medir los efectos indirectos, positivos o negativos, que tiene el programa en otras áreas que no están vinculadas directamente con él. Esto tendría que ver con el *impacto* del programa o proyecto de acción social.

d) Opinión de los beneficiarios o destinatarios del programa. Aunque el programa esté alcanzando sus objetivos puede que éstos no hayan sido aceptados por los usuarios o que no respondan a las expectativas de las personas. Es necesario, por tanto, contar con la opinión de los beneficiarios, usuarios o destinatarios del programa/proyecto. Conviene analizar también si los responsables tuvieron en cuenta la opinión y las necesidades de la gente antes de iniciar las actividades de intervención o simplemente lanzaron el proyecto o programa, sin tener en cuenta a los destinatarios.

Una vez que se ha expuesto la clasificación que ofrece Ander-Egg sobre los tipos de evaluación de programas que existen de acuerdo con el área de coherencia —interna o externa— que se desea evaluar, pasamos a explicar con mayor grado de detalle los tipos de evaluación que hay en función de la fase o aspecto de la intervención que se desea evaluar; unos tipos de evaluación que ya se adelantaron en la tabla presentada al inicio de este capítulo.

1. EVALUACIÓN DIAGNÓSTICA, EVALUACIÓN DEL ANÁLISIS DE NECESIDADES Y EVALUACIÓN DEL DIAGNÓSTICO SOCIAL

La evaluación diagnóstica o evaluación de necesidades es lo que se conoce en trabajo social como Análisis y Diagnóstico de Necesidades. De hecho, en el Grado de Trabajo Social que se imparte en la Universidad de Murcia hay una asignatura en segundo curso que se encarga de explicar en qué consiste el análisis y la valoración de las necesidades/problemáticas sociales y cómo se elaboran los correspondientes diagnósticos sociales. Como se sabe, este punto constituye el primer paso racional en el desarrollo de cualquier intervención del trabajador social. No se puede programar una intervención social si previamente no se ha establecido un análisis de las necesidades y el correspondiente diagnóstico. Este momento tiene como objetivo analizar el volumen y las características esenciales del problema o necesidad que la intervención quiere solucionar. En los últimos años se ha optado por empezar a incluir en estos análisis sugerencias sobre posibles maneras de solucionar el problema en cuestión. En lo que a la metodología respecta, Alvira (2002, pp. 36 y 37) señala que el análisis de necesidades suele recurrir a tres tipos de técnicas de recogida de información para establecer las necesidades existentes:

- Estadísticas y datos secundarios, incluyendo censos y datos de archivo de programas/servicios ya en funcionamiento.
- Encuestas a la población en general, la población objeto o a expertos.
- Diferentes técnicas de grupo como el foro comunitario, el grupo nominal y el método Delphi.

Podemos añadir a este listado otras técnicas de recogida de información clásicamente utilizadas en Trabajo Social como la entrevista o la observación, si bien estas operan sobre todo en un contexto de actuación microsocial. Al hablar de proyectos y programas sociales nos situamos en un ámbito macrosocial, donde se suele recurrir a otras técnicas de mayor amplitud. Alvira señala que cada tipo de metodología favorece el cumplimiento de unos u otros objetivos; por ejemplo, la utilización de técnicas de grupo permite llegar a la propuesta de soluciones en mayor medida que con los otros métodos; las encuestas a la población permiten conocer mejor el alcance real del problema; mientras que la utilización de estadísticas y datos secundarios es el sistema más rápido y económico.

Alemán y Trinidad (2012, p. 115) explican que este tipo de evaluación refleja el proceso de definición del problema, el grupo al que afecta y la necesidad de una intervención social. Por eso, supone dar respuesta a las siguientes preguntas evaluativas:

- ¿Cuál es el problema(s) social(es)?
- ¿Cuáles son las necesidades que se derivan de esta problemática social?
- ¿Cuáles son las causas del problema?
- ¿A quién afecta el problema y en qué medida?

Es muy importante que el lector recuerde una cosa que ya hemos señalado. Cuando se habla de la *evaluación de necesidades* se está haciendo referencia a lo que en Trabajo Social se conoce como *análisis de necesidades*. Es decir, se está aludiendo a la primera fase del proceso de intervención social, aquella en la que el profesional identifica y revisa en profundidad la necesidad o problemática para conocer cuáles son sus características. Ese análisis de la necesidad es lo que va a permitir elaborar un diagnóstico que sustente posteriormente la intervención. Por eso se dice que este tipo de evaluación es una Evaluación Diagnóstica. Otra cosa diferente es llevar a cabo una evaluación, pero con el objetivo no de conocer la necesidad en sí misma, sino de enjuiciar si el análisis y/o el diagnóstico de necesidades que se ha hecho previamente es el adecuado. En este caso, nuestra evaluación se denominaría, dependiendo de aquello en lo que nos centremos, *evaluación del análisis de necesidades* o *evaluación del diagnóstico social*. Estas son dos evaluaciones que suelen ir de la mano (cuando se realiza una se suele realizar también la otra), pero son diferentes: una busca evaluar el análisis o estudio de la necesidad, mientras que la otra se centra en la evaluación del diagnóstico social que se ha realizado a partir de los resultados del análisis. No hay que confundirlas con la Evaluación Diagnóstica de la que se hablaba previamente, pues no son lo mismo. Son tres evaluaciones diferentes.

Como plantea Ander-Egg (1990, pp. 39 y 40), la evaluación del análisis de necesidades y la evaluación del diagnóstico intentarían dar respuesta a preguntas como las siguientes; son preguntas concretas que sirven para orientar la tarea de evaluar:

SOBRE LA EVALUACIÓN DEL ANÁLISIS DE NECESIDADES:

- ¿Se definió y delimitó claramente el objetivo de la investigación de necesidades?
- ¿Desde qué marco teórico se realizó el estudio de necesidades?
- ¿Fue adecuado el diseño de la investigación de necesidades?
- ¿Se delimitó claramente la población o universo de análisis?
- ¿Fueron adecuados los procedimientos de muestreo?

- ¿Los instrumentos diseñados para la recogida de información fueron los adecuados a lo que se quería estudiar?
- ¿Qué validez y fiabilidad ha tenido el trabajo de investigación que se ha hecho?
- ¿Cómo se realizó el análisis de la información?
- ¿Las conclusiones son congruentes con los datos obtenidos?

....

SOBRE LA EVALUACIÓN DEL DIAGNÓSTICO SOCIAL:

- ¿Se estableció con claridad la naturaleza y magnitud de los problemas y necesidades en el diagnóstico?
- ¿Se jerarquizaron esas necesidades y problemas?
- ¿Se tuvieron en cuenta en el diagnóstico los factores más significativos que intervienen en el problema o la situación?
- ¿Se ha elaborado un inventario de recursos disponibles?

...

Es importante para un Trabajador Social diferenciar entre los tres tipos de evaluación que se abordan en este apartado: la Evaluación Diagnóstica, que es el análisis propiamente dicho de la necesidad o problemática, la evaluación del estudio, referido a si el análisis sobre las necesidades de la población es o fue apropiado, y la evaluación del diagnóstico, centrado en evaluar cuestiones del diagnóstico como su estructura, su contenido, etc. Hay que tener en cuenta que, si la investigación y/o el diagnóstico no reflejan adecuadamente la realidad, todo el desarrollo posterior (diseño del proyecto/programa, puesta en marcha, etc.) se sustentará sobre una base errada. De ahí la importancia que tienen estas dos últimas evaluaciones, en demasiadas ocasiones descuidadas por el trabajador social.

2. EVALUACIÓN DEL DISEÑO

Este tipo de evaluación recibe varios nombres: evaluación del diseño, de la conceptualización del programa, de la lógica de la intervención, etc. Se centra en averiguar si el diseño que se ha realizado del programa/proyecto es correcto, es decir, si todos los elementos que articulan un programa o proyecto están bien conceptualizados y son coherentes entre sí. Pretende averiguar las debilidades o carencias de la lógica técnica de la intervención. Alvira (2002, p. 37) explica que el diseño, en sí mismo, no suele ser algo que competa a los evaluadores sociales, pero éstos pueden señalar problemas conceptuales preexistentes mediante un análisis lógico en relación con el problema o necesidad que se quiere solucionar; en estos casos, el análisis evaluativo se centra, sobre todo, en la población objeto, con los posibles problemas de cobertura que se puedan dar, y en el conjunto de actividades que constituyen el programa/proyecto, incluidos los recursos asignados al mismo. Desarrollar esta evaluación permite conseguir que las intervenciones sean más útiles y eficaces, al contar con un diseño técnico riguroso. Su evaluación la asume normalmente el equipo de profesionales que se ha encargado del propio diseño, o, en el caso de que se esté optando a una financiación externa, los equipos designados por las entidades financiadoras para tal fin.

Ander-Egg (1990, p. 40) señala que algunas de las cuestiones que el evaluador se podría plantear en este tipo de evaluación son las siguientes:

- ¿Se elaboró/diseñó el programa apoyado en los resultados del diagnóstico?
- ¿Responde el programa a las necesidades detectadas durante el diagnóstico?
- ¿Se han fijado objetivos y metas a corto, medio y largo plazo?
- ¿En qué medida el programa ayudará a resolver de manera significativa el problema o la necesidad que lo suscita?
- ¿Se ha contado con recursos suficientes para alcanzar los objetivos y metas establecidos? ¿Qué medidas se han adoptado para alcanzar esos objetivos?
- ¿Qué respaldo real y efectivo tiene el programa por parte de los directores de la institución ejecutora?
- ¿Qué relación tiene el programa con la política general de la institución ejecutora?
- ¿Se han relacionado las actividades con los objetivos y las metas?
- ¿El enunciado de las actividades está categorizado y están conectadas entre sí?
- ¿Se ha especificado un calendario de ejecución?
- ¿Se han especificado en el diseño del programa los indicadores de evaluación de resultados, y las fuentes y medios de comprobación de dichos indicadores?

...

Pasando al ámbito específico de los Servicios Sociales, Medina (2001, pp. 188-190) ofrece una guía para efectuar el análisis de la conceptualización y diseño de un programa o proyecto social. Su guía se vertebra en cinco elementos claves, incluyendo en cada uno de ellos diversas preguntas que el evaluador podría formularse para comprobar si esos cinco elementos están bien definidos en la conceptualización del programa. Por ejemplo, en relación a la identificación y análisis del problema o necesidad, elemento que debe estar presente en cualquier programa o proyecto, se plantean preguntas como ¿el problema se expresa de forma explícita?, ¿se conoce su extensión?, ¿se conoce su gravedad?, ¿existe documentación justificativa de su gravedad?, ¿se expresa en términos de urgencia?, etc. A continuación, se recoge un breve esquema-resumen sobre los elementos que, según este autor, podrían cuestionarse en la evaluación del diseño de un programa o proyecto social.

PROBLEMA CLAVE

- ❑ Definición y naturaleza de los problemas
- ❑ Descripción cuantitativa y cualitativa del problema
- ❑ Revisión de intervenciones previas para problemas similares
- ❑ Extensión, gravedad y urgencia del problema
- ❑ Documentación justificativa de su gravedad

POBLACIÓN DIANA

- ❑ Características de la población diana
- ❑ Distribución de la población diana
- ❑ Diana bien delimitada
- ❑ Los criterios de delimitación son los adecuados
- ❑ Congruencia entre los criterios de selección de la muestra y los objetivos que se persiguen
- ❑ Población objetivo es directa o indirecta
- ❑ Si es indirecta, justificación de la relación entre el foco de intervención y la diana

OBJETIVOS

- ❑ Hay una meta en el programa (o más de una)
- ❑ Hay unas hipótesis de partida
- ❑ Los objetivos están especificados de forma clara y ordenada
- ❑ Existe en el programa una definición operativa de esos objetivos
- ❑ Existe una secuenciación de los objetivos
- ❑ Hay una superposición de estos y/o ambigüedades y/o contradicciones
- ❑ Jerarquización de objetivos

- ❑ Están explícitas las variables dependientes
- ❑ Están explícitos los criterios de éxito (se refiere a los criterios de valoración y a los estándares de evaluación)

PROPÓSITOS DE INTERVENCIÓN

- ❑ Se indica en el programa si es oportuna y conveniente la intervención
- ❑ Se indica si hay algún tipo de impedimento (político, ético...)
- ❑ Se indica si puede producir efectos colaterales o no deseados

PREVISIONES

- ❑ Se establece una temporalidad en la programación
- ❑ Se indican aspectos referidos a los recursos humanos, económicos, institucionales, etc. Por ejemplo, si están contemplados los presupuestos globales, si éstos están desglosados, si hay indicación de los lugares y previsiones sobre los materiales, si el personal está asignado a los distintos objetivos/tareas/actividades, etc.

Evaluar la conceptualización de un programa de intervención —su diseño— nos permite, aunque sea de manera indirecta, abordar también su viabilidad, es decir, cuestionarnos si ese proyecto se puede implementar conforme está diseñado. Esto da lugar a una evaluación *ex-ante*. Sobre esta ha reflexionado López Blasco (1991, pp. 13 y 14), quien señala que se lleva a cabo con proyectos de nueva creación, que todavía no se han puesto en marcha, para determinar si deben implantarse o no; en este tipo de evaluación interesará conocer si a través del programa/proyecto planteado vamos a resolver el problema o la necesidad para el que ha sido diseñado, es decir, si existe una relación lógica entre medios y fines. Así mismo, en esta evaluación se cuestionará si los objetivos son complementarios o competitivos entre sí, si existen interferencias o contradicciones entre los objetivos específicos, o entre estos y los de orden superior, más generales. En el caso de que algún elemento no resulte viable, se pueden estudiar posibles alternativas. Como López Blasco añade, no se puede asegurar el éxito de un programa evaluado ex-ante, ya que siempre pueden aparecer elementos distorsionantes, si bien se pueden tomar mejores decisiones, y más fundadas. Frente a la evaluación *ex-ante* se encuentra la evaluación *ex-post*, referida a aquellos programas que ya están en funcionamiento. Nirenberg, Brawerman y Ruiz (2000, p. 54) explican que esta última normalmente se realiza una vez concluida la ejecución del proyecto o programa; se suele concentrar en el análisis de los resultados para determinar en qué medida se alcanzaron los objetivos previstos, cuáles fueron los efectos buscados y no buscados, qué factores contribuyeron a producir esos resultados, etc.

3. EVALUACIÓN DE LA EVALUABILIDAD

El objetivo de este tipo de evaluación es determinar la posibilidad de evaluación que tiene un programa/proyecto, es decir, contestar a la pregunta de si ese programa o proyecto se puede evaluar o no. Esto evita esfuerzos y gastos innecesarios, ya que muchas veces se emprende la acción de evaluar y, cuando ya se han dado pasos y se han invertido cantidades de dinero, se constata que no puede ser evaluado porque tiene problemas de distinta naturaleza que lo impiden. Por ejemplo, los objetivos no están bien elaborados, no se tiene acceso a información, no se cuenta con la participación de actores sociales determinantes en la evaluación, las actividades no se han implementado conforme a lo que estaba previsto, etc. Si primero se evalúa la evaluabilidad, se ahorra tiempo y esfuerzo. Algo parecido sucedía con la evaluación del diseño; si ésta se ejecuta y se comprueba que el diseño no es adecuado, se pueden subsanar las carencias o, directamente, no seguir con la fase de puesta en marcha de la intervención. La evaluación de la evaluabilidad y la evaluación del diseño se encuentran estrechamente interrelacionadas.

Alvira (2002, p. 46) explica que para que un programa/proyecto pueda ser evaluado debe cumplir una serie de condiciones previas:

a) Tener unos objetivos claramente definidos y medibles.

b) Un modelo de intervención con una lógica que justifique esperar unos efectos determinados derivados de la propia intervención.

c) Un conjunto de inputs, actividades, etc. que constituyen la intervención.

Se suelen utilizar dos metodologías sucesivamente para determinar la evaluabilidad de un programa o de un proyecto (*ibid.* p. 38): a) el análisis documental y entrevistas personales con las personas que han diseñado el programa; y b) el análisis de la realidad empírica, es decir, del programa en su realidad. El proceso que sigue queda normalmente organizado en dos partes diferenciadas: por una parte, se analiza el programa sobre el papel para elaborar un programa o plan de evaluación contrastable empíricamente, y, por otra parte, se realiza una observación in situ de cómo funciona la intervención (*ibid.* p. 47).

4. EVALUACIÓN DE LA IMPLEMENTACIÓN

Alvira (*ibid.* pp. 38, 39 y 55) explica que en este tipo de evaluación el objetivo es determinar si el programa o proyecto se ha puesto en marcha siguiendo los esquemas teóricos fijados previamente, esto supone evaluar lo que se conoce como su *instrumentalización.* Por tanto, la idea es conocer cómo funciona un programa y si ese funcionamiento real coincide con el que estaba previsto en la planificación. El autor apunta que no se suele hablar de una *buena* o *mala* implementación, sino que resulta más útil analizar el nivel o grado de implementación. Este tipo de evaluación se desarrolla en un sencillo proceso que tiene tres fases, según explica Alvira:

- Descripción resumida de qué es lo esencial en un programa de intervención según los documentos previos al mismo.
- Recogida empírica de información sobre estos elementos clave que constituyen el programa, cómo se aplican, cómo funcionan, etc.
- Comparación del programa en sus partes constitutivas esenciales tal y como estaba diseñado en la teoría y tal y como funciona realmente, deduciendo si la implementación es la adecuada o no.

El resultado puede ser tan sencillo, apunta Alvira, como contrastar que hay discrepancias entre el diseño y la realidad, y adaptar de alguna manera una de las dos a la otra, es decir, rediseñar el programa o lograr su adecuada puesta en marcha incorporando medidas, decisiones, etc. que lo permitan. En la evaluación de la implementación, además del método de recogida de la información, hay dos aspectos que son claves según este autor:

a) La adecuada selección de cuáles son las actividades que constituyen y definen realmente el programa, separando lo que es esencial y definitorio de lo que es accesorio.

b) La fijación de una muestra de momentos, de unidades de análisis y de lugares para llevar a cabo la recogida de información sobre las actividades, de modo que esta información tenga validez externa.

Podemos decir que, en una evaluación de la implementación, hay varios elementos que podrían evaluarse, aunque la atención normalmente se centra en alguno de los siguientes:

- Si las actividades que estaban organizadas se han realizado conforme a lo previsto, sobre todo en cuanto a su calendarización, cantidad, calidad, metodología, y demás características.
- Si se han podido emplear los recursos materiales, técnicos, humanos, etc. que estaban previstos en la planificación (despliegue de recursos).
- Si se ha respetado la asignación presupuestaria que estaba inicialmente establecida.
- Si se ha cumplido con el reparto de tareas entre los miembros del equipo técnico.
- Si se han llevado a cabo las tareas necesarias para preparar el terreno o contexto de ejecución del proyecto; por ejemplo, si se ha motivado a la

comunidad para que participe, si se han publicitado las actividades, si se ha cumplido con aspectos de organización y coordinación, etc.

- Si se ha incorporado algún mecanismo o se ha adoptado alguna decisión para flexibilizar la ejecución del proyecto. En su caso, en relación con qué aspecto se ha producido esa flexibilidad y con qué intensidad.

Aguilar y Ander-Egg (1992, p. 40) explican que si un programa no alcanza los objetivos que tenía previstos, a veces es porque tiene deficiencias en su implementación, es decir, los instrumentos y medios que se utilizan no son los adecuados. Por eso, conviene revisar esos medios e instrumentos para determinar, según estos autores, si son:

- *Necesarios*: no se puede prescindir de ellos porque contribuyen de manera significativa al éxito del programa.
- *Suficientes*: bastan para alcanzar las metas y objetivos propuestos.
- *Idóneos*: tienen la capacidad de cumplir con las metas establecidas, sirven para obtener la cantidad y calidad requerida en los plazos establecidos.
- *Potentes*: tienen la capacidad de atacar la situación/problema/necesidad y de sortear los obstáculos y dificultades.
- *Eficaces*: son los adecuados para los objetivos y propósitos que se buscan.

Aquí queda de manifiesto la relación que se da entre los distintos tipos de evaluación: no se consiguen los resultados esperados porque hay un problema en la implementación del programa; ese problema viene dado por los medios que se utilizan que, a su vez, estaban establecidos en el diseño del programa. La evaluación de la implementación permite adelantarse a la evaluación de resultados y constatar que no se van a conseguir los efectos deseados; permite, además, saber si el motivo por el que estos no se van a conseguir viene de la implementación o del diseño del programa, concretamente de los medios e instrumentos que se programaron. Los resultados de la evaluación de la implementación permiten redefinir el diseño del programa en este aspecto, para garantizar que se consigan los resultados previstos.

Para terminar, Aguilar y Ander-Egg (*ibid.* p. 62) sugieren algunas preguntas a las que puede dar respuesta este tipo de evaluación:

- ¿Se implementa el programa como estaba previsto en el diseño?
- ¿Se han realizado las tareas de preparación y motivación necesarias para crear un clima favorable a la implantación del programa?
- ¿Cuál es la disponibilidad real de recursos para la ejecución e implantación del programa?

...

Como en toda evaluación social, la evaluación de la implementación puede ser sumativa o formativa. La primera se realiza al final de la intervención, comparando la forma en la que el proyecto o programa (en su conjunto o alguna de sus partes) se ha puesto en marcha con los esquemas preestablecidos, es decir, con lo que sobre el papel se tenía que haber hecho. La segunda tiene carácter continuo, de manera que permite ir evaluando en vivo si la puesta en marcha de la intervención se corresponde con lo previsto. La formativa permite incorporar medidas en tiempo real para reconducir la situación, mientras que la sumativa permite plantear medidas para futuras implementaciones.

5. EVALUACIÓN DE LA COBERTURA

La evaluación de la cobertura es un clásico en Trabajo Social. De hecho, gran parte de las evaluaciones que se realizaron en un primer momento a propósito de los programas y proyectos de intervención social centraban su atención en esta cuestión. Siguiendo con las explicaciones de Alvira (2002, p. 39), un programa de intervención consiste en un conjunto de actividades a aplicar sobre una población objeto; por tanto, un tipo de evaluación puede ser la de analizar hasta qué punto el programa ha llegado o llega a la población objeto. Se trata de determinar cuestiones como cuántos son los beneficiarios de la intervención, cuáles son sus características, su distribución geográfica, etc. Aguilar y Ander-Egg (1992, p. 39) lo concretan de la siguiente manera:

- En qué medida se llega a la población destinataria:
    - La población objeto conoce el programa: cuántos, en qué medida, etc.
    - El programa es accesible para la población objeto; si no lo es, qué barreras u obstáculos han dificultado la accesibilidad.
    - El programa es aceptado por la población; en caso negativo, por qué no.
- En qué medida se cubre el área de actuación: cuál es la cobertura efectiva.

La Tasa de Cobertura constituye el indicador clave en este tipo de evaluación. Se define como el porcentaje de la población objeto que se ha visto afectada/beneficiada por el programa. Su cálculo se establece de la siguiente manera:

Tasa de Cobertura = (Número de personas atendidas por el programa o proyecto / número de personas que deberían haber sido atendidas o a las que se preveía atender) * 100

Pero la evaluación de la cobertura también busca identificar si ha existido algún tipo de sesgo, y, en su caso, efectuar un análisis de la accesibilidad al programa y de las barreras que han podido dificultar ese acceso. Los sesgos más comunes en materia de cobertura son la *sobrecobertura* (cuando el programa llega a más personas de las que se pretendía) y la *infracobertura* (cuando el programa sólo llega a una parte de la población objeto), siendo este último el sesgo más común en servicios sociales. Algunos investigadores también hablan de un sesgo en la cobertura cuando el programa llega a personas que no forman parte de la población objeto o cuando sólo llega a una parte de esa población objeto, la que tiene unas características determinadas. Por ejemplo, si el programa se ha difundido por internet, a lo mejor sólo ha llegado a la parte de la población objeto con acceso a este, provocando así un sesgo por no haber empleado canales adecuados de difusión del proyecto.

Medina y Medina (2011, p. 214), con base en Alvira (2002), señalan que dentro de la evaluación de la cobertura resulta esencial el análisis de la accesibilidad al programa estudiado; dicha accesibilidad va a venir dada por el conocimiento de su existencia por parte de la población objeto, la accesibilidad física al mismo y la aceptación o soporte motivacional del programa por parte de sus potenciales usuarios. La Plataforma de ONG de Acción Social (2010, pp. 63 y 64) indica que, para evitar problemas de accesibilidad en un proyecto o programa, hay que asegurarse de que los grupos beneficiarios están escogidos de acuerdo con uno o más de los siguientes puntos:

- Área geográfica, donde la mayoría de la población pertenece al grupo beneficiario.
- Campo de actividad (por ejemplo, familias con cierto nivel de ingresos, personas inmigradas sin regularizar).
- Situación económica, condiciones de vida.
- Acceso a servicios sociales (salud, educación, etc.).
- Sexo y edad.
- Clase, casta, etnia y estatus, etc.

Aguilar y Ander-Egg (1992, pp. 71 y 72) señalan que en este tipo de evaluación son preguntas clásicas las siguientes:

- ¿Llega el programa al segmento o grupo de población que se desea que sea su destinatario?
- ¿Cuál es el grado de participación de la gente en el programa?
- ¿Existe algún sesgo, infracobertura o sobrecobertura? ¿Por qué?
- ¿Existe conocimiento, accesibilidad y aceptación del programa por parte de los usuarios potenciales y reales?

  …

6. MONITORIZACIÓN Y SEGUIMIENTO

En ocasiones es necesario realizar un seguimiento y control del funcionamiento de la intervención que se está ejecutando para conocer cual está siendo su desarrollo. En estos casos, hablamos de la *monitorización* de un programa o proyecto social. Este tipo de evaluación suele ser de carácter interno y permanente (durante todo el desarrollo del programa/proyecto). Asimismo, suele realizarse a petición de los interesados para la rendición de cuentas. Se centra en aspectos propios del funcionamiento, y es de tipo formativa. Aunque Alvira ofrece una explicación minuciosa de cómo realizar la monitorización, podemos sintetizar sus aportaciones en los siguientes aspectos característicos (2002, pp. 40; 73-75):

La monitorización requiere según este autor:

- Establecer el tipo de información (indicadores) a recoger en la evaluación que se quiere hacer.
- Elaborar un sistema de información normalmente informatizado que recoja con la periodicidad deseada dichos indicadores.
- Análisis periódico de la información para evaluar cuestiones como la cobertura, el esfuerzo realizado, el proceso, la productividad del personal técnico, la calidad del programa y de la atención a los usuarios, entre otras cosas.

La monitorización exige, por ende:

1. Un sistema de indicadores e información necesaria para contestar las preguntas y objetivos de evaluación.
2. Unos soportes documentales donde se recoja la información necesaria para elaborar dichos indicadores. Estos soportes documentales son las fuentes de las que luego vamos a extraer la información; pueden ser fichas, escalas de distinta naturaleza, cuestionarios, etc. Dependen del tipo de información que el sistema de indicadores exija. Se recomienda elaborar un diccionario o manual de aplicación de los soportes documentales, ya que la información no siempre la recoge la misma persona. Con este mecanismo se busca homogeneizar la información que se recoge, lo que luego facilitará su tratamiento y análisis. Hay que especificar qué soporte documental se utiliza en cada momento, eso se puede hacer a través de la elaboración de un modelo de flujos.
3. Un sistema de información informatizado.
4. Una metodología adecuada de análisis periódico de la información recogida. Conviene saber cómo se van a presentar los resultados de la evaluación y cómo se van a utilizar. Lo normal es elaborar informes periódicos inter-

pretando la marcha del programa en función del comportamiento de los indicadores.

Una cuestión recurrente en varios manuales de evaluación es cuándo es necesario un análisis de la monitorización del programa social. Cohen y Martínez (2005, citado en Medina y Medina, 2011, p. 216) intentan dar respuesta a esa pregunta, señalando que será necesario cuando se pretenda:

- Una descripción del programa.
- Examinar y refinar un programa.
- Conocer los problemas encontrados al ponerlo en práctica a fin de subsanarlos.
- Conseguir datos necesarios para difundir el programa.
- Reproducir los rasgos esenciales de una intervención en otros lugares distintos, o encontrar las diferencias en la implementación de un programa en distintos sitios.
- Conocer en qué medida el programa se lleva a cabo según lo previsto y de acuerdo con su diseño.
- Informar sobre los procesos a los administradores y/o implicados.

7. EVALUACIÓN DE RESULTADOS

Se trata de un tipo de evaluación clave, que ha sobresalido por encima de las demás en Trabajo Social y Servicios Sociales; su propósito es aportar evidencia empírica acerca de los efectos que ha tenido el programa o proyecto. Continuando con las explicaciones que ofrece Alvira (2002, pp. 40 y 41), este tipo de evaluación coincide con el modelo de *evaluación mediante objetivos*; trata, en esencia, de analizar el grado en el que un programa o proyecto consigue los resultados buscados, propuestos en los objetivos; también se pueden valorar resultados no esperados, no queridos, ni buscados, aunque es necesario identificarlos y eso no siempre es fácil. Alvira añade que es sinónimo de la evaluación de la *efectividad* o de la *eficacia*, puesto que en todos los casos se trata de lo mismo, esto es, recoger información concluyente sobre si el programa o proyecto está o no consiguiendo los resultados esperados y cumpliendo o alcanzando los objetivos propuestos. La pregunta, por tanto, es doble según este autor:

1. ¿Se están consiguiendo los resultados buscados?
2. ¿Estos resultados son achacables al programa con un grado de certidumbre razonable?

Alvira (*ibid.*, p. 46) mantiene que los otros tipos de evaluación suelen actuar como un complemento al análisis de los resultados; ayudan a comprender mejor por qué sí o por qué no se han conseguido los resultados esperados. Es importante conocer si el programa/proyecto está bien diseñado (evaluación del diseño), si la población objeto está cubierta (evaluación de la cobertura), si la implementación ha sido correcta (evaluación de la implementación), etc., pero porque, en última instancia, lo que se busca es conocer si la intervención ha sido exitosa, ha conseguido lo que pretendía, ha sido eficaz. Por tanto, podría decirse que el resto de las evaluaciones que estamos viendo en este capítulo, de alguna manera, están al servicio de la evaluación de resultados. En el ámbito del Trabajo Social ha sido el tipo de evaluación dominante; todavía lo es.

Como este tipo de evaluación coincide con el modelo de *evaluación mediante objetivos,* parece oportuno indicar en este punto que existen varias formas de clasificar los objetivos de un programa o proyecto. Medina y Medina (2011, p. 219), a partir de las aportaciones de Briones (1991), indican que hay tres tipos de objetivos a destacar en nuestro ámbito profesional:

1. Orientados a generar cambios en los individuos en el nivel de sus posesiones (ingresos monetarios, por ejemplo), sus conductas, actitudes, conocimientos e ideologías (imágenes, creencias, representaciones, etc.).
2. Orientados a producir cambios en las relaciones sociales (en la comunicación interpersonal, en la cooperación-asociación y/o en la participación).
3. Orientados al cambio en la infraestructura física, social y/o cultural.

Aguilar y Ander-Egg (1992, p. 74) indican que algunas de las preguntas a las que debe responder una evaluación de resultados o de la eficacia son las siguientes:

- ¿Cómo ha cambiado la situación de los usuarios o beneficiarios con el programa?
- ¿Los resultados pueden deberse a procesos alternativos y exógenos al mismo?
- ¿Qué resultados no previstos han surgido como consecuencia de la ejecución del programa?
- ¿Hay un grado de participación y aceptación/satisfacción aceptable?

...

Alemán y Trinidad (2012, p. 157), proponen, por su parte, las siguientes cuestiones como forma de guiar u orientar la evaluación de resultados:

- ¿Podemos asegurar que hemos alcanzado los objetivos?
- ¿Podemos calificar de éxito o fracaso la intervención?

- ¿Se han resuelto las necesidades sociales objeto de la intervención?
- ¿Hay que finalizar con el programa o continuar con él?

8. EVALUACIÓN DEL IMPACTO

En muchos manuales se la equipara a la evaluación de resultados, quizás porque la metodología de ambos tipos de evaluación es similar. No obstante, hay diferencias entre ambas: en la evaluación de resultados se busca conocer cuáles son los resultados que el programa ha tenido sobre la población objeto, es decir, sobre los usuarios y beneficiarios del programa. En la evaluación del impacto se va más allá, se busca analizar los resultados del programa sobre una población más amplia como puede ser la comunidad, el pueblo, las personas que se relacionan de diversa manera con los usuarios, etc. (Alvira, 2002, pp. 34 y 41). Puede decirse que la evaluación del impacto amplía la población a analizar, sobrepasando a la población objeto o diana. Otra diferencia entre ambas tiene que ver con el tipo de resultado que la intervención obtiene, es decir, mientras que en la evaluación de resultados la atención se centra en los efectos previstos de la intervención sobre la población diana (si se han conseguido o no), en la evaluación del impacto se busca identificar posibles efectos no deseados, no previstos o no propuestos (positivos y/o negativos) sobre la población diana y/o sobre una población más amplia que la objeto. En el ámbito de los Servicios Sociales y el Tercer Sector la evaluación del impacto es extremadamente frecuente, de hecho, las entidades financiadoras la solicitan cada vez con más frecuencia en los informes finales. La suelen solicitar junto a la de resultados para conocer, por una parte, los efectos que arroja la intervención sobre los usuarios y, por otra parte, cómo esa intervención ha afectado al entorno del usuario, a la comunidad.

9. EVALUACIÓN ECONÓMICA

En este punto es preciso detenerse en la evaluación de tipo económico, a la que algunos autores denominan evaluación de la eficiencia. Aguilar y Ander-Egg (1992, pp. 153-157) explican que en los últimos años se ha ido tomando conciencia de la necesidad de aplicar los conceptos teóricos convencionales del análisis económico a la Política Social, y, dentro de ella, a los programas y proyectos de acción social. El análisis económico se basa en tres hechos fundamentales, que están en la base del funcionamiento y organización de la producción y el consumo en todo tipo de instituciones, según estos mismos autores:

- escasez de recursos y necesidades múltiples

- posibilidad de utilización alternativa de los recursos
- valoración relativa de objetivos concurrentes, tanto individuales como colectivos, traducida en prioridades económicas.

Desde un punto de vista operativo, Aguilar y Ander-Egg (*ibid.*) explican que el problema económico fundamental que confronta la Política Social consiste en cómo asignar recursos escasos, de manera que se pueda lograr una satisfacción óptima de las necesidades humanas priorizadas. Entendiendo la evaluación económica en su sentido más amplio, se pueden distinguir dos tipos de evaluación según estos autores: la que relaciona *procesos*, es decir, servicios prestados con recursos de distinta naturaleza movilizados, y la que relaciona *efectos, beneficios, resultados o consecuencias* con recursos invertidos. La primera se denomina *productividad* y se expresa en medidas tales como número de servicios prestados por cantidad de dinero invertido o número de servicios por profesional. La segunda se llama *rendimiento/rentabilidad económica* y se expresa en términos económicos.

Dentro de la evaluación de la rentabilidad económica de los programas o proyectos sociales se pueden distinguir varias estrategias: análisis coste-beneficio, análisis coste-efectividad y análisis coste-utilidad. Normalmente, entran en funcionamiento para comparar distintos programas y determinar cuál de ellos es más rentable, y, por tanto, más eficiente en el empleo de los recursos económicos. De manera muy resumida, la conceptualización de cada tipo sería la siguiente, de acuerdo con las explicaciones de Aguilar y Ander-Egg (*ibid.*):

COSTO-BENEFICIO: Compara los beneficios y los costes de un programa. Si los primeros exceden los segundos, se acepta el programa; si los costes superan los beneficios, el programa, en principio, se rechaza. Ambos elementos se miden en términos económicos o monetarios.

COSTO-EFICACIA o COSTO-EFECTIVIDAD: Se examinan tanto los costes como las consecuencias de los programas o tratamientos empleados en las intervenciones sociales. En este caso, los beneficios no están expresados en términos económicos, como sucedía en el caso anterior, sino en términos de resultados, por eso su aplicación a la evaluación de programas sociales parece más apropiada. Esto se debe a que muchas veces los beneficios sociales que se desprenden de la intervención no pueden traducirse en cantidades económicas; en estos casos se opta por el análisis del costo-efectividad.

COSTO-UTILIDAD: Compara y valora la relación entre los costes, expresados en unidades monetarias, y los resultados, considerando el valor de los efectos que el programa ha tenido sobre los usuarios, expresado por medio de medidas subjetivas como pueden ser los beneficios percibidos por el mismo individuo en términos de satisfacción o utilidad. Los resultados o efectos se suelen medir a través de una escala subjetiva de valoración de la utilidad.

Alvira (2002, pp. 42 y 43) explica que la evaluación de tipo económico no tiene sentido si previamente no se ha hecho una evaluación de resultados; ésta, a su vez, comporta, en términos ideales, la realización de una evaluación de la implementación para conocer la puesta en marcha del proyecto y, en principio, no se debería realizar ninguna de las tres sin haber hecho antes una evaluación de la evaluabilidad. Del mismo modo que no se debería intervenir sin una evaluación previa de las necesidades y sin una evaluación del análisis de necesidades y del diagnóstico social. Con esto, lo que queremos decir apoyándonos en Alvira es que lo ideal en una intervención es realizar todas las evaluaciones que se proponen en este capítulo, adoptando así un nivel de análisis global, que permita una visión completa del ciclo de intervención, y a cada evaluación retroalimentarse con los resultados de las demás. Sin embargo, esta condición no se suele dar en la práctica. Ahí la atención se centra normalmente en una o, como mucho, en dos que se encuentren muy interrelacionadas como es el caso de la evaluación de resultados y la evaluación del impacto. Alvira apunta que es normal en la práctica realizar, por ejemplo, un análisis coste/beneficio sin plantear una evaluación de resultados, y al revés. Las razones que argumenta Alvira, por las que no se suelen dar varias evaluaciones en la práctica a la vez, son de tipo pragmático e histórico:

- Desde un punto de vista pragmático, el cliente que encarga la evaluación normalmente está preocupado por unos cuantos aspectos, no por todos. Puede estar preocupado por los costes, la cobertura, etc., pero en escasas ocasiones se interesa por todo en su conjunto.
- A nivel histórico, cada tipo de evaluación tiene sus orígenes en distintas disciplinas históricas: por ejemplo, el análisis económico nace en ciencias económicas, el análisis de la implementación en las ciencias administrativas y políticas; la evaluación de resultados en la sociología, psicología y pedagogía; y la evaluación del impacto en la ingeniería y luego en el conjunto de las Ciencias Sociales. Esto hace que sea difícil aunar en un mismo proceso de evaluación todas las evaluaciones que serían recomendables.

Aguilar y Ander-Egg (1992, pp. 74 y 75) plantean que una evaluación de la eficiencia de un programa puede querer dar respuesta a cuestiones como las siguientes:

- ¿Qué costos se proyectaron y qué costos se han producido realmente?
- ¿Cuál es la relación entre los resultados finales y el esfuerzo realizado en términos de dinero, recursos y tiempo?
- ¿Podrían alcanzarse los mismos resultados de una manera más económica?

…

10. METAEVALUACIÓN

Es una evaluación a la que no se ha prestado demasiada atención. De hecho, su presencia en el ámbito de los Servicios Sociales y el Trabajo Social no ha sido frecuente, de ahí que su incorporación pueda entenderse como innovadora. Esta evaluación consiste en algo tan sencillo como evaluar la propia evaluación. Parece un juego de palabras, pero no lo es. La evaluación es una actividad profesional, como cualquier otra. Implica una serie de fases que veremos en el siguiente capítulo. En esencia, estas guardan similitud con las de un proceso de investigación e, incluso, con las de un proceso de intervención, salvando las diferencias entre intervención e investigación. En una metaevaluación se parte de lo que podría entenderse como un análisis de la situación, donde se abordan cuestiones como cuál es el elemento o unidad que hay que evaluar, quién encarga la evaluación, por qué lo hace, para qué la quiere, etc. Si las respuestas a estas cuestiones son claras y se considera que la evaluación es viable, se pasa a la siguiente fase, de diseño. Esto implica elaborar el plan o proyecto de evaluación, donde se incluyen múltiples elementos: objetivos generales y específicos, metodología, técnicas, instrumentos, recursos, etc. Posteriormente, ese diseño se ejecuta para conseguir la información que se precisa, una información que se analizará y permitirá alcanzar una serie de conclusiones al ponerla en relación con los estándares de evaluación y los criterios de valoración, lo que a su vez facilitará la emisión de decisiones y recomendaciones que asistan en la toma de decisiones.

El proceso parece sencillo, pero no lo es. Lo importante es tener claro que, como ocurre con toda actividad profesional, cada uno de los pasos que se dan en una evaluación puede ser evaluado. Se puede evaluar su diseño, las cuestiones metodológicas que la caracterizan, los instrumentos diseñados para la recogida de información, el plan de trabajo, su implementación, el plan de análisis de la información, el informe de resultados, las bases para la emisión de juicios de valor, etc. A su vez, da igual qué tipo (naturaleza) de evaluación tengamos entre manos; de resultados, de la cobertura, del impacto, del diseño, etc. Todas se pueden evaluar. En la metaevaluación, al igual que en cualquier otra evaluación, se tienen que considerar también las modalidades u opciones evaluativas, es decir, la forma que tendrá nuestra evaluación de la evaluación. Uno de los elementos más evaluados en cualquier evaluación es el sistema de indicadores que se diseña en relación con las variables de análisis. En este sentido, se revisa si los indicadores propuestos son fáciles de obtener, válidos, si pueden ser útiles en la evaluación que se prevé realizar o se está realizando, etc. Para ello, se recurre a expertos que, en base a su criterio profesional, validen el sistema de indicadores propuesto. Más adelante, en el capítulo cinco de este manual, veremos lo que es un indicador y un sistema de indicadores, así como las características que deben cumplir, cuestiones sobre las que normalmente se centran esas validaciones.

A la hora de plantear una metaevaluación encontramos que existen dos posturas o maneras de entenderla. Para algunos autores, esta evaluación debe estar referida al diseño de la evaluación. Es decir, los evaluadores tienen que comprobar si la evaluación que han diseñado es adecuada antes de proceder a su ejecución. Esto constituiría un proceso de análisis del plan de evaluación diseñado, a fin de identificar debilidades, enjuiciarlo e incorporar mejoras antes de su aplicación. Para otros autores, el prefijo *meta* supone que la metaevaluación se debe hacer una vez que la evaluación está en marcha o ha finalizado. En este caso, no se evaluaría el plan diseñado, sino la ejecución o implementación de la evaluación. Aquí se pondría el foco sobre cuestiones como la presencia de sesgos en la evaluación, errores técnicos, costes excesivos, etc. No son opciones contrapuestas, sólo dos maneras diferentes de entender una metaevaluación. Se podrían dar, incluso, de forma conjunta si así se considera. Esto quiere decir que una metaevaluación podría suponer, por una parte, evaluar el plan de evaluación que se ha diseñado sobre el papel, y, por otra parte, evaluar la puesta en marcha del propio plan de evaluación.

Capítulo 4

PROCESO DE EVALUACIÓN

SUMARIO: 1. LOS ACTORES SOCIALES DE LA EVALUACIÓN. 2. FASES EN EL PROCESO DE EVALUACIÓN. 2.1. Definición de los Alcances de la Evaluación. 2.2. Familiarización con la Unidad de Evaluación. 2.3. Decisión sobre la Viabilidad de la Evaluación. 2.4. Definición del Marco de Referencia. 2.5. Determinación del Tipo de Evaluación: Naturaleza y Forma. 2.6. Formulación de los Objetivos de Evaluación. 2.7. Diseño de la Evaluación. 2.8. Trabajo de Campo. 2.9. Análisis de Resultados. 2.10. Formulación de Conclusiones y Recomendaciones. 2.11. Adopción e Introducción de Medidas de Retroalimentación. 3. NORMAS DE EVALUACIÓN PARA PROGRAMAS SOCIALES. 4. LA ÉTICA DE LA EVALUACIÓN.

Cada evaluación es única. Como Cohen y Franco apuntan (1988, p. 107), hay diferencias en función de elementos como el tiempo que se emplea para su realización, los objetivos que se persiguen, la naturaleza y forma, los niveles de toma de decisiones a los que van dirigidos, etc. Por tanto, es difícil plantear un único proceso de evaluación, con unas fases definidas y compartimentadas; existen múltiples modelos y enfoques, y ninguno es igual. A pesar de ello, la evaluación es una investigación social aplicada, por lo que sus fases coinciden, grosso modo, con las del proceso que se sigue en cualquier investigación. Si descendemos la mirada hasta lo más elemental, vemos que todas las evaluaciones se desarrollan conforme a cuatro grandes momentos: 1. el de la preparación o diseño, 2. el de la recogida de información, 3. el del análisis de la información recogida, y 4. el de la emisión de juicios y recomendaciones sobre la toma de decisiones. Este último es el que diferencia a una evaluación de cualquier otra investigación. Sobre el paralelismo que existe entre evaluación e investigación social, al que ya nos hemos referido en algún punto previo de este libro, Alvira (2002, p. 21) destaca ciertas peculiaridades importantes, sobre las que conviene incidir:

1. Aunque en la investigación aplicada un buen planteamiento de esta supone una previa familiarización con el objeto de la investigación, en el proceso de evaluación esta familiarización es imprescindible y a un nivel mucho más profundo e intenso. Dicha familiarización se orienta en dos direcciones: determinar de manera clara los objetivos del proceso evaluativo y, por tanto, el tipo de evaluación que se va a realizar; y decidir sobre la viabilidad y la conveniencia de la evaluación. Puede que después del proceso de familiarización, la decisión sea la de no realizar la evaluación por no ser ésta viable o por estimar que los resultados no serán utilizados, entre otras razones.

2. La peculiaridad de la evaluación de la evaluabilidad (es decir, hasta qué punto lo que se pretende evaluar es evaluable), que constituye en sí misma una evaluación.
3. Introducción de las partes interesadas en el programa (los actores sociales) y de la evaluación dentro del proceso evaluativo (la metaevaluación).

En este capítulo presentamos las fases que comprende un proceso de evaluación de proyectos o programas sociales, si bien el procedimiento se puede hacer extensible, aunque con matices y adaptaciones, a otras unidades de evaluación. El proceso que se expone es de elaboración propia, a partir de las múltiples clasificaciones que proponen los especialistas en la materia y de la experiencia acumulada por la autora como evaluadora durante más de diez años. El capítulo se completa con tres temáticas que son importantes en relación con el hecho que nos ocupa. La primera, que abordamos al inicio del capítulo, son los actores sociales que participan en el proceso de evaluación. Es importante tener claro quiénes son y qué papel desempeñarán en la intervención y en la propia evaluación, pues eso va a condicionar en todos los sentidos la actividad evaluadora. La segunda temática, que abordaremos en este caso al final del capítulo, responde a cuáles son las normas de distinta naturaleza que deben regir en cualquier proceso de evaluación para garantizar que éste cumple con el rigor necesario. Son normas oficiales, con una proyección internacional, que se van reeditando y redefiniendo cada cierto tiempo, y que han sido diseñadas por el *Joint Committee on Standards for Educational Evaluation*, órgano de máximo prestigio internacional en el campo de la evaluación. En relación con esto, hemos incluido un apartado más, en el que se aborda una cuestión fundamental en el desarrollo de las evaluaciones: la ética. Se exponen una serie de reflexiones generales a propósito de los principios éticos y morales que deben regir en una evaluación, cuestión que, hasta el momento, y desde nuestro punto de vista, ha estado algo descuidada en el ámbito del Trabajo Social y los Servicios Sociales.

1. LOS ACTORES SOCIALES DE LA EVALUACIÓN

Son aquellas personas que van a intervenir en el proceso de investigación evaluativa. Es importante reflexionar desde el principio sobre esta cuestión, ya que va a condicionar todo el proceso metodológico. Implica tomar decisiones sobre quiénes van a intervenir en la evaluación, haciendo qué, qué protagonismo se le va a conceder a cada uno, etc. Existen numerosas clasificaciones al respecto. Tomando como referencia las aportaciones de Aguilar y Ander-Egg (1992, pp. 62-66), exponemos a continuación quiénes son los actores sociales más comunes en una evaluación. Es importante tener en cuenta que, cuando todos entran en juego, pueden surgir conflictos, sobre todo porque los intereses particulares son diferentes; también pueden crearse alianzas, que conviene identificar y controlar:

- Los que encomiendan o encargan la evaluación: son aquellos que tienen poder en la institución y demandan la evaluación. Se suelen distinguir dos categorías: los políticos, que son los responsables de la toma final de decisiones, y los técnicos, centrados en las cuestiones prácticas, como los procedimientos, la aplicación de normas y la competencia legal.
- Los responsables de la evaluación: puede ser una persona sola, pero lo normal es que se trate de un equipo. Estará formado por varias personas, cada una con sus roles y tareas. Se suele distinguir entre el director de la evaluación, que es el responsable de las tareas de coordinación y gestión, los evaluadores/investigadores, los ayudantes de evaluación/investigación y, en algunos casos, los especialistas en un determinado campo, que pueden no ser evaluadores, pero que se incorporan a la evaluación precisamente por lo que pueden aportar a ésta como conocedores del tema o del entorno.
- Los respondentes de la evaluación o suministradores de información: son las personas que pertenecen a la organización, servicio o programa/proyecto objeto de evaluación y ofrecen la información solicitada a los evaluadores. La posibilidad de realizar la evaluación, así como la calidad del trabajo realizado, dependen en gran medida de la disposición que estas personas muestren a colaborar en la evaluación. Cuando los respondentes son los técnicos encargados de la ejecución del programa/proyecto, hay que tener en cuenta sus intereses y roles para evitar un posible conflicto, y lograr su colaboración de la manera más válida y fiable. Si, además, son personas que también pertenecen al grupo que ha encargado la evaluación, habrá que extremar las precauciones, realizando las comprobaciones y contrastaciones pertinentes.
- Los usuarios, beneficiarios o destinatarios: hay dos motivos que refuerzan la idea de incluir a estas personas en el proceso de evaluación. Por una parte, porque una intervención podría alcanzar sus objetivos, pero puede que sus resultados no hayan sido efectivos, es decir, puede que no se hayan satisfecho las necesidades o resuelto los problemas del grupo al que iba destinada la intervención. Por otra parte, porque es conveniente implicar a los usuarios, ya que sus perspectivas enriquecerán la propia evaluación, aportando aspectos que quizás no se hayan planteado en un primer momento. La presencia de estos actores sociales va a depender de la importancia que se conceda a la participación de la gente. Así pues, si se opta por una metodología de intervención participativa, su presencia y protagonismo en la tarea de evaluar es imprescindible.

En relación con los actores sociales, la Plataforma de ONG de Acción Social (2010, p. 38) señala que toda evaluación implica la presencia de personas, colectivos y entidades que, de una forma u otra, participan en el proyecto, programa, servicio, plan o política y que, por tanto, tienen algo de que decir en su evaluación. Estas personas, que están implicadas en el objeto a evaluar y a veces en la propia evaluación, se conocen como *stakeholder* o *agentes críticos de la evaluación.* Es un término que, traducido al español, significaría "el que tiene algo que decir" o "tiene algún interés en". Esas serían, precisamente, las dos características más destacadas de estas personas o colectivos: tienen una cierta preocupación o interés por los resultados que arroje la evaluación y, a su vez, tienen algo que decir en el proceso de evaluación, normalmente porque están vinculados con la intervención de alguna manera. Según la Plataforma, los *stakeholders* son aquellas "personas o entidades que pueden tener algún interés en la evaluación, como afectadas y/o implicadas, a las que va dirigida la evaluación y que pueden ser usuarias de esta". Para el *Joint Committee* (1994), la definición de *stakeholder* en evaluación sería la siguiente: "los individuos o grupos que pueden estar implicados en o afectados por una evaluación".

La Plataforma de ONG de Acción Social explica que, desde el punto de vista del equipo evaluador, todos son potenciales informantes clave, en la medida que pueden facilitar información significativa para el trabajo evaluativo. A su vez, todos tienen derecho a tener información que pueda serles de utilidad en relación con el desarrollo de aquello que se está evaluando. Es de vital importancia garantizar la participación de los agentes críticos en cualquier proceso de evaluación, esto enriquecería la evaluación con la aportación de nuevas perspectivas, y otorgaría una mayor legitimidad a las conclusiones. Además, si las personas se sienten partícipes, hay más posibilidades de que los resultados y conclusiones sirvan para la toma de decisiones, es decir, se utilicen. Desde un punto de vista práctico se reduce la presencia de posibles sesgos en la recogida de la información. La Plataforma identifica cuatro categorías de agentes o actores en la evaluación (*ibid.* pp. 38 y 39):

1. Las entidades patrocinadoras, formuladores de políticas y responsables políticos.
2. Los equipos directivos de los programas, los gestores públicos y el personal técnico asignado al desarrollo del programa/proyecto/plan/política evaluada.
3. Las personas destinatarias, directa e indirectamente, de la intervención; usuarios potenciales del servicio, programa o política evaluada; también se incluye a la población o comunidad en general.

4. Otros, como los equipos técnicos y/o responsables políticos de programas similares, los expertos/as del sector, profesionales de la acción social en general, etc.

Guba y Lincoln (1989, p. 39) proponen una clasificación bastante más exhaustiva, de la que también se hace eco la Plataforma de ONG. En concreto, estos autores señalan que los agentes críticos de la evaluación más comunes son los siguientes:

a. Aquellas personas involucradas en la producción, uso y puesta en práctica del programa o política a evaluar (*el evaluando*). Incluyen:
   - Quienes formulan la evaluación.
   - Quienes financian (niveles local, regional y nacional).
   - Quienes identifican la necesidad que el evaluando va a intentar mitigar o remover (asesores/as de necesidades locales).
   - Quienes toman las decisiones y deciden utilizar o desarrollar la evaluación de forma local.
   - Proveedores de materiales, instrumental e instalaciones necesarias.
   - El cliente de la evaluación (quien contrata).
   - El personal técnico adscrito a la ejecución de la evaluación.
   - Otros colectivos técnicos y profesionales.
b. Población beneficiaria de alguna forma del uso del *evaluando.* Incluyen:
   - Beneficiarias directas o grupo diana: personas para las que fue diseñado el evaluando.
   - Beneficiarias indirectas: personas cuya relación con las personas beneficiarias directas se ve mediatizada, facilitada, fomentada o positivamente influida.
   - Las personas que ganan algo por el hecho de que el evaluando esté en uso, como, por ejemplo, las editoriales de materiales o textos, las empresas proveedoras de servicios, etc.
c. Víctimas, personas o grupos afectados negativamente por el uso del evaluando, que puede incluir, debido a los fallos del evaluando, a grupos supuestamente beneficiarios. Incluyen:
   - Los grupos sistemáticamente excluidos del uso del evaluando.
   - Colectivos que sufren efectos colaterales negativos.
   - Las personas que se ven en desventaja política, con pérdidas de poder, influencia o prestigio por el uso del evaluando.

- Las personas o entidades que sufren costes de oportunidad: personas que hubieran preferido dedicar ese dinero a otras cuestiones, empresas de servicios rivales, etc.

2. FASES EN EL PROCESO DE EVALUACIÓN

Las fases de un proceso de evaluación quedan reflejadas en la siguiente tabla (Tabla 4). Hay que tener en cuenta que la evaluación es una actividad dinámica. Esto quiere decir que, aunque nos hemos esforzado por diseñar un proceso lineal, que se desarrolla secuencialmente, las fases se pueden ir entrelazando, en un intento por retroalimentarse. Como ocurre con cualquier investigación, existen una serie de *momentos:* a) planteamiento de la investigación (tareas preliminares), b) diseño o conceptualización, c) implementación o ejecución, d) análisis de la información obtenida durante la ejecución, e) discusión y conclusiones a partir del análisis, f) y, por último, toma de decisiones.

Tabla 4. Fases en el Proceso de Evaluación

TAREAS PRELIMINARES	FASE 1. Definición de los Alcances de la Evaluación
	FASE 2. Familiarización con la Unidad de Evaluación
	FASE 3. Decisión sobre la Viabilidad de la Evaluación
CONCEPTUALIZACIÓN DE LA INVESTIGACIÓN EVALUATIVA	FASE 4. Definición del Marco de Referencia
	FASE 5. Determinación del Tipo de Evaluación: Naturaleza y Forma
	FASE 6. Formulación de los Objetivos de Evaluación
	FASE 7. Diseño de la Evaluación
EJECUCIÓN/ IMPLEMENTACIÓN DE LA EVALUACIÓN	FASE 8. Trabajo de Campo
ANÁLISIS DE LA INFORMACIÓN	FASE 9. Análisis de Resultados
DISCUSIÓN Y FORMULACIÓN DE CONCLUSIONES/ RECOMENDACIONES	FASE 10. Formulación de Conclusiones y Recomendaciones
TOMA DE DECISIONES	FASE 11. Adopción e Introducción de Medidas de Retroalimentación

Fuente: Elaboración propia.

A continuación, se desarrolla cada una de estas fases.

2.1. *Definición de los Alcances de la Evaluación*

La primera fase en cualquier evaluación consiste en su fundamentación o planteamiento general. Al igual que ocurre con una investigación, el evaluador (bien sea una persona o bien sea un equipo) tiene ante sí la difícil tarea de diseñar e implementar una evaluación, pero antes necesita conocer cuáles son los alcances de la evaluación, así como las particularidades que entraña la unidad de análisis/evaluación. La información que se derive de esta primera fase le permitirá tomar decisiones sobre la pertinencia de la evaluación y el rumbo que tendrá su trabajo, es decir, le guiará a lo largo de las siguientes fases. Para definir los alcances de la evaluación, el evaluador tiene que responder a una serie de cuestiones relacionadas con las personas o la institución que encargan la evaluación —los promotores—: quienes son, cuáles son los motivos o razones que fundamentan su petición, qué tipo de decisión es la que quieren tomar a partir de los resultados, etc. También otras cuestiones complementarias como cuándo la quieren, es decir, qué plazos se manejan, qué recursos habrá para su implementación, etc.

Para definir los alcances se suelen realizar reuniones entre evaluadores y promotores. En ellas se pretende ayudar a las personas que solicitan la evaluación a que formulen con claridad sus interrogantes, objetivos, intereses, etc. Los evaluadores también aprovechan para saber qué uso se dará a los resultados de la evaluación y qué condicionantes habrá en cuanto a tiempo y recursos. Las reuniones muchas veces actúan a modo negociación, buscando compatibilizar lo que quieren los promotores/clientes con lo que el equipo evaluador puede ofrecer y/o considera que es posible hacer. Esta fase es delicada, bien porque los intereses del promotor son contradictorios (quieren una cosa, pero también quieren otra que contradice a la anterior o es incompatible) y/o bien porque dichos promotores no exponen sus verdaderos intereses de manera clara, están ocultos. Sobre cuáles son los alcances de una evaluación y cómo definirlos ya reflexionamos al inicio de este manual, en el capítulo uno. Esta fase es clave porque pretende recabar información suficiente acerca de los términos de referencia (TdR) de la evaluación.

2.2. *Familiarización con la Unidad de Evaluación*

Una vez que tenemos claros los alcances de la evaluación, hay que familiarizarse con la unidad o elemento que va a ser objeto de dicha evaluación. Esa familiarización o toma de contacto puede conseguirse de muy diferentes maneras, pero lo normal, según Alvira (2002, pp. 22 y 23), es realizar un análisis de la documentación legal y doctrinal relacionada con el programa o proyecto, una observación participante informal *in situ*, y entrevistas con la dirección o administración del programa/proyecto. En este proceso conviene leer los detalles del programa/proyecto de intervención y reflexionar sobre sus componentes básicos: los objetivos que persigue, los resultados que se espera conseguir, la formulación técnica de las actividades, el método de trabajo, etc. Esto permitirá conocer la realidad técnica de la intervención.

2.3. Decisión sobre la Viabilidad de la Evaluación

Hay que decidir si ese programa o proyecto se puede evaluar o no; esta fase constituye en sí misma una evaluación de la evaluabilidad, que veíamos en el capítulo anterior. Una vez que tenemos información suficiente sobre el promotor de la evaluación y sus intereses, y nos hemos familiarizado con el programa o proyecto (o elemento que vaya a ser evaluado), estamos en disposición de tomar una decisión sobre la viabilidad/posibilidad de hacer la evaluación. Eso implica abordar cuestiones como si ese programa/proyecto está definido de forma correcta, si se ha implementado adecuadamente, si están definidos con acierto y rigor los objetivos y los efectos esperados, si hay coherencia entre lo que se quiere evaluar y el tipo de evaluación que se pretende hacer, si el programa o proyecto se encuentra en una fase de su desarrollo que permite hacer esa evaluación, si los recursos que se proponen son suficientes, si se dan los requisitos necesarios para que la evaluación pueda tener lugar, qué obstáculos o dificultades pueden surgir y si seríamos capaces de superarlos, qué calendarización se propone y si se puede cumplir, etc. Analizamos todas estas cuestiones en un proceso que algunos autores denominan de *preevaluación,* para concluir si seremos capaces de llevar a cabo la evaluación que nos solicitan, es decir, si podremos alcanzar los propósitos que se plantean y desarrollar una evaluación válida, fiable, útil, objetiva y oportuna, que son los principios científicos que deben regir en cualquier proceso de evaluación. A veces el programa/proyecto presenta fallos técnicos, o se encuentra en una fase de desarrollo que no permite la evaluación que se está solicitando. Por eso, la viabilidad no va a depender únicamente del evaluador o de los deseos del cliente, sino también del propio programa/proyecto a evaluar. Se recomienda no llevar a cabo la evaluación si de esta no se va a derivar ninguna actuación, es decir, si se tiene la sospecha de que no va a ser utilizada para la toma de decisiones.

Cuando la evaluación es viable, puede ser necesaria la firma de algún tipo de contrato entre quienes la encargan y quienes la van a realizar. A veces no es necesario un contrato como tal, sino algo más sencillo, como un acuerdo verbal o escrito, que permita fijar los aspectos que van a regir el proceso. Lo importante es que se adquiere un compromiso, que vincula a ambas partes durante todo el proceso. Para la firma del contrato o del acuerdo de evaluación, puede que alguna de las partes convenga la necesidad de que exista una propuesta por escrito de la evaluación que se va a llevar a cabo. Puede que esa propuesta sea un simple esquema, con algunas consideraciones generales, o puede que sea extremadamente detallista, con indicación de todos y cada uno de los elementos que comprenden la evaluación. En ese caso, se entrega el proyecto o plan de evaluación. Es cierto que es demasiado pronto para que el evaluador tenga un plan ya definido, así que, si este fuese necesario, la firma del contrato se puede retrasar a una fase posterior, cuando esté diseñado el proyecto o plan de evaluación. Ahora se podría firmar un precontrato o acuerdo inicial.

Si se considera la viabilidad de la evaluación, habrá que tomar decisiones acerca de quiénes formarán parte del equipo evaluador. Se puede crear una comisión integrada por algunos de los evaluadores, o por evaluadores y promotores (y quizás otros actores sociales si se considera oportuno), que permita la toma de decisiones y resolución de cuestiones durante el proceso, y que actúe de soporte al propio equipo evaluador. También habrá que tomar decisiones sobre la participación de actores sociales en la evaluación; habrá que valorar su presencia y, en su caso, en qué momento y con qué finalidad.

2.4. Definición del Marco de Referencia

Es una fase fundamental de la evaluación. Sea cual sea la unidad de análisis, en la acción de evaluar existe la necesidad de conceptualizar con detalle aquello que va a ser objeto de evaluación. Se trata de realizar un estudio pormenorizado sobre lo que se va a evaluar. Todo proceso de evaluación debe tener un marco de referencia, es un requisito esencial. A este respecto, Espinoza (1983, p. 55) explica que el marco de referencia constituye la fuente básica de información para posibilitar la comparación entre lo previsto y lo alcanzado en la realidad, algo especialmente útil en la evaluación de resultados. Añade que está formado por los dos pasos iniciales del proceso de programación: el diagnóstico y la formulación escrita del proyecto de intervención. En relación con cada uno de ellos, este autor señala lo siguiente:

- A través del diagnóstico es posible obtener un informe exacto sobre la situación que se pretendía modificar con la ejecución del proyecto. Entre otros, el diagnóstico proporciona información sobre la cantidad o magnitud del problema a resolver, su calidad, los elementos de apoyo y bloqueo a una posible solución, los recursos, etc. El diagnóstico aporta una información valiosa al evaluador, que servirá para contrastar los logros que se obtienen en la intervención con la situación previa a la ejecución de la intervención.

- La formulación del proyecto, por su parte, define de manera muy concreta las variables que servirán para medir su grado de éxito, esto es, el cuadro de llegada, aquello que se va a hacer para actuar sobre el cuadro de partida, representado a través del diagnóstico.

A veces también se recomienda incluir en el marco de referencia el análisis del contexto. Como explican Alemán y Trinidad (2012, p. 97), toda intervención se realiza en un marco o ambiente social que puede influir en su desarrollo. El contexto próximo, inmediato, es el de la organización que financia y lleva a cabo el programa/proyecto social, pero en algunos casos es necesario abrir el marco de actuación, para abordar las consideraciones socioeconómicas del entorno. Tan necesario como conocer el programa o su contexto es estudiar la literatura especializada, es decir, conocer el estado de la cuestión. Esto también pasa por saber si se han llevado a cabo evaluaciones similares con anterioridad, así como otros antecedentes reseñables.

2.5. Determinación del Tipo de Evaluación: Naturaleza y Forma

En esta fase lo que habrá que hacer será definir, como tal, la evaluación que se va a hacer, esto es, determinar su naturaleza y su forma. Recordemos que, con respecto a la naturaleza, existen multitud de evaluaciones que se pueden realizar y que fueron abordadas en el capítulo anterior: de resultados, del impacto, de la cobertura, etc. La forma no es otra cosa que tomar decisiones acerca de las modalidades u opciones evaluativas que regirán el proceso: procedencia de quien realiza la evaluación, momento en el que se va a evaluar, enfoque metodológico que se va a emplear, ámbito espacial de la evaluación, dimensión de la evaluación y nivel de análisis. A la hora de decidir el tipo de evaluación que se va a hacer (la naturaleza) adquiere un papel fundamental la primera fase del proceso de evaluación, aquella en la que se definen los alcances. Recordemos que en ese momento se plantean los interrogantes que habrá que abordar con la evaluación, así como los intereses del promotor. De ello se puede deducir cómo será la evaluación, esto es, cuál será su naturaleza y su forma. También se podrán esbozar ideas para la posterior formulación de los objetivos de la evaluación. La elección del tipo de evaluación no se suele dejar a merced del evaluador y tampoco en manos de quien encarga la evaluación. Normalmente, se produce una interacción entre ambos, que va moldeando tanto la naturaleza como la forma que tendrá esa evaluación. Sobra decir que, por lógica, primero se define la naturaleza de la evaluación y después su forma como ya hemos señalado en algún otro punto de este manual.

2.6. Formulación de los Objetivos de Evaluación

Toda evaluación debe tener clara una idea de partida: ¿por qué y para qué se va a evaluar? La respuesta a estas preguntas va a determinar el tipo de evaluación, pero también los objetivos que se persiguen en ella, tanto generales como específicos. Esto quiere decir que los objetivos de una evaluación están íntimamente relacionados con su naturaleza, característica que, a su vez, se vincula con los alcances de la evaluación. Sólo si hay coherencia entre estos tres elementos (alcances de la evaluación, naturaleza de la evaluación y objetivos de la evaluación) podremos continuar con el proceso.

Recordemos que los objetivos constituyen el punto de referencia en cualquier evaluación, por eso tienen que ser claros, realistas y coherentes con la naturaleza de la evaluación que nos han encomendado. Los objetivos generales se refieren a propósitos más amplios, que constituyen el punto de referencia de la evaluación. Por ejemplo, conocer los niveles de satisfacción de los usuarios con el proyecto. Los objetivos específicos son la concreción de los generales; abordan de manera más precisa uno de sus elementos. Por ejemplo, determinar el nivel de satisfacción de los usuarios con el trato recibido por parte del/de la trabajador/a social durante la ejecución del proyecto o conocer el nivel de satisfacción de los usuarios con el material entregado durante los talleres del proyecto.

Alvira (2002, p. 24) explica que la delimitación de los objetivos de una evaluación entraña al menos dos dimensiones distintas:

1) Una dimensión de la utilización que vaya a tener (el para qué).
2) Otra dimensión del contenido específico de la evaluación, es decir, del tipo de preguntas a las que se busca dar respuesta (el por qué):
    - ¿Se está cubriendo adecuadamente la población objetivo?
    - ¿Cuál es el grado de cobertura?
    - ¿Qué tipo de servicios se ofrecen y a qué nivel?
    - ¿Cuál es el resultado/efecto del programa?, y otras…

De hecho, en una evaluación a veces se sigue el siguiente proceso: primero, se definen las cuestiones evaluativas, que son preguntas a las que se pretende dar respuesta con la evaluación, y después, a partir de esas preguntas, se extraen los objetivos generales y específicos, así como el tipo de evaluación. Veamos algunos ejemplos a partir de las preguntas que se han propuesto con anterioridad:

Cuestión evaluativa	Tipo de evaluación que proponemos (naturaleza)	Objetivos de evaluación propuestos
¿Se está cubriendo adecuadamente la población objetivo?	COBERTURA	Conocer si el proyecto ha llegado a toda la población objeto
¿Cuál es el grado de cobertura?	COBERTURA	Identificar cuál ha sido la tasa de cobertura efectiva que ha tenido el programa
¿Qué tipo de servicios se ofrecen y a qué nivel?*	COBERTURA	Identificar los servicios que se ofrecen en el programa y a cuántas personas están dando atención Estudiar el nivel de satisfacción global de la población usuaria con cada uno de los servicios que se han ofrecido desde el programa
¿Cuál es el resultado/efecto del programa?	RESULTADOS	Averiguar los resultados que arroja el programa de intervención sobre la población diana Descubrir si se ha producido una mejora en la problemática de la población diana, achacable al programa y a sus servicios

* En este caso, como la pregunta es demasiado abierta y no está contextualizada, la evaluación podría ser de varios tipos (implementación, conceptualización, resultados, etc.) y podrían darse distintos objetivos de evaluación. Hemos optado por el ejemplo que parecía más coherente, en línea con el resto.

Fuente: Elaboración propia.

Si las preguntas estuvieran todas referidas a la misma evaluación, podríamos estar ante una evaluación de la cobertura (ya que predominan las cuestiones vinculadas con este elemento), pero interesada también por conocer aspectos vinculados con los efectos que ha tenido la intervención (evaluación de resultados). De hecho, es posible combinar varios tipos de evaluación en un mismo caso como ya explicamos en el capítulo anterior. Aquí estaríamos ante una evaluación de resultados y de la cobertura del programa y sus servicios.

2.7. Diseño de la Evaluación

La séptima fase consiste es diseñar el plan o proyecto de evaluación. Es una parte compleja, en la que van a estar presentes los siguientes elementos. Profundizaremos en cada uno de ellos en el próximo capítulo.

- Variables a medir y dimensiones de análisis. De los objetivos específicos de la evaluación se desprenden las variables que serán objeto de análisis y sobre las que habrá que recoger información. Estas se agrupan en dimensiones de análisis, lo que permite sistematizar mejor la práctica evaluativa.

- Modelo de evaluación. En coherencia con la determinación de objetivos y variables, hay que elegir el modelo o diseño que se va a utilizar, distinguiendo entre experimental, cuasiexperimental o no experimental.
- Unidades o sistema de medida. Hay que indicar las unidades con las que se van a medir o estudiar esas variables. En materia de evaluación, esto supone fijar los *criterios de evaluación* y el *sistema de indicadores.* También, formular los *estándares de evaluación* que van a servir para establecer comparaciones entre lo que se pretendía conseguir y lo que realmente se ha conseguido, enjuiciando así los resultados obtenidos en la evaluación. Por tanto, son tres las unidades que componen un sistema de medida o análisis de evaluación. Todas las variables tienen que estar cubiertas por el sistema de indicadores que se proponga, aunque no tiene por qué haber un indicador concreto para cada variable. Es decir, puede que el indicador elaborado por el equipo evaluador incluya en su conceptualización varias variables a la vez, con lo que un único indicador serviría para cubrir varias variables. También puede que el equipo decida incorporar varios indicadores para una misma variable, al objeto de estudiar la variable desde distintos ángulos y enfoques.

Parece oportuno señalar en este punto que la expresión *sistema de medida* ha quedado algo obsoleta. El uso del término *medida* entraña la actividad de cuantificar algún aspecto de la variable, hecho frecuente en las evaluaciones tradicionales. Sin embargo, como ya hemos señalado en algún punto de este manual, la evaluación ha cambiado, ha transitado hacia una conceptualización mucho más plural y dinámica, en la que ya no es imprescindible la medición, como tal, de las variables. De ahí que parezca inapropiado seguir empleando la expresión *sistema de medida* cuando, en realidad, la evaluación no siempre tiene como propósito medir. No obstante, se sigue empleando hasta que se acuñen otras expresiones, más en línea con la nueva realidad. En algunos libros se habla de *sistema de evaluación,* pero tampoco parece ser una expresión del todo acertada, ya que el sistema de evaluación suele incluir también el diseño metodológico. El término que parece más acertado es el de *unidades o sistema de análisis,* puesto que los criterios, indicadores y estándares son, precisamente, eso, es decir, unidades que vamos a tomar como eje de nuestro análisis evaluativo. Aunque no es lo normal, puede que una evaluación prescinda en su diseño del sistema de medida, aunque, en esos casos, se trataría más de una investigación que de una evaluación. De hecho, como vimos en el primer capítulo, la presencia de un sistema de medida es uno de los elementos que caracteriza a la evaluación y que la diferencia de una investigación.

- Metodología, fuentes, técnicas e instrumentos de recogida de datos y actividades de evaluación. Además del enfoque metodológico, será necesario establecer qué técnicas e instrumentos son los que se van a utilizar en el proceso de recogida de la información. Se recomienda someter los instrumentos de evaluación que se diseñen a algún proceso de validación antes de utilizarlos en la recogida de la información. Es una manera de evitar sesgos en su diseño, y garantizar que son válidos, esto es, que recogen la información que realmente tienen que recoger. También se identifican las fuentes de las que se va a extraer la información, en línea con las técnicas e instrumentos, y las actividades que tendremos que ejecutar como equipo evaluador para la recogida de la información.
- Participación de las partes interesadas. En el caso de que las haya, tendremos que definir qué personas, colectivos, entidades, etc. (en definitiva, actores sociales) participarán en la evaluación, cuándo lo harán y qué función tendrán.
- Plan de análisis de la información. Una vez que se recoja la información es necesario analizarla para alcanzar resultados fehacientes y contrastados. Por eso, hay que definir de qué manera se analizará esa información, con qué técnicas e instrumentos. La naturaleza de la información, es decir, si es de carácter cuantitativo o cualitativo, va a determinar el tipo de tratamiento que se haga. Volveremos sobre los tipos de análisis en el último capítulo.
- Tiempo de ejecución. Como en todo plan de trabajo, las evaluaciones también requieren de un cronograma o calendarización, esto es, una representación gráfica de las actividades programadas según las unidades de medida del tiempo definidas. En su elaboración conviene establecer la periodicidad en los cortes evaluativos parciales si se trata de una monitorización o de una evaluación formativa. Esto consiste en determinar en qué puntos o fases del proyecto de intervención va a estar presente la recogida de información relativa a la evaluación.
- Recursos de distinta naturaleza que se necesitan. Para llevar a cabo una evaluación, al igual que sucede con cualquier investigación, es necesario determinar qué recursos se van a necesitar, tanto en cantidad como en calidad, distinguiendo principalmente entre recursos humanos, materiales y financieros. Algunas evaluaciones necesitan espacios físicos como locales, salas, salones de actos, etc. bien en propiedad, bien en alquiler o bien en uso cedido. También pueden necesitar capacitar al equipo evaluador y al grupo de personas encargadas de la recogida de

la información a través de algún tipo de formación. Todos estos detalles se deben tener en cuenta, ya que suelen suponer más recursos, sobre todo en términos económicos. Espinoza (1983, p. 69) plantea algunas consideraciones sobre los recursos de una evaluación, que exponemos a continuación.

Con relación a los *recursos humanos* explica que hay que identificar a las personas que desempeñarán cada función (quién hará qué). Por ejemplo, quién diseñará los instrumentos, quién los aplicará, quién llevará a cabo la tabulación de datos y el análisis, quién formulará conclusiones, quién introducirá las medidas de retroalimentación, etc. La cantidad y la calidad (perfil, formación) de estas personas dependerá del grado de complejidad de la evaluación y de la capacidad de la institución que evalúa, según este autor. En una evaluación, los equipos humanos están formados por una o varias personas, con roles y tareas diferentes: director, evaluadores/investigadores, ayudantes de evaluación/investigación, especialistas, actores sociales, etc.

Sobre los *recursos materiales*, Espinoza señala que siempre habrá necesidad de aprovisionamiento de recursos, como materiales para la impresión de los instrumentos de recogida de datos, elementos de transporte para el trabajo de campo, materiales de oficina, etc.

En lo que se refiere a los *recursos financieros*, habrá que diseñar un presupuesto en el que se tendrá en cuenta la posible contratación de profesionales, gastos menores para la adquisición de materiales no previstos, dinero para dietas cuando se necesita salir a terreno, el alquiler de instalaciones y/o equipos, formación, etc. Hay que conocer la procedencia de la financiación y quién se encarga de su gestión directa: promotores o clientes de la evaluación, evaluadores, terceras partes, etc.

- Delimitación del rol del evaluador y del cliente, y plan de intercambio entre ambos. La evaluación se realiza porque existe una petición al respecto, que procede de una entidad, persona, administración, etc. Así que conviene fijar de antemano cuál será el papel del cliente en el proceso de evaluación, así como el momento y la manera en la que se intercambiará la información de distinta naturaleza que, necesariamente, obra en una investigación evaluativa. En este punto también hay que indicar cómo será la toma de decisiones, es decir, quién se encargará de formular e implementar el plan de mejora o las medidas de retroalimentación a partir de los resultados, conclusiones y recomendaciones que arroje la evaluación.

2.8. Trabajo de Campo

Cuando la evaluación se aplica y se está recogiendo la información que se necesita decimos que la evaluación se está implementando o ejecutando. Cronbach, impulsor a finales de los años cuarenta del Modelo de Planificación Educativa, denomina a esta fase UTO, que son las iniciales de los tres principios fundamentales que la rigen (Alemán y Trinidad, 2012, p. 96):

- Unidades: son los individuos o elementos que se van a evaluar, el qué evaluar. Sobre ellos vamos a recoger información.
- Tratamiento: responde al cómo vamos a evaluar, es decir, modo en el que se va a aplicar el plan o proyecto de evaluación.
- Operaciones de observación: manera de recoger la información, con qué instrumentos (test, cuestionarios, etc.).

Alvira (2002, p. 26) explica que el tipo de información a obtener en cualquier evaluación puede sistematizarse en cuatro categorías:

a) El programa y sus componentes.

b) Efectos y objetivos/metas del programa.

c) Condiciones/variables antecedentes: contexto de la situación en que opera el programa, clientes/usuarios, etc.

d) Condiciones/variables intervinientes: variables que surgen en el contexto durante el funcionamiento del programa y que pueden afectarse, relacionadas con el personal, otros programas competidores, etc.

Este autor añade que, desde el punto de vista de las técnicas e instrumentos de recogida de datos, hay que tener en cuenta que, en función del tipo de evaluación que se realice, unas serán más adecuadas que otras. En la mayoría de las evaluaciones se utilizan múltiples técnicas e instrumentos.

Natividad de la Red (1991, p. 64) utiliza la expresión *sistema informativo* para referirse al conjunto de datos que facilitan la acción de un sujeto. Esta fase de la evaluación permitiría al evaluador construir ese sistema que asista la posterior toma de decisiones. Esta autora apunta (*ibid.* pp. 70 y 71) que, en ocasiones, cada vez con más frecuencia, los servicios sociales se dotan de herramientas informáticas que permiten ir recogiendo información de manera ágil y precisa, facilitando así posteriores análisis. La incorporación de la informática a la institución de servicios sociales proporciona, según de la Red, una puesta al día de la información más sistemática y ágil, una reducción del trabajo rutinario y repetitivo, una rapidez operativa, una mayor autonomía y responsabilidad, la posibilidad de reducir errores y el agrupamiento de funciones desarrolladas en diversas oficinas. Los medios informáticos estarían, por tanto, al servicio de los sistemas informativos, facilitando su construcción y uso. El Sistema de Información de Usuarios/as de

Servicios Sociales (SIUSS), recientemente sustituido por la herramienta telemática SEGISS, cuyas siglas significan Sistema Estatal de Gestión de la Información de Servicios Sociales, podría ser un ejemplo de cómo la administración pública se ha ido dotando de herramientas de registro informático de la información, como mecanismo de apoyo y coordinación en la atención al usuario de servicios sociales. Recientemente, se han puesto de manifiesto las múltiples ventajas que podría tener el uso de herramientas informatizadas para volcar los resultados de la evaluación, sobre todo en aquellas que implican un seguimiento y/o monitorización de la unidad de evaluación. De hecho, al evaluador que asume una evaluación de esta naturaleza se le recomienda que elabore algún sistema de este tipo, como vimos en el capítulo anterior.

2.9. Análisis de Resultados

Una vez que se ha realizado el trabajo de campo, se procesa la información que se ha obtenido y se procede a su análisis, ejecutando el plan de análisis que se había propuesto en la fase 7, de diseño técnico de la evaluación. Espinoza (1983, p. 72) indica que el análisis de resultados supone:

- Ordenamiento del material obtenido.
- Fijación del procedimiento de procesamiento informativo.
- Tabulación de la información.
- Análisis propiamente dicho de la información.

A esta lista que propone Espinoza, añadimos la necesidad de verificar los datos y depurarlos. Esto debe hacerse en algún punto previo al análisis como tal. En esta fase de análisis de resultados lo que haremos será estudiar toda la información recogida en la evaluación, profundizando en los cruces que sean pertinentes, estimando resultados y efectos que se deriven de la intervención social. Las técnicas e instrumentos de análisis se encuentran fuertemente condicionados por el tipo de técnica e instrumento que se haya utilizado en la recogida de datos como ya hemos señalado. Sobre los posibles análisis de datos a realizar en una evaluación volveremos nuevamente en el capítulo seis de este manual.

2.10. Formulación de Conclusiones y Recomendaciones

Del análisis de la información se deben extraer conclusiones y recomendaciones. Estas se enmarcan en los interrogantes básicos que el evaluador se hizo al inicio de la evaluación en torno al proyecto o programa que iba a ser evaluado (Espinoza, 1983, p. 72). En este punto, los estándares de evaluación diseñados en la fase de planificación desempeñan un papel clave, ya que su grado de cumplimiento —o incumplimiento— es lo que permitirá realizar juicios de valor y formular, por ende, las recomendaciones oportunas. Por tanto, la secuencia es simple: se analiza la información que se ha obtenido en la evaluación para cada indicador, después se contrasta con los estándares de evaluación de cada indicador (existe un estándar por indicador) y se valora de acuerdo con los criterios de valoración definidos de antemano. Esto supone comparar lo que ha pasado —la realidad— con lo que debería haber pasado —el estándar de cada indicador—, comprobando la distancia entre ambos (E/R). Esto permite al equipo evaluador emitir juicios de valor y conclusiones acerca de las dimensiones, criterios e indicadores donde se observan deficiencias, además de proponer una serie de recomendaciones al cliente de la evaluación que podrán ser utilizadas por este en la siguiente fase del proceso de evaluación. Vemos que la evaluación, en definitiva, constituye un proceso de retroalimentación.

Aguilar y Ander-Egg (1992, p. 119) consideran que será un grave error presentar, desde un primer momento, las conclusiones y recomendaciones como definitivas, ya que su carácter debe ser preliminar; es necesario facilitar la discusión de los resultados y realizar los ajustes necesarios. Por eso, sugieren que antes de entregar los resultados y el informe final a los destinatarios o promotores de la evaluación, se sometan a discusión no sólo los resultados, sino también las conclusiones y recomendaciones que se hayan propuesto. Señalan que lo deseable es que todas las personas que, debido a su trabajo, puedan estar afectadas por la evaluación —los actores sociales— tengan la oportunidad de dar a conocer sus opiniones acerca de los resultados y las conclusiones preliminares. De esta manera se consigue la participación y la implicación de las personas, y unas recomendaciones mucho más ajustadas a la realidad.

Una vez que se han discutido los resultados y se han recogido las observaciones, críticas, comentarios, aclaraciones, etc. de los actores sociales, se procede entonces a la redacción del informe final, que será el que se entregará a los promotores o clientes de la evaluación (quienes la han encargado). El informe debe emplear un lenguaje sencillo y claro, fácil de entender; lo que se proponga debe ser práctico y factible para los destinatarios, es decir, deben ser unas conclusiones y recomendaciones fáciles de utilizar. Aguilar y Ander-Egg (1992, p. 120) a partir de las observaciones de Morris, Fitz-Gibbon y Freeman (1987), indican que la estructura de un informe final podría ser la siguiente, si bien es necesario adaptarla a cada caso concreto:

I. Sumario

II. Información sobre el programa a evaluar: origen, objetivos, destinatarios, participantes, personal, características generales en cuanto a materiales, actividades, aspectos administrativos.

III. Descripción del estudio evaluativo. Esto supone presentar la propuesta de evaluación, el diseño, los resultados de las medidas (instrumentos, datos), implementación de las medidas.

IV. Resultados tanto de la implementación del estudio como de las mediciones efectuadas.

V. Discusión de los resultados a partir de su análisis, con mención especial a los efectos conseguidos y no conseguidos por la intervención.

VI. Costos y beneficios tanto en términos monetarios como no monetarios.

VII. Conclusiones, recomendaciones y opciones.

Aguilar y Ander-Egg concluyen que, si el informe final de la evaluación está destinado a responsables políticos, conviene iniciarlo con las conclusiones y recomendaciones, seguido de los resultados, ya que es lo que suscita mayor interés en este colectivo, poco interesado por los detalles metodológicos y técnicos del estudio. También hay que saber cuáles van a ser las audiencias del informe final porque puede que existan varias y a cada una haya que darle una información en concreto, esto supone realizar varios informes, con adaptaciones en función de la audiencia destinataria. Este tipo de cuestiones deben quedar recogidas en el contrato que se firme al inicio de la evaluación y/o en el proyecto o plan de evaluación que se diseñe. También quedará claro cuáles son los mecanismos que se van a emplear para comunicar los resultados y quién se va a encargar de esa difusión.

A la hora de organizar un informe final de resultados existen otras opciones más sencillas, adaptadas al enfoque académico que tienen los trabajos de investigación. Un esquema podría ser el siguiente:

PORTADA

- Equipo evaluador e identificación de la unidad de evaluación (programa/proyecto)
- Elementos identificativos de los participantes (logos institucionales, sellos, etc.)

RESUMEN (breve y/o extenso)

- Breve descripción del programa
- Objetivos de la evaluación
- Hallazgos más importantes
- Recomendaciones
- Síntesis del proceso

OBJETO EVALUACIÓN / MARCO DE REFERENCIA

- Idea central del programa a evaluar
- Objetivos del programa a evaluar
- Elementos que destacar en relación con la implementación del programa

- Otros

METODOLOGÍA DE LA EVALUACIÓN

- Diseño de la evaluación
- Recogida y análisis de datos
- Metodología utilizada

RESULTADOS

- Descripción de los resultados analizados

DISCUSIÓN Y CONCLUSIONES

- Valoración de los resultados de acuerdo con el tipo de evaluación
- Valoración del programa conforme a los resultados de la evaluación

RECOMENDACIONES

- Listado de recomendaciones

2.11. Adopción e Introducción de Medidas de Retroalimentación

Una vez que tenemos las conclusiones y las recomendaciones hay que utilizarlas, es decir, hay que aplicarlas (no olvidemos que la evaluación es una investigación social aplicada). Esto supone diseñar una serie de medidas de retroalimentación o ajuste. Dicho de otra manera, supone tomar decisiones en línea con el *para qué* de la evaluación, aspecto que se abordó en la primera fase. Espinoza (1983, pp. 161 y 162) considera que el *mensaje retroalimentador* está formado por el conjunto de medidas que son adoptadas para reorientar el aspecto de la intervención que ha sido objeto de evaluación y sobre el que se han detectado desviaciones, más allá de los límites permitidos. Estas medidas podrían ser de distinta naturaleza, de acuerdo con los fallos, ambigüedades, inconsistencias, etc. detectadas en la evaluación.

Es importante tener claro quién o quiénes van a ser los encargados de la toma de decisiones o de diseñar ese mensaje retroalimentador. Puede que sea el equipo evaluador, puede que sea el promotor, o puede que las decisiones se adopten entre ambos, si bien lo usual es que sea el promotor quien las tome (o un equipo técnico/directivo de la institución promotora) con el soporte de las recomendaciones vertidas por el equipo evaluador en el informe de resultados. En algunos casos excepcionales corresponde a alguna entidad externa la toma de decisiones, aunque eso, avisa Espinoza (*ibid.*, pp. 175-177), puede suponer la oposición y resistencia al cambio por parte de la institución ejecutora de la intervención.

Una vez que se han adoptado/diseñado las medidas de retroalimentación (o el plan de mejoras) habrá que introducirlas. Lo normal es que se encarguen los promotores o las personas que ellos designen, por ejemplo, el equipo que se ha encargado de la intervención o su director/coordinador. Espinoza (*ibid.*, p. 168) explica que quien recibe las decisiones o mensajes retroalimentadores y tiene la tarea de aplicar o introducir esas decisiones o medidas es el *grupo activante.* Los evaluadores podrían asumir un papel protagonista en la adopción e introducción de medidas sobre todo cuando se trate de una autoevaluación o de una evaluación interna; también, cuando se esté monitorizando la intervención o evaluando su implementación. Es conveniente que el modelo de toma de decisiones (que incluye cuestiones como quién se encargará de las decisiones, cuándo y cómo se introducirán) quede claro en el contrato o acuerdo que se firme con el promotor/cliente.

Aguilar y Ander-Egg (1992, pp. 122 y 123) explican que a veces no se producen modificaciones o reajustes en el programa de intervención, es decir, que la evaluación no se utiliza, no se toman decisiones. Esto supone el fracaso de la evaluación, ya que su esencia se ha visto truncada. Las causas de esta escasa o nula utilización, según estos autores, son tres:

- La evaluación no ha sido útil ni práctica, bien porque el equipo de evaluación ha sido incompetente, bien porque los métodos de investigación han sido inapropiados, o bien porque los resultados y conclusiones se han presentado en el informe final de manera compleja, que no ha sido comprensible para los clientes de la evaluación.
- Quienes deben introducir las decisiones no se toman en serio la evaluación y todo queda reducido al cumplimiento de un formalismo.
- Los resultados y las conclusiones de la evaluación afectan a determinados intereses que los promotores no quieren o no pueden modificar. Esos intereses pueden ser de grupos externos a la organización o de grupos internos, pueden afectar a grupos de control, directivos, etc. que controlan la organización de la que depende el programa o proyecto de intervención.

3. NORMAS DE EVALUACIÓN PARA PROGRAMAS SOCIALES

Para garantizar el máximo rigor en las evaluaciones que se realizan, en el año 1975 nace el *Joint Committee on Standards for Educational Evaluation* (http://www.jcsee.org/), que es una comisión de expertos sobre evaluación de Estados Unidos y Canadá. Este comité ha centrado sus esfuerzos en identificar cuáles son las características que debe tener cualquier evaluación para considerar que es de calidad. Dichas características se definen como aquellas normas que garantizan la legalidad, oportunidad y el ajuste al objeto estudiado cuando se realiza la evaluación. Se revisan periódicamente y están relacionadas con los principios inherentes a la evaluación. Las más actuales corresponden a la tercera edición, publicada en 2010. Son un conjunto de 30 normas que definen la calidad de la evaluación de programas y se organizan bajo cinco disposiciones o categorías: normas de utilidad (*utility standards*), viabilidad (*feasibility standards*), propiedad (*propriety standards*), precisión (*accuracy standards*) y rendición de cuentas (*evaluation accountability standards*). Como explica el JCSEE, el proceso de desarrollo de las normas supuso seis años; se basó en evaluaciones formales e informales de necesidades, revisiones de las investigaciones existentes y la participación de más de 400 partes interesadas en revisiones nacionales e internacionales, ensayos de campo y audiencias nacionales.

En la tabla que aparece a continuación se recogen estas normas, según la clasificación que ofrece la propia comisión; a continuación, se reproducen de manera casi textual las normas que considera la JCSEE. Es importante destacar que, como explica García-Longoria y Serrano (2000, p. 232), la aplicación de estos criterios permite a los trabajadores sociales realizar las evaluaciones sobre los trabajos que desarrollan con un máximo de garantías, y de acuerdo con unas normas generales que rigen para las Ciencias Sociales en su conjunto. Evidentemente, la importancia de cada una de estas normas va a depender de la situación en la que se produzca la evaluación.

Tabla 5. Normas de Calidad para la Evaluación de Programas (JCSEE, 2010)

NORMAS DE UTILIDAD	NORMAS DE VIABILIDAD	NORMAS DE PROPIEDAD	NORMAS DE PRECISIÓN	NORMAS DE RENDICIÓN DE CUENTAS
U1 Credibilidad del evaluador U2 Atención a las partes interesadas U3 Propósitos negociados U4 Valores explícitos U5 Información relevante U6 Procesos y productos significativos U7 Comunicación e informes oportunos y adecuados U8 Preocupación por las consecuencias y la influencia	F1 Gestión de proyectos F2 Procedimientos prácticos F3 Viabilidad contextual F4 Uso de recursos	P1 Orientación receptiva e inclusiva P2 Acuerdos formales P3 Derechos humanos y respeto P4 Claridad y equidad P5 Transparencia y divulgación P6 Conflicto de intereses P7 Responsabilidad fiscal	A1 Conclusiones y decisiones justificadas A2 Información válida A3 Información confiable A4 Descripciones explícitas de programas y contextos A5 Gestión de la información A6 Diseños y análisis sólidos A7 Razonamiento de evaluación explícito A8 Comunicación e informes	E1 Documentación de evaluación E2 Metaevaluación interna E3 Metaevaluación externa

Fuente: http://www.jcsee.org/program-evaluation-standards-statements.

NORMAS DE UTILIDAD

Las normas de utilidad están dirigidas a asegurar que una evaluación servirá para cubrir las necesidades de información práctica de las audiencias y posibles usuarios. Su objetivo es aumentar el grado en el que las partes interesadas consideran que la evaluación es valiosa para satisfacer sus necesidades.

U1 Credibilidad del evaluador. Las evaluaciones deben ser realizadas por personas y equipos cualificados y competentes, que establezcan y mantengan la credibilidad en el contexto de la evaluación, con el fin de que sus conclusiones alcancen el máximo grado de credibilidad y aceptación.

U2 Atención a las partes interesadas. Las evaluaciones deben tener en cuenta a todos los individuos y grupos involucrados en el programa y afectados por su evaluación.

U3 Propósitos negociados. Los propósitos de la evaluación deben identificarse y negociarse continuamente en función de las necesidades de las partes interesadas.

U4 Valores explícitos. Las evaluaciones deben aclarar y especificar los valores individuales y culturales que sustentan los propósitos, procesos y juicios.

U5 Información relevante. La información que se ofrezca con la evaluación debe atender las necesidades identificadas y emergentes de las partes interesadas.

U6 Procesos y productos significativos. Las evaluaciones deben incluir actividades, descripciones y juicios (es decir, procesos y productos) que sirvan para animar a los participantes a redescubrir, reinterpretar o revisar sus comprensiones y comportamientos.

U7 Comunicación e informes oportunos y adecuados. Las evaluaciones deben atender las necesidades de información de sus múltiples audiencias, proporcionando informes adaptados a las características de éstas.

U8 Preocupación por las consecuencias y la influencia. Las evaluaciones deben promover un uso responsable y adaptativo de la información que proporcionan, al tiempo que evitan las consecuencias negativas no deseadas y el uso indebido.

NORMAS DE VIABILIDAD

Las normas de viabilidad tienen por objeto aumentar la eficacia y la eficiencia de la evaluación.

F1 Gestión de proyectos. Los procedimientos evaluativos deben utilizar estrategias que permitan una gestión eficaz del proyecto.

F2 Procedimientos prácticos. Los procedimientos de evaluación deben ser prácticos y responder a la forma en que opera el programa.

F3 Viabilidad contextual. Las evaluaciones deben reconocer, monitorear y equilibrar los intereses y necesidades culturales y políticas de los individuos y los grupos.

F4 Uso de recursos. Las evaluaciones deben utilizar los recursos de manera eficaz y eficiente.

NORMAS DE HONRADEZ

Las normas de propiedad u honradez respaldan lo que es apropiado, justo, legal, correcto, ético y equitativo en las evaluaciones. Buscan garantizar la honradez y honestidad, garantizando que la evaluación se haga con el debido respeto por el bienestar de todos los que intervienen en ella, así como de aquellos que están interesados en las conclusiones.

P1 Orientación receptiva e inclusiva. Las evaluaciones deben responder a las partes interesadas y sus comunidades.

P2 Acuerdos formales. Los acuerdos de evaluación deben negociarse para hacer explícitas las obligaciones de las partes formales de la evaluación y tener en cuenta las necesidades, expectativas y contextos culturales de los clientes y otras partes interesadas. Estas obligaciones deben quedar plasmadas, con el fin de que las partes estén obligadas a cumplir todas las condiciones del compromiso o a renegociarlo formalmente.

P3 Derechos humanos y respeto. Las evaluaciones deben diseñarse y realizarse de manera que sean respetados y protegidos los derechos humanos y legales, y mantener la dignidad y el bienestar de los participantes y otras partes interesadas.

P4 Claridad y equidad. Las evaluaciones deben ser comprensibles, directas, honestas y justas en la exposición de los resultados, conclusiones y recomendaciones.

P5 Transparencia y divulgación. Las evaluaciones deben proporcionar descripciones completas de los hallazgos, limitaciones y conclusiones, a menos que hacerlo vulnere las obligaciones legales y de propiedad.

P6 Conflictos de intereses. Las evaluaciones deben identificar y abordar de manera abierta y honesta los conflictos de intereses reales o percibidos que puedan comprometer la evaluación.

P7 Responsabilidad fiscal. Las evaluaciones deben dar cuenta de todos los recursos que se han gastado, y cumplir con procedimientos y procesos fiscales.

NORMAS DE PRECISIÓN

Las normas de precisión/exactitud buscan garantizar que una evaluación revele y transmita una información técnicamente exacta sobre los rasgos que determinan el valor o mérito del programa evaluado. Buscan aumentar la confiabilidad y veracidad de los hallazgos, especialmente de aquellos que sustentan las interpretaciones y los juicios.

A1 Conclusiones y decisiones justificadas. Las conclusiones y decisiones de evaluación deben justificarse explícitamente en las culturas y contextos donde tienen consecuencias, para que las audiencias puedan valorarlas.

A2 Información válida. La información de la evaluación debe servir a los propósitos previstos y respaldar interpretaciones válidas. Los instrumentos y procedimientos que se siguen para la recogida de información deben ser escogidos o creados, y luego utilizados, de manera que aseguren que la interpretación final es válida para su uso.

A3 Información confiable. Los procedimientos de evaluación deben producir información suficientemente confiable y consistente para los usos previstos.

A4 Descripciones explícitas de programas y contextos. Las evaluaciones deben documentar los programas y sus contextos con el detalle y alcance adecuados para los propósitos de la evaluación, a fin de identificar sus posibles influencias sobre el objeto.

A5 Gestión de la información. Las evaluaciones deben emplear métodos sistemáticos de recopilación, revisión, verificación y almacenamiento de información.

A6 Diseños y análisis sólidos. Las evaluaciones deben emplear diseños y análisis técnicamente adecuados que sean apropiados para los propósitos de la evaluación. La información, tanto si es cuantitativa como si es cualitativa, debe ser analizada con rigor a fin de asegurar que las interpretaciones sean fidedignas.

A7 Razonamiento de evaluación explícito. El razonamiento de evaluación que lleva desde la información y los análisis hasta los hallazgos, interpretaciones, conclusiones y recomendaciones debe documentarse de forma clara y completa.

A8 Comunicación e informes. Las comunicaciones deben tener un alcance adecuado y evitar conceptos erróneos, sesgos, distorsiones y errores. El procedimiento debe ofrecer las garantías suficientes para proteger los resultados y los informes de la evaluación contra la distorsión de los sentimientos e inclinaciones personales de cualquiera de las partes.

NORMAS DE RENDICIÓN DE CUENTAS EN MATERIA DE EVALUACIÓN

Las normas de rendición de cuentas fomentan una documentación adecuada de las evaluaciones y una perspectiva metaevaluativa centrada en la mejora y la rendición de cuentas de los procesos y productos de la evaluación.

E1 Documentación de evaluación. Las evaluaciones deben documentar completamente sus propósitos y los diseños, procedimientos, datos y resultados implementados.

E2 Metaevaluación interna. Los evaluadores deben utilizar estas y otras normas para examinar el diseño de la evaluación, los procedimientos empleados, la información recopilada y los resultados.

E3 Metaevaluación externa. Los patrocinadores de la evaluación, clientes, evaluadores y otras partes interesadas deben fomentar la realización de metaevaluaciones externas utilizando estas y otras normas aplicables.

4. LA ÉTICA DE LA EVALUACIÓN

No podíamos finalizar este capítulo sin hacer una breve referencia a la ética y la moral que deben regir en todo proceso de evaluación. Es una cuestión que ha ido adquiriendo importancia durante los últimos años. Prueba de ello son los códigos deontológicos y catálogos de recomendaciones éticas que han empezado a proliferar, sobre todo desde instituciones públicas vinculadas directa o indirectamente con la investigación evaluativa. Parece una obviedad que los implicados, especialmente el equipo evaluador, debe obrar de forma ética a lo largo de todo el estudio. Pero a veces esto no es fácil; las obligaciones éticas y morales pueden llegar a ser contradictorias o suponer un conflicto interno (con uno mismo) o externo (con otros actores sociales). Aun así, hay que procurar preservar los principios de la ética y la moral a lo largo de todo el proceso de investigación, no distorsionar ninguno de los elementos de la evaluación y tampoco dañar sensibilidades.

La Plataforma de ONG de Acción Social (2010) alude, en su documento sobre evaluación de programas y proyectos sociales, al manual para evaluar proyectos de cooperación al desarrollo, elaborado por la Agencia Noruega de Cooperación (NORAD, 1997). En este manual hay un capítulo destinado a la ética de la evaluación, donde se exponen los requisitos éticos y profesionales que debe cumplir el equipo evaluador. Apoyándonos de manera casi textual en lo que dice la Plataforma a este respecto, los requisitos serían los siguientes (2010, p. 19):

- Sensibilidad cultural: estar familiarizados con las características culturales del colectivo o zona de intervención.
- Anonimato y confidencialidad: se debe respetar el derecho de los/as informantes.
- Responsabilidad en las evaluaciones: el equipo evaluador no debe realizar ninguna afirmación, a menos que todos sus miembros hayan tenido la oportunidad de aprobarla o manifestar su desacuerdo con ella.
- Consideración con los informantes: avisarles con tiempo si se les necesita en algún punto del proceso y hacer un uso eficiente de su disponibilidad.
- Integridad y omisiones: quien evalúa tiene la responsabilidad de poner sobre la mesa todas las cuestiones que se deriven de la evaluación, aunque no estuvieran fijadas de antemano en los alcances de la evaluación, el contrato, el diseño, plan de trabajo, etc. No se debe omitir información.
- Evaluación de personas: la evaluación de programas y proyectos no suele incluir la evaluación de personas; en todo caso, si hubiera que evaluar este aspecto, se evalúan las funciones y el trabajo que asumen las personas, no a ellas mismas. Cuidado especial requiere esta observación en el caso de que la unidad de evaluación no sean programas o proyectos sociales.
- Errores e infracciones: cuando se descubran errores habrá que evitar citar personas concretas en el informe.
- Convalidar la información con participantes y personas o entidades implicadas.
- Compartir los resultados: Se podrán hacer sesiones informativas y resúmenes de carácter no oficial, manteniendo la discreción respecto a los contenidos finales.

Para concluir, la Ley 27/2022, de 20 de diciembre, de institucionalización de la evaluación de políticas públicas en la Administración General del Estado, es otro de los documentos oficiales, exponente de la evaluación de políticas públicas en España, que alude en su artículo 17 al código ético que debe seguir un equipo evaluador. En concreto, señala que éste tendrá en cuenta los siguientes principios de conducta en el ejercicio de su función evaluadora:

a) Independencia

b) Imparcialidad

c) Objetividad

d) Eficacia y eficiencia

e) Excelencia profesional

f) Confidencialidad, especialmente en el tratamiento de datos personales, patrimoniales o de cualquier otra índole
g) Transparencia
h) Igualdad y no discriminación
i) Respeto a la sostenibilidad social, territorial y medioambiental

Capítulo 5

DISEÑO DE LA EVALUACIÓN

SUMARIO: 1. VARIABLES Y DIMENSIONES DE ANÁLISIS. 2. MODELOS O DISEÑOS DE EVALUACIÓN. 3. CRITERIOS DE EVALUACIÓN. 4. SISTEMA DE INDICADORES. 5. ESTÁNDARES DE EVALUACIÓN. 6. METODOLOGÍA DE LA EVALUACIÓN. 6.1. Metodología Cuantitativa versus Metodología Cualitativa. 6.2. Triangulación Metodológica. 6.3. Enfoque Participativo.

La evaluación de programas, proyectos, servicios, políticas públicas y, en definitiva, intervenciones y actuaciones que se realizan desde el campo de lo social ha ido perfilándose en las últimas décadas. Lo más importante, apunta Alvira (2002, p. 5), es que empieza a definirse una metodología de evaluación concreta, caracterizada, entre otros, por una terminología propia, un conjunto de herramientas específicas, y unas fases y procedimientos también específicos. En cualquier proceso de evaluación existe una fase que resulta fundamental. Si esta no se aborda de manera correcta, tanto en su diseño como en su ejecución, se ha fracasado en la tarea de evaluar. Se trata de la fase dedicada al diseño de la evaluación. Supone el eje central de toda investigación evaluativa, su columna vertebral. Implica algo tan sencillo, pero a la vez tan complejo, como identificar qué información es la que se necesita en línea con los objetivos y alcances de la evaluación, y cómo se va a conseguir y procesar. Los elementos que componen el diseño son numerosos, como se ha podido ver en el capítulo anterior. A modo de recordatorio son los siguientes:

- Variables y dimensiones de análisis o estudio
- Modelo o diseño de evaluación
- Criterios de evaluación
- Sistema de indicadores con sus estándares y escalas de medida si procede
- Metodología y fuentes, con indicación, si los hubiere, de posibles actores sociales participantes y rol que desempeñan en la evaluación
- Técnicas e instrumentos que se van a utilizar en la recogida de la información a partir de la metodología y las fuentes propuestas
- Actividades de evaluación que se van a realizar identificando la distribución del trabajo entre los profesionales del equipo evaluador, quién hace qué
- Plan de análisis de la información
- Tiempo de ejecución o calendario

- Recursos de distinta naturaleza que se necesitan, incluido el presupuesto
- Rol del evaluador y del cliente, y plan de intercambio de la información entre ambos

En este capítulo nos centraremos en aquellos elementos del diseño de una evaluación que son más técnicos y que, según nuestra experiencia, suelen resultar más complejos en su abordaje.

1. VARIABLES Y DIMENSIONES DE ANÁLISIS

De los objetivos específicos de evaluación se derivan las *variables* que se van a estudiar en dicha evaluación. Espinoza (1983, p. 45) señala que una variable es un factor que puede tener distintos comportamientos, es una característica o propiedad que varía entre individuos o conjuntos. Por ejemplo, la edad o el sexo son variables, ya que presentan distintas opciones de respuesta en función del individuo, grupo o comunidad. Desde un punto de vista metodológico, Sierra Bravo (1989, pp. 98 y 99) explica que las variables pueden entenderse desde dos nociones. Primero, se pueden tomar aisladamente; desde esta perspectiva son características observables de algo, susceptibles de cambiar o variar con respecto al mismo objeto (a sí mismo) o a otros objetos diferentes. Segundo, se pueden considerar de manera no aislada; en este caso, ofrecen la particularidad de presentarse a la observación, vinculadas en su variación unas a otras, según diversos tipos de relación (de covariación, asociación, dependencia, influencia, causalidad, etc.). La primera noción, prosigue Sierra Bravo, tiene validez sobre todo en los estudios puramente descriptivos, en cuando a que su finalidad es determinar o medir las categorías variables que caracterizan a un fenómeno. La segunda noción tiene aplicación en los estudios que, sean o no propiamente explicativos, pretenden estudiar relaciones, razones, motivos, efectos, etc.

Existen múltiples clasificaciones sobre los tipos de variables, según cuál sea el ángulo que se toma como referencia. Aquí veremos algunas de esas clasificaciones de la mano de tres autores: Sierra Bravo (*ibid.* pp. 105-108), Corbetta (2003, pp. 87-97) y Espinoza (1983, pp. 45-49).

Según su naturaleza

Según su *naturaleza* las variables se pueden clasificar en cualitativas y cuantitativas. Las primeras son aquellas cuyos elementos de variación o categorías tienen carácter no numérico, es decir, están referidas a atributos nominales que pueden presentarse o no en las personas que componen un grupo. Por ejemplo, el sexo, el estado civil, la religión, la nacionalidad, etc. En las segundas, sus elementos de variación o categorías tienen un carácter numérico, lo que significa que las características pueden presentarse en diversos grados de intensidad, por ejemplo, el salario.

Dentro de las variables cuantitativas se pueden identificar dos subgrupos: las continuas y las discretas. Las continuas son aquellas que pueden tomar cualquier valor numérico en un intervalo o rango, por ejemplo, la tasa de natalidad o el propio salario al que aludíamos previamente. Esta variable puede adquirir cualquier valor numérico entre dos valores absolutos debido a los decimales. Las discretas, denominadas en ocasiones discontinuas, sólo pueden tomar valores enteros dentro del rango. Por ejemplo, el número de hijos es una variable de este tipo porque o se tiene 1 o se tienen 2, pero una persona no puede tener 1,45 hijos.

Según el carácter de las escalas

Según el *carácter de las escalas* o *conjuntos de categorías* que forman los elementos que integran las variables, estas se pueden dividir en nominales, ordinales y cardinales. Esta clasificación es importante sobre todo a efectos del análisis estadístico que se pueda realizar de los resultados. De hecho, para algunos autores es una manera de clasificarlas atendiendo al *tipo de operaciones* que pueden efectuarse sobre ellas. Existen otras expresiones para referirse a esta clasificación, por ejemplo, variables *según su nivel de análisis* o *según su nivel de medida.*

Según Sierra Bravo (1989, p. 108), las variables nominales son las que comprenden la distinción de diversas categorías como elementos, sin implicar ningún orden entre ellas. Como dice Corbetta (2003, p. 92), se pasa de un estado (de una categoría) a otro con un *salto,* no existen estados intermedios. Por ejemplo, el tipo de problemática que presenta un usuario (alcoholismo, drogadicción, pobreza, etc.), su religión, su nacionalidad, su sexo, los deportes que practica, etc. En todos estos casos las categorías u opciones de respuesta son absolutas, se dan o no se dan, y no hay un orden entre ellas.

Las variables ordinales implican orden entre sus categorías o modalidades, pero no grados de distancia iguales entre ellas; de hecho, no se suele conocer la distancia entre categorías; sería el caso del nivel de formación, la clase social o el nivel de agresividad. Corbetta (*ibid.* p. 93) explica que la diferencia con respecto a las anteriores es que existe una ordenación que permite establecer relaciones de igualdad o desigualdad entre las categorías de respuesta y, además, instaurar relaciones de orden, es decir, mayor que o menor que. Este autor indica que, en los cuestionarios, un ejemplo serían aquellas preguntas en las que el usuario debe escoger la respuesta entre categorías ordenadas del tipo mucho, bastante, poco, en absoluto.

Las cardinales son variables para las cuales los números asignados a las modalidades tienen pleno significado numérico. En este caso, se da un orden entre los valores de las variables, pero también hay un grado de distancia igual entre ellas, que es conocido. No sólo se pueden establecer relaciones de igualdad o desigualdad y de orden como pasaba en las anteriores, sino que además pueden efectuarse operaciones de suma, resta, multiplicación y división. En definitiva, se pueden cuantificar las diferencias que hay entre las opciones de respuesta de la variable. Dentro de este grupo estarían las de intervalo, que suponen a la vez orden y grados de distancia iguales entre las diversas categorías, pero no tienen origen natural, sino convencional, por ejemplo, la temperatura o el coeficiente de inteligencia. Y las de razón, que comprenden a la vez todos los aspectos anteriores: distinción, orden, distancia y origen único natural. Algunos ejemplos son la edad, los ingresos percibidos, el número de hijos, etc.

Atendiendo a su papel o estatus en la evaluación

Atendiendo a su *papel o estatus en la evaluación*, es decir, según la posición que ocupan en la evaluación, se pueden dividir en independientes, dependientes o intermedias. Esta es una clasificación sumamente utilizada en el ámbito del Trabajo Social y los Servicios Sociales, especialmente en las evaluaciones diagnósticas. Espinoza (1983, pp. 45-49) conceptualiza cada tipo de la siguiente manera:

Las independientes son aquellas que constituyen la causa del fenómeno estudiado, actúan como variables explicativas, ya que tienen influencia sobre otras variables. De hecho, son variables que el evaluador selecciona para estudiar sus efectos sobre otras. En materia de evaluación se las conoce como variables de insumo.

Las dependientes son aquellas cuyas modalidades o valores están en relación con los cambios o el comportamiento de las variables independientes. Con estas variables, el evaluador busca conocer los efectos o consecuencias que ha tenido la presencia o actuación de una o más variables independientes.

Las variables intermedias son las condiciones existentes entre los insumos del proyecto y sus resultados. También se conocen como intercurrentes. Constituyen variables de enlace entre las dos anteriores, según Espinoza. Hay dos variables de este tipo, las variables de ejecución del proyecto, que son aquellas que se refieren al modo como se está comportando el proyecto en su fase de ejecución, y las variables puente, que se refieren a las metas intermedias que se suelen fijar para las distintas etapas de ejecución de un proyecto.

Conviene añadir a las palabras de Espinoza que, en ocasiones, existen variables (en su mayoría independientes) que el evaluador no conoce porque están ocultas, pero pueden alterar significativamente los resultados de la intervención y/o de la propia evaluación. Por ejemplo, la motivación que un individuo tiene por el programa o proyecto en el que está participando. Se trata de variables extrañas o de confundido. Si el evaluador es capaz de identificarlas y controlarlas (es decir, medirlas), estas pasan a denominarse variables de control. Son variables independientes no estudiadas directamente, pero incluidas de forma expresa en la evaluación para evitar el efecto de confundido en el análisis e interpretación de los resultados.

Después de haber visto las distintas clasificaciones que hay en torno a las variables de una evaluación, podemos poner un ejemplo práctico que ayude al lector a visualizar el proceso de identificación y definición de variables. Con este ejemplo trabajaremos a lo largo del capítulo, siempre que sea oportuno.

EJEMPLO

Imaginemos que tenemos un proyecto sobre inclusión digital, que, como propósito principal, busca aproximar a las personas mayores de 80 años al uso de las nuevas tecnologías, concretamente del teléfono móvil y de algunas de las aplicaciones de las que éste dispone, esto es, mensajería y redes sociales. Se busca con esta iniciativa favorecer la conexión digital de la persona mayor con su entorno, y evitar situaciones de soledad y aislamiento. La capacitación se realiza a través de un taller que cuenta con tres módulos: 1. Yo y ese aparato llamado móvil; 2. ¡Quiero enviar y recibir un WhatsApp!; y 3. Descubriendo las redes sociales: Facebook e Instagram. Se impartirá durante dos sesiones semanales (martes y jueves), de una hora y media de duración cada una; el horario será de mañana. El taller tendrá un nivel muy básico, de iniciación. Se extenderá durante dos meses y estará dirigido a personas que no poseen conocimientos sobre el uso del móvil, puede ser que ni si quiera tengan uno. De hecho, cada participante recibirá al inicio del taller, a modo de sorpresa, un móvil como regalo adaptado a sus características, con el que van a trabajar a lo largo de las distintas sesiones. El proyecto forma parte de un programa local, impulsado y financiado por el ayuntamiento de la zona, para la inclusión digital de colectivos vulnerables. Forma parte de una línea estratégica de capacitación digital de las personas mayores del municipio. Para conocer los efectos del proyecto en su primera edición, el ayuntamiento prevé la realización de una evaluación al final de la ejecución del taller, diseñada e implementada de forma conjunta por el equipo docente de éste y por un técnico designado por la concejalía. Los resultados permitirán orientar mejor el proyecto en una nueva edición, y contribuir en el diseño del resto de proyectos relacionados con la capacitación digital de personas mayores que componen el programa. De acuerdo con los intereses del promotor y los alcances de la acción evaluativa, se propone una evaluación cuyo objetivo general será: Conocer los efectos que el taller del Proyecto de Iniciación a la Capacitación Digital de Personas Mayores del ayuntamiento ha tenido sobre las 15 personas mayores que han participado en el mismo. De este objetivo general se desprenden los siguientes objetivos específicos, cada uno con sus variables de análisis:

1. Conocer si, al término del proyecto, los participantes de la acción formativa dominan los conocimientos que se han tratado en el taller.

   Variables: apagado/encendido/bloqueo del móvil, uso del código PIN y PUK, gestión de avisos sobre recarga de batería, conexión a red wifi y uso de datos, gestión del sonido del móvil, identificación de iconos gráficos de pantalla, realización y recepción de llamadas, realización de fotografías y vídeos, agregar/eliminar contactos al móvil, envío/recepción de mensajes de WhatsApp, envío/recepción de imágenes y vídeos por WhatsApp, las notas de audio y videollamadas en WhatsApp, registro y acceso a Facebook e Instagram, envío de mensajes y otros elementos a través de estas redes sociales, agregar/eliminar contactos a las redes sociales.

2. Estudiar la satisfacción que los participantes tienen con diversos aspectos del taller.

   Variables: contenidos, lugar de realización, recursos entregados, duración, horario, profesorado, relación con los compañeros, expectativas cumplidas.

3. Valorar el uso que dan a los contenidos del taller y la utilidad real que tiene lo aprendido en su día a día.

   Variables: frecuencia con la que usan el móvil, la aplicación de WhatsApp y las redes sociales, tipo de uso que dan al móvil, a la aplicación de WhatsApp y a las redes sociales, consecuencias del uso, percepción que tienen los participantes sobre la utilidad en su día a día de los contenidos del taller.

Vemos que en el ejemplo se han identificado tres objetivos específicos, en línea con el objetivo general y con el interés del promotor, que es conocer los efectos que ha tenido el proyecto sobre los participantes. Esto supone realizar una evaluación de resultados y/o de impacto, ya que, como vimos en el capítulo tres, son las dos naturalezas o tipos de evaluación que guardan relación con los efectos previstos e imprevistos de una intervención social. Los tres objetivos específicos suponen más de una veintena de variables de análisis, que deberán ser abordadas directa o indirectamente a lo largo de la evaluación. Téngase en cuenta que se podrían haber planteado otros objetivos generales y específicos, así como otras variables. Incluso, se podrían haber propuesto otras evaluaciones completamente diferentes (con objetivos y variables también diferentes) si los intereses del promotor hubieran sido otros como, por ejemplo, conocer los beneficios económicos de la intervención (evaluación económica), si los contenidos del curso están diseñados correctamente (evaluación del diseño), si se adecúan a las necesidades formativas de los asistentes (evaluación del diseño), la competencia del equipo docente (evaluación del desempeño profesional), la visibilidad del taller y el acceso que han tenido los participantes a la información (evaluación de la cobertura), la manera en la que el equipo docente se ha organizado (evaluación del desempeño profesional / evaluación de la implementación), cómo ha sido la comunicación con la concejalía (evaluación de las relaciones institucionales / evaluación de la implementación), etc.

* * * * *

Cuando en una evaluación se han identificado las variables de estudio, estas se suelen agrupar en **dimensiones**, según la proximidad conceptual que existe entre ellas. Esas dimensiones pueden entenderse como áreas que hay que observar para realizar la evaluación. Por ejemplo, si las variables a estudiar son edad, sexo, nivel educativo y nacionalidad, las cuatro se podrían agrupar en una misma dimensión, a la que denominaríamos *características del sujeto;* lo cierto es que se podrían emplear otras muchas expresiones para nombrarla, como *características sociodemográficas*, *información del sujeto*, etc. La etiqueta de cada dimensión la suele escoger el equipo evaluador; lo importante es que sea representativa de las variables que acoge. Para evitar errores conceptuales o de comprensión teórica de la evaluación, cada dimensión suele ir acompañada de una breve definición o explicación. Lo mismo ocurre con las variables del estudio, se recomienda que cada una cuente con su conceptualización teórica.

El uso de dimensiones en una evaluación es extremadamente útil, pues permite organizar posteriormente el sistema de medida de esa evaluación y sistematizar por categorías o grupos de variables la propia evaluación. Por regla general, las dimensiones de una evaluación acogen variables dependientes. De hecho, en una evaluación social, gran parte de las variables que se van a estudiar son dependientes o de control. La variable independiente viene representada en su mayoría por la propia intervención y sus características.

Nirenberg, Brawerman y Ruiz (2000, pp. 144-146) explican que para fijar las dimensiones deben utilizarse criterios clasificatorios apropiados; añaden que la tarea no es fácil, es un arte que no sólo depende de la formación del evaluador, sino también de la experiencia acumulada a lo largo de su trayectoria profesional. Precisamente, por la complejidad que entraña, indican que sería recomendable que otros actores y metodólogos intervinieran en el proceso. Apuntan, además, que no todas las dimensiones de una evaluación son iguales ni tienen el mismo papel. Señalan que algunas están relacionadas directamente con los propósitos de la intervención y/o de la evaluación, por lo que constituyen el centro neurálgico de la evaluación, así que serán *dimensiones sustantivas.* Puede ser que las etiquetas a emplear, en estos casos, coincidan incluso con las principales líneas de acción del respectivo programa/proyecto a evaluar. Esto ocurre sobre todo cuando se trata de una evaluación de resultados o del impacto. Pongamos el ejemplo de un proyecto orientado a la mejora de la autoestima de los usuarios; puede que todas las variables a evaluar en relación con los cambios que se han producido en la autoestima del usuario a partir del proyecto se integren en una única dimensión, denominada *autoestima*. Esta dimensión sería sustantiva de la evaluación, pues integra variables que están en línea con los efectos de la propia intervención que se va a evaluar. Nirenberg, Brawerman y Ruiz (*ibid.*) añaden que, en otros casos, las dimensiones que se proponen en la evaluación no tienen que ver de manera directa con los contenidos del programa o proyecto; tienen un carácter más instrumental, es decir, incluyen variables relacionadas con los medios y las actuaciones que se han llevado a cabo para conseguir esas otras dimensiones sustantivas. Estas dimensiones se denominan *instrumentales*, aunque también hay quien las considera *gerenciales*. En este caso encontraríamos dimensiones como la *coordinación de los equipos de trabajo*, que incluiría variables como las reuniones que se han realizado, las llamadas entre profesionales, los mensajes internos emitidos, la periodicidad de esos mensajes, etc. Otras dimensiones de este tipo podrían ser la capacitación de los recursos humanos, la comunicación, la financiación, etc. Junto a las sustantivas e instrumentales, estas autoras identifican un tercer tipo, que son las dimensiones *estratégicas* o *de atributos*. Incluyen variables que tienen que ver, más que con el tema o problema que el proyecto quiere tratar y los medios para conseguirlo, con la gestión que se ha hecho para abordarlo o la estrategia que se ha seguido. Un ejemplo de este tipo de dimensión podría ser la *participación*, con variables como personas que han ayudado en la preparación del evento, tipo de ayuda que han ofrecido, etc. La asistencia, la multidisciplinariedad de los equipos, la asociatividad, etc. son otros ejemplos de dimensiones estratégicas. Hay que tener en cuenta que una misma dimensión puede ser sustantiva, instrumental o estratégica según el proyecto que se esté evaluando y el tipo de evaluación que se haya solicitado. Por tanto, puede que en una evaluación la dimensión sea de un tipo y en otra sea de otro. Puede que la coordinación de los equipos de trabajo sea una dimensión instrumental en una evaluación de resultados, pero esa misma dimensión podría ser sustancial si la evaluación a realizar tuviera por objeto conocer la implementación del proyecto por parte de los equipos de trabajo que lo componen.

EJEMPLO

Siguiendo con el ejemplo propuesto sobre el Proyecto de Iniciación a la Capacitación Digital de Personas Mayores, observamos que las variables que hemos señalado se organizan en tres bloques, que se corresponden con los tres objetivos específicos: hay un primer grupo de variables que se centran en el dominio que tienen los participantes sobre los contenidos del curso; el segundo grupo de variables son elementos del taller sobre los que se quiere conocer la satisfacción que tienen los participantes; y el tercer grupo es el que hace referencia al uso o la utilidad de los contenidos del curso. Teniendo en cuenta las variables y su contenido, se podrían plantear cinco dimensiones de análisis en esta evaluación.

DIMENSIÓN	VARIABLES QUE INCLUYE
D1. Dominio del móvil Dominio que tienen los participantes del taller de los contenidos relacionados con el módulo 1	V1. Apagado/encendido/bloqueo del móvil V2. Uso del código PIN y PUK V3. Gestión de avisos sobre recarga de batería V4. Conexión a red wifi y uso de datos V5. Gestión del sonido del móvil V6. Identificación de iconos gráficos de pantalla V7. Realización y recepción de llamadas V8. Realización de fotografías y vídeos V9. Agregar/eliminar contactos al móvil
D2. Dominio del WhatsApp Dominio que tienen los participantes del taller de los contenidos relacionados con el módulo 2	V10. Envío/recepción de mensajes de WhatsApp V11. Envío/recepción de imágenes y vídeos por WhatsApp V12. Las notas de audio y videollamadas en WhatsApp
D3. Dominio de las redes sociales Dominio que tienen los participantes del taller de los contenidos relacionados con el módulo 3	V13. Registro y acceso a Facebook e Instagram V14. Envío de mensajes y otros elementos a través de estas redes sociales V15. Agregar/eliminar contactos a las redes sociales
D4. Satisfacción con el taller Opinión que les merece a los participantes distintos aspectos del taller	V16. Contenidos V17. Lugar de realización V18. Recursos entregados V19. Duración V20. Horario V21. Profesorado V22. Relación con los compañeros V23. Expectativas cumplidas
D5. Utilidad del taller Uso que los participantes dan en su día a día a los contenidos del taller	V24. Frecuencia con la que usan el móvil, la aplicación de WhatsApp y las redes sociales V25. Tipo de uso que dan al móvil, a la aplicación de WhatsApp y a las redes sociales V26. Consecuencias del uso V27. Percepción que tienen los participantes sobre la utilidad en su día a día de los contenidos del taller

Cada dimensión tiene una breve definición para saber a qué está referida sin necesidad de leer las variables que acoge. Las dimensiones 1, 2, 3 y 5 serían sustantivas, ya que se centran en la cuestión básica de la evaluación, esto es, los efectos del taller, mientras que la dimensión 4 sería estratégica, ya que, para favorecer la capacitación digital, se ha intentado crear un ambiente distendido, con un equipo docente cercado, material adaptado, etc. Con el estudio de esa dimensión lo que se busca es saber si los participantes están satisfechos con algunos elementos de la estrategia que se ha seguido.

2. MODELOS O DISEÑOS DE EVALUACIÓN

Existen distintos modelos en función del grado de rigurosidad que se quiera alcanzar. A veces la decisión a tomar es sumamente transcendental, por ejemplo, rescindir el contrato de un trabajador o no continuar con la ejecución de un proyecto o la prestación de un servicio, en cuyo caso el proceso evaluativo debe ofrecer todas las garantías de rigor. Otras veces la evaluación cumple una función más ratificadora, de seguimiento o control, por lo que la rigurosidad exigida es menor. Atendiendo, precisamente, al grado de rigurosidad que se busca en la evaluación, los modelos pueden clasificarse en tres tipos: experimentales, cuasiexperimentales y no experimentales. Aguilar y Ander-Egg (1992, p. XI) explican que en la historia de la evaluación los procedimientos desarrollados durante largo tiempo estuvieron *atrapados* en una perspectiva casi exclusiva de los modelos experimentales y cuasiexperimentales, apoyada en la utilización de una metodología cuantitativa. Podría decirse que, en términos metodológicos, esta era la forma más común de hacer evaluación. Como estos autores señalan, ese planteamiento resultaba muchas veces inaplicable al ámbito de lo social, claramente influenciado por aspectos subjetivos. Ahora parece que la evaluación se está abriendo poco a poco hacia nuevas perspectivas más flexibles, apostando cada vez más por metodologías de corte cualitativo y análisis no experimentales, que, además de ser más fáciles en su diseño y ejecución, resultan menos costosas. Veamos a continuación cada uno de estos modelos por separado, destacando sus características.

Diseños experimentales

Como su nombre indica, la evaluación se convierte en un experimento o ensayo, por eso estos modelos son conocidos también como *experimentos controlados.* La fórmula que se sigue es muy sencilla. De partida se crean dos grupos de personas, uno conocido como el grupo de intervención o experimental y otro al que se denomina grupo de comparación o control. El primero será el beneficiario de la intervención, mientras que el segundo quedará al margen de esta. En la creación de los dos grupos tiene que existir un procedimiento aleatorio (de elección al azar), de modo que ambos sean equivalentes (las unidades que forman cada grupo tenían las mismas posibilidades de estar en un grupo que en otro, su asignación ha sido al azar). En este tipo de diseños existe una medición antes de la intervención, para conocer en qué punto se encuentra cada grupo, y una medición después de la intervención, para conocer los cambios que se han podido producir debido a esta. Es la aleatorización (con un dado, por ejemplo) lo que hace que los grupos sean equivalentes, de forma que las diferencias observadas después de la intervención sólo puedan ser atribuidas a dicha intervención. De no haber diferencias, la interpretación correcta sería decir que la intervención no ha producido los efectos deseados. Los pasos que seguir, por tanto, en estos diseños son los siguientes (Ander-Egg, 1990, p. 65):

- Seleccionar una muestra aleatoria de una población definida de antemano.
- Distribuir esa muestra al azar entre dos grupos.
- Escoger al azar cuál será el grupo control y cuál el grupo experimental.
- Realizar en ambos grupos la medición de la variable dependiente antes (pre-test).
- Aplicar el estímulo/intervención al grupo experimental. Ese estímulo o intervención es la variable independiente.
- Realizar en ambos grupos la medición de la variable dependiente después (post-test).
- Comparar las mediciones de ambos grupos para identificar posibles diferencias en la variable dependiente.

Alvira (2002, pp. 65 y 66) explica que no es obligatorio que haya una medición antes de la intervención (esto daría lugar a un *diseño experimental sin medición antes*), pero sí es cierto que contar con ambas mediciones (pre-test y post-test) refuerza la validez interna de los diseños experimentales. Si no hubiera una medición antes, el evaluador puede basarse en materiales del diagnóstico, entrevistas retrospectivas, observaciones previas de otros profesionales, etc. para determinar cómo era la variable dependiente antes. Lo que sí resulta clave en estos diseños es la existencia de uno o varios grupos de comparación o control que sean idénticos y cuenten con suficientes unidades de análisis (si hay varios grupos control estaríamos ante lo que se denomina *diseño experimental con más de un grupo control*). Conviene destacar que el grupo control no tiene por qué ser un grupo de no tratamiento, podría ser un grupo que tuviera una intervención alternativa (no se llamaría entonces de control, sería *grupo de intervención alternativa*). De hecho, puede haber varios grupos de intervención, con tratamientos diferentes, con un grupo control o varios, o sin dicho grupo control.

El problema de este tipo de diseños es la imposibilidad de aplicarlo en algunos tipos de intervención, por ejemplo, en aquellas que tengan cobertura total de una población. En estos casos no es posible crear el grupo control, sometido a no tratamiento. En otros casos, aunque la cobertura no sea total, surgen reparos morales o legales para formar grupos control. Por ejemplo, si legalmente todo el mundo que cumple unos requisitos tiene derecho a acceder a un programa o servicio, no se puede, legalmente hablando, crear un grupo control. O, por ejemplo, tampoco se puede crear ese grupo control si la intervención que se realiza es de máxima urgencia; piénsese en un proyecto que suponga ofrecer mantas y comida caliente a personas sin hogar. Se trata de una intervención vital para preservar en muchos casos la vida de estas personas, por lo que no se puede crear un grupo control, sería reprochable éticamente, incluso legalmente. De todos modos, aun en estos casos, a veces es posible aplicar diseños experimentales, si posteriormente se aplica el mismo tratamiento al grupo control. El único requisito es que el tiempo que pase desde que se aplica el tratamiento al grupo experimental y luego al grupo control no suponga un perjuicio para este último.

Diseños cuasiexperimentales

Son diseños menos rigurosos que los experimentales, ya que no cumplen estrictamente con los requisitos que se exigen en un experimento. Son más prácticos y fáciles de aplicar, y, a pesar de sus limitaciones, aseguran un margen aceptable de rigurosidad científica. Se suelen utilizar cuando el evaluador no puede asignar aleatoriamente los sujetos a los distintos grupos o no resulta viable alterar la estructura o configuración de grupos ya formados. Por esta razón no es posible comprobar relaciones causales, si bien permiten apuntarlas de forma exploratoria. Dentro de estos diseños encontramos dos tipos:

- Diseño de series temporales: consiste en realizar mediciones en intervalos de tiempo definidos. Suele haber mediciones antes de la intervención y después. Así es posible saber si las medidas tomadas después de la intervención indican un cambio con respecto a las mediciones anteriores a la intervención. En estos casos no suele haber un grupo control.
- Grupo de control no equivalente: quizás sea uno de los más utilizados en la evaluación de programas y proyectos sociales. En estos casos el grupo control existe, actúa para facilitar la comparación con respecto al grupo de la intervención. Sin embargo, estos grupos no han sido elegidos al azar, sino según la conveniencia del evaluador. De ahí que el diseño sea cuasiexperimental y se diga que el grupo control es no equivalente. También se puede llamar *diseño con grupo de control no seleccionado al azar*. Como el grupo control no es equivalente al grupo de intervención, no se puede saber con certeza si los resultados de la medición posterior y las diferencias entre grupos se deben de forma exclusiva a la intervención (variable independiente) o son producto de otros elementos o variables que no podemos controlar como edad, sexo, situación laboral, etc. El evaluador debe extremar entonces las precauciones en la interpretación de las mediciones, procurando identificar variables de confundido. También debe esforzarse para que ambos grupos guarden el mayor parecido posible. A veces los grupos control se crean sobre la base de personas que se encuentran en la lista de espera, que no han querido participar en el programa, que no cumplen algún criterio de inclusión, siendo este no transcendental, que están recibiendo una intervención alternativa, etc.

Diseños no experimentales

También conocidos como diseños simples o diseños preexperimentales. Son los menos rigurosos y los más débiles, ya que no controlan el hecho de que los cambios que se producen se deban a la intervención aplicada. Por el contrario, hay muchos factores fuera de control que pueden intervenir. A veces se recurre a ellos porque son la única opción viable dado el punto en el que se encuentra la evaluación o la naturaleza del elemento sujeto a análisis. Suelen ser los más utilizados en el campo de lo social por su simpleza. Dentro de este grupo existen tres posibles diseños:

- Evaluación antes-durante-después: se mide la situación o el problema que ha dado origen al proyecto antes de la puesta en marcha de la intervención, durante su aplicación y después de que el proyecto haya finalizado.
- Evaluación únicamente después: con este diseño se mide la situación una vez que la intervención ha finalizado. Si los datos se quieren comparar con la situación de partida, se puede recurrir a la información que arroja el diagnóstico o a algún test retrospectivo con preguntas de recuerdo, pero siempre puede existir una distorsión de la realidad anterior a la intervención, bien porque los datos del diagnóstico sean vagos o difusos o bien porque las personas no recuerden la situación anterior. El ejemplo que hemos puesto en este capítulo, acerca de la evaluación del Proyecto de Iniciación a la Capacitación Digital de Personas Mayores podría apoyarse en un modelo de este tipo.
- Evaluación después con grupo de control: es una manera de que el diseño anterior adquiera cierto grado de fiabilidad. Se añade un grupo control, que sea lo más parecido posible al grupo de intervención. En este caso, se mide la situación en ambos grupos después de la intervención para establecer las diferencias. La clave está en que el grupo control sea lo más parecido posible al grupo de intervención para que la comparación sea plausible.

3. CRITERIOS DE EVALUACIÓN

Los criterios de evaluación están íntimamente ligados con el tipo de evaluación que se va a realizar y con los objetivos de esta. Cada dimensión acogerá tantos criterios como líneas o aspectos generales se quieran evaluar. Una dimensión puede tener, por tanto, varios criterios asignados, si bien también es posible que rija un único criterio de evaluación para esa dimensión. Es más, puede que sólo haya un criterio en la evaluación, común a todas las dimensiones. Piénsese, por ejemplo, en aquella evaluación que busca conocer si se han conseguido los resultados esperados. Todas las variables aluden a resultados concretos que se pretenden conseguir con la intervención. En este caso, puede que rija a lo largo de toda la evaluación un único criterio: la efectividad o eficacia en la consecución de los objetivos. Otra cosa es que, además, se quiera conocer el comportamiento de los usuarios en las actividades, su opinión sobre las mismas, etc. En este caso, además del criterio de efectividad/eficacia, habrá que tener en cuenta otros como la satisfacción, la participación, la asistencia, la implicación, la motivación, etc.

La Plataforma de ONG de Acción Social (2010, p. 48) apunta que los criterios de evaluación son "los puntos críticos para la valoración de proyectos". Ofrece, además, un listado de los más comunes en la evaluación de programas y proyectos sociales. Su listado se presenta a continuación, reproduciendo casi textualmente sus explicaciones (*ibid.* pp. 48-67):

- EFICIENCIA. Según la Plataforma, se refiere a la capacidad que tiene el proyecto para transformar los insumos financieros, humanos y materiales en resultados. Es decir, "establece el rendimiento o productividad con que se realiza esta transformación". Para poder realizar la evaluación de la eficiencia hay que disponer del presupuesto o de los costes reales por actividad. Si no se dispone de esta información es difícil analizar la eficiencia con que se transforman los insumos en resultados. La Plataforma añade que algunas de las cuestiones que se suelen abordar cuando se emplea este criterio de evaluación son el nivel de calidad en la administración de los recursos, la adecuación de las actividades para la consecución de los objetivos, la existencia de otras líneas de actuación alternativas que hubieran permitido alcanzar similares resultados con un menor coste o en menor tiempo, la existencia de intervenciones alternativas propias o ajenas que generarían costes redundantes, etc.
- EFICACIA. Siguiendo con las explicaciones que ofrece la Plataforma, este criterio de evaluación refleja en qué medida se espera alcanzar o se han alcanzado los objetivos específicos del proyecto de intervención, teniendo en cuenta tanto el nivel de logro como los períodos temporales para hacerlo. Para poder analizar adecuadamente la eficacia será necesario que en el diseño del proyecto de intervención social los objetivos específicos de la intervención y las metas a conseguir estén definidos adecuadamente. Así podemos saber lo que se pretende conseguir con la intervención y evaluar si se ha conseguido o no.
- IMPACTO. El impacto se refiere a las consecuencias positivas y negativas que un proyecto genera no sólo sobre la población objeto, sino sobre toda la comunidad. Es, por tanto, un concepto más amplio que el de eficacia, pues busca abordar el estudio de las consecuencias económicas, sociales, culturales, técnicas, ambientales, etc. que se registran tanto en el corto como en el medio y largo plazo. Se ahonda no sólo en los efectos previstos

que la intervención ha tenido, sino también en los no previstos, tanto positivos como negativos.

- PERTINENCIA. Analiza si el propósito del proyecto es coherente con las prioridades establecidas. Busca evaluar si las acciones que se han llevado a cabo en el marco de la intervención han supuesto una mejora significativa y real en las condiciones de vida de las personas beneficiarias. Puede decirse que se trata de un criterio de evaluación básico, puesto que, como señala la Plataforma, si un proyecto no contribuye significativamente al desarrollo de un grupo social o de una sociedad, no tiene sentido que se implemente.
- VIABILIDAD. Para conceptualizar el término, la Plataforma hace uso, en este caso, de la Comisión de las Comunidades Europeas (1993, p. 65). Esta señala que, con este criterio, se busca estudiar la capacidad que tiene un proyecto para proporcionar un nivel aceptable de beneficios al grupo destinatario durante un periodo suficientemente largo, una vez interrumpida la asistencia financiera y técnica del proveedor de fondos. Por tanto, el análisis de la viabilidad significa interrogarse sobre en qué medida los resultados positivos alcanzados con la intervención permanecen en el tiempo, esa es la clave. La Plataforma añade que la evaluación de la viabilidad supone preguntarse acerca de la capacidad que tiene el proyecto para generar desarrollo en la zona donde se ha ejecutado, es decir, si las transformaciones cuantitativas y cualitativas conseguidas permanecen en el tiempo y se ramifican afectando a todos los niveles de la vida social. Probablemente, el estudio de la viabilidad sea clave para determinar el éxito de un programa o proyecto. Esta misma fuente añade que, para que un proyecto sea viable, deben reunirse una serie de requisitos. Textualmente, apunta los siguientes (2010, pp. 56 y 57):

  1. Contexto propicio desde el punto de vista de la política.
  2. Objetivos precisos y realistas.
  3. Concepción adaptada a la capacidad administrativa y técnica de las personas beneficiarias.
  4. Racionalidad y viabilidad económica del proyecto.
  5. Capacidad para financiar los costes iniciales, así como los gastos derivados del funcionamiento y del mantenimiento.
  6. Participación activa de las autoridades locales y de los grupos objetivo.
  7. Elección de tecnologías adaptadas a las condiciones económicas y sociales de las personas beneficiarias.
  8. Calendarios realistas.

9. Sistemas de mantenimiento y apoyo adecuados, y capacidad para administrarlos una vez que la ayuda prestada por el equipo técnico del proyecto haya llegado a su fin.
10. Compatibilidad con las condiciones socioculturales locales.
11. Viabilidad desde el punto de vista del medio ambiente.

- COBERTURA. Consiste en evaluar hasta qué punto un programa/proyecto o actuación profesional llega a la población objeto. Se trata de calcular no sólo la tasa de cobertura, sino también si existen sesgos y/o posibles barreras de acceso al programa. Hay autores como Cohen y Franco (1993, p. 96) que consideran que la cobertura debe ser incluida de forma genérica como un criterio de evaluación para todos los proyectos de intervención social, pues permite determinar el alcance que se ha tenido. También puede ser una evaluación por sí misma, como vimos en el tercer capítulo de este manual.

Como la propia Plataforma de ONG indica, estos son los seis criterios de evaluación más aceptados. Sin embargo, existen muchos otros, la propia Plataforma añade varios. Podría decirse que existen tantos criterios de evaluación como puntos críticos se quieran fijar en el análisis. No pueden aplicarse con carácter general a cualquier evaluación, su uso va a depender de la naturaleza de ésta. En el siguiente listado se ofrecen otros que pueden utilizarse en el ámbito de lo social:

- OPORTUNIDAD. Se refiere al momento en el que se realiza la acción que va a ser objeto de evaluación. Se considera que ésta ha sido oportuna "si se ha realizado dentro del plazo previsto o de un plazo razonable en función de las exigencias impuestas por la evolución del contexto" (OCDE, 2023, p. 29).
- CALIDAD. Se asocia generalmente con la excelencia. Supone analizar si el servicio, el proyecto o aquello que está siendo objeto de evaluación (el todo o una parte) se rige por un sistema de pensamiento donde la excelencia es la protagonista. En la gestión de la calidad esa excelencia suele estar determinada por una serie de normas externas y/o internas, que indican los parámetros que deben regir. El propósito de la calidad muchas veces consiste en obtener la máxima satisfacción del usuario al menor coste posible, a fin de que la organización alcance sus propios objetivos de crecimiento y rentabilidad. Hay que pensar que el estudio de la calidad se asocia generalmente con los servicios, no así tanto con los bienes de consumo.

Medina y Medina (2010, pp. 41-46) apuntan, a este respecto, que los servicios, sobre todo los que se prestan desde las entidades de servicios sociales, tienen unas características específicas que van a condicionar su gestión y calidad. Algunas de las que estos autores señalan son las siguientes: 1. Se trata de un elemento intangible, 2. Los usuarios no tienen su propiedad, sino su uso y disponibilidad,

3. El contacto que se establece entre proveedor y usuario es directo y físico, 4. La producción, comercialización y consumo se da a la vez, en el mismo momento, y 5. Son caducos, ya que no se almacenan, pueden repetirse, pero no recuperarse. Estos mismos autores apuntan que la calidad global de un servicio se evalúa en tres dimensiones:

- o El resultado: el patrón de medida formado por las necesidades y las expectativas que se tienen, ya que la calidad es un concepto relativo, ligado al usuario.
- o Los elementos de la servucción: se refiere a la calidad intrínseca y global del soporte físico (habrá que estudiar cuestiones como la innovación, la limpieza, la complejidad, la disponibilidad, y la facilidad de mantenimiento y manejo), del personal (eficacia, cualificación, apariencia o disponibilidad) y de los usuarios (similitud y eficacia de participación).
- o El proceso de prestación: se refiere al funcionamiento propiamente dicho del servicio. En relación con esto, la calidad se mide por la fluidez, la facilidad, la eficacia y la secuencia de las operaciones, así como por el grado de adecuación a las necesidades del usuario y al servicio buscado.

El estudio de la calidad no es un elemento menor. Constituye una de las principales ramas dentro de la planificación y evaluación de servicios sociales. Cuenta con procesos, técnicas y herramientas específicos, incluso con sus propios modelos y sistemas de gestión de la calidad.

- REPLICABILIDAD. Capacidad para repetir una actividad, proyecto, etc. en contextos o situaciones diferentes, con sujetos e investigadores distintos. También alude a la capacidad de un proyecto para generar conocimiento empírico capaz de ser utilizado por otros proyectos.
- VISIBILIDAD. Mide la cualidad de ser visible, perceptible. Puede referirse a todo el objeto de evaluación o a una parte de este. Suele asociarse a otros criterios como la claridad, por ejemplo en la redacción de mensajes, la accesibilidad, la cobertura o la transparencia. Se suele centrar en elementos como la visibilidad institucional y la visibilidad social del programa o proyecto. Para ello, analiza cuestiones como el conocimiento que la sociedad o el grupo destinatario tiene de la institución y/o del proyecto, la fiabilidad que despiertan sus actuaciones, la estrategia comunicativa que se ha seguido para difundir dichas actuaciones, etc.
- PARTICIPACIÓN. Capacidad para intervenir o implicarse en algo, normalmente con el fin de alcanzar determinados objetivos o logros.
- ASISTENCIA. Acción de estar o hallarse presente en un determinado acto o acontecimiento.

- COORDINACIÓN. Se emplea, sobre todo, cuando se quiere evaluar el trabajo de los equipos de intervención. Es un criterio clave para determinar si éstos han sido capaces de integrar y ejecutar sus acciones y conocimientos en pro de un objetivo común, y de acuerdo con una estrategia y patrón de comportamiento definido previamente. Puede diferenciarse entre *coordinación vertical*, que se da entre distintos niveles jerárquicos de una misma estructura, por ejemplo, de un programa, o *coordinación horizontal*, entre los elementos que integran un mismo nivel de esa estructura. También puede ser interna o externa. La primera se refiere a la coordinación que se produce dentro de un programa o proyecto, entre sus distintos elementos. La segunda pone al programa o al proyecto en relación con las unidades operativas externas a él, con las que está vinculado directa o indirectamente. Por ejemplo, con los equipos de trabajo de otras intervenciones, con otras instituciones, etc.
- PERSPECTIVA DE GÉNERO. Tiene en cuenta en la evaluación las relaciones de poder entre personas de distintos géneros. Empleado como criterio de evaluación, se suele asociar a la participación de personas de distintos géneros en el proceso de intervención y/o en los métodos utilizados. Téngase en cuenta que, en torno a las evaluaciones con perspectiva de género, se ha creado una línea de trabajo seria y consistente, que aporta mucha información sobre cómo diseñar el sistema de medida en estos casos. De hecho, existen numerosos indicadores de género asociados con este y otros criterios de evaluación (por ejemplo, indicadores para el estudio de la participación de los usuarios con perspectiva de género, de la satisfacción con perspectiva de género, de la accesibilidad al servicio con perspectiva de género, etc.).
- EQUIDAD. El principio de equidad sostiene que todos los individuos son iguales al resto, con independencia de su origen étnico, género, edad, nivel socioeconómico u otras características personales. Si se incorpora a la evaluación como criterio es porque se quiere conocer si las actividades, el proyecto, los recursos, la atención profesional, etc., en definitiva, aquello que está siendo evaluado, ha respetado este principio.
- SATISFACCIÓN. Supone tener conocimiento o información sobre cómo se sienten las personas (usuarios, profesionales, etc.) tras interactuar con el elemento que está siendo evaluado (servicio, proyecto, profesional de la acción social, etc.).
- TRANSPARENCIA. Estudia si se hace, o se ha hecho, pública información necesaria sobre aspectos relevantes, atendiendo a la audiencia que actúa como destinataria.

- COHERENCIA. Entendido como la relación lógica de compatibilidad que hay entre distintos elementos de un mismo proyecto u organización. La OCDE (2023, p. 23) ofrece una visión amplia de este criterio de evaluación, señalando que se trata de la "compatibilidad de la intervención con otras intervenciones de un país, sector o institución"; esto permite establecer en qué medida otras intervenciones (en particular políticas) promueven o socaban la intervención, y viceversa. La coherencia podría dividirse en interna y externa. Para la OCDE, la coherencia interna se define como las "sinergias e interrelaciones entre la intervención y otras intervenciones llevadas a cabo por la misma institución o administración, así como la compatibilidad de la intervención con las normas y reglas internacionales pertinentes a las que se ha adherido dicha institución o administración", mientras que la coherencia externa es la "compatibilidad de la intervención con las intervenciones de otros actores en el mismo contexto". El estudio de la coherencia externa "engloba la complementariedad, la armonización y la coordinación con otras intervenciones, y la medida en que la intervención añade valor, sin resultar redundante".
- SOSTENIBILIDAD. Para el glosario de términos de la OCDE (*ibid.* p. 59), este criterio supone analizar en qué medida los beneficios netos alcanzados con la intervención se mantienen a medio y largo plazo, o pueden mantenerse estimando la probabilidad. Según esta organización, este criterio de evaluación supone estudiar la capacidad financiera, económica, social, ambiental e institucional de los sistemas, necesaria para que los beneficios netos se mantengan a lo largo del tiempo.
- ACCESIBILIDAD. Es un criterio relacionado con la cobertura y la equidad. Busca conocer si las personas han tenido la oportunidad de adquirir información, participar en actividades, programas o interacciones, y disfrutar de los servicios y prestaciones, sin barreras físicas, digitales, cognitivas, funcionales, etc. que lo hayan dificultado.
- COLABORACIÓN. Se puede definir como el proceso a través del cual varias personas o instituciones se unen o asocian para intervenir/actuar juntas sobre un mismo problema o realidad social, a fin de conseguir una meta común. Se maximizan así las posibilidades de conseguir un resultado, o un resultado superior al que se conseguiría de intervenir aisladamente. Para algunos autores este criterio podría ser entendido como sinónimo de otros, hablamos por ejemplo de COOPERACIÓN o ASOCIACIÓN, si bien es cierto que existen ciertos matices que los diferencian.
- MOTIVACIÓN. Como señala el Diccionario de la Real Academia de la Lengua Española (RAE), la motivación es un conjunto de factores internos y/o externos que determinan las acciones de una persona o conjunto de personas. Puede decirse que se trata de una fuerza que mueve al individuo

a hacer o conseguir algo. Hay evaluaciones en las que conviene introducirla como criterio, sobre todo cuando la unidad de evaluación tiene un importante componente microsocial o cuando el evaluador sospecha que la motivación puede estar actuando como variable de confundido.

- INTERÉS. Guarda cierta relación con el criterio anterior. Usando la misma fuente, vemos que la Real Academia de la Lengua Española (RAE) lo define como la inclinación del ánimo hacia una persona, objeto, actividad, etc. Por tanto, en evaluación puede referirse a la atención que una persona o grupo presta a un determinado elemento de la unidad de evaluación (la publicidad, alguna actividad, el trabajador social, etc.).
- UTILIDAD. Ya aludimos a ella en el primer capítulo. Es uno de los principios científicos que rigen en cualquier proceso de evaluación. Se refiere a que los resultados de una evaluación deben servir para la toma de decisiones, es decir, deben permitir un uso. Tomándola como criterio de evaluación, la utilidad alude normalmente a la percepción subjetiva que tienen los usuarios acerca de lo provechoso que puede ser para ellos un servicio, una información, una actividad, etc. Si pueden darle algún uso, aplicación o empleo a aquello que está siendo evaluado.
- IMPLICACIÓN. Guarda relación con otros criterios como la participación, la asistencia, el interés o la motivación. De hecho, el criterio de implicación alude a la acción de ser partícipe o estar interesado por algo. Se emplea cuando en las evaluaciones se quiere estudiar el comportamiento de los usuarios con respecto a una actividad y, sobre todo, su nivel de compromiso con el diseño y/o la ejecución de dicha actividad.
- COMPLEMENTARIEDAD. En la obra dirigida por Calero (2013, pp. 55-57) se explica que es un criterio poco empleado, al que se le suele asignar una baja prioridad en las evaluaciones, aunque muchas veces pueda ser de los más determinantes para el éxito o el fracaso de una intervención. Estos autores señalan que sirve para valorar hasta qué punto se han tenido en cuenta otras intervenciones (incluyendo las normas o las políticas de gran alcance) que puedan afectar a la intervención evaluada en un sentido positivo (de refuerzo) o negativo (de obstaculización), y que estén relacionadas con ella bien porque se dirigen a la misma población beneficiaria, bien porque afectan al mismo problema (aunque los beneficiarios sean otros), bien porque persiguen objetivos similares u opuestos a los de la intervención evaluada o bien porque se impulsan/ejecutan desde la misma organización o unidad de gestión. En definitiva, busca conocer si la intervención tiene en cuenta la existencia de esas sinergias u obstáculos.
- IMPLEMENTACIÓN. Existe un tipo de evaluación centrada en este aspecto. Se trata de la evaluación de la implementación, a la que ya aludimos

en el capítulo tres de este manual. Esa evaluación se centra en analizar la puesta en marcha del programa o proyecto a fin de determinar si se ha aplicado conforme a los esquemas que estaban fijados. A veces ocurre que el evaluador no tiene interés por realizar este tipo de evaluación, pero sí quiere incorporar la implementación como punto crítico para estudiar algún elemento del programa/proyecto. En ese caso, se puede recurrir al criterio de implementación, que tiene como fundamento saber cómo se ha aplicado aquello a lo que se refiere el propio criterio: método, medidas, técnicas, calendario, presupuesto, etc.

- COMUNICACIÓN. Consiste en la transmisión de información entre dos o más individuos. La comunicación en un proyecto o programa se suele producir por vía escrita, a través de correos, publicidad, notas internas, etc., o por vía oral, a través de entrevistas, conversaciones, reuniones, etc. De hecho, existen numerosos canales de comunicación. La comunicación puede ser, a su vez, formal o informal. Conviene apuntar que, aunque la hemos incluido en el listado de criterios, no suele incorporarse como tal en una evaluación. Se incorpora, más bien, como una dimensión de análisis. En relación con ella, es decir, con esta dimensión, se evalúan cuestiones como la eficacia de los canales de comunicación establecidos, la coherencia en los mensajes, la visibilidad que han tenido las comunicaciones formales para los usuarios, etc., todo esto sí serían criterios de evaluación relacionados con la dimensión de comunicación. No obstante, aunque sea de manera excepcional, hay quien la puede considerar en algunos casos un criterio de evaluación en sí misma, de ahí que la incluyamos en este listado.

EJEMPLO

Finalizamos este epígrafe señalando cuáles podrían ser los criterios de evaluación, o puntos críticos de valoración, para el ejemplo propuesto en el capítulo, acerca del Proyecto de Iniciación a la Capacitación Digital de Personas Mayores. Recordemos que habíamos planteado cinco dimensiones de análisis, cada una con sus correspondientes variables. Los criterios normalmente se proponen en función de las dimensiones. Cada dimensión (y sus variables) podrá tener tantos criterios como sean necesarios. Estos pueden ser diferentes entre dimensiones, aunque también puede que haya un único criterio común a todas. Recordemos también que el propósito de la evaluación era conocer los efectos que el proyecto había tenido sobre las 15 personas que habían participado en él voluntariamente durante su primera edición. Esto es importante porque cada tipo de evaluación se asocia más con unos criterios de evaluación que con otros. En el caso de una evaluación centrada en los efectos, como esta que se propone, los criterios que tienen más posibilidades de estar presentes son la eficacia, la eficiencia, el impacto, la implicación, la participación, la asistencia, etc. De lo que se trata es de revisar con detalle los elementos que tenemos hasta ahora, esto es, los alcances de la evaluación, los objetivos, las variables y las dimensiones, y seleccionar aquellos criterios o puntos críticos que, en línea con lo que se pretende, se emplearán para el análisis. Proponemos los siguientes criterios para el ejemplo:

DIMENSIÓN	CRITERIOS DE EVALUACIÓN
D1. Dominio del móvil	C1. Eficacia en la adquisición y dominio de los contenidos relacionados con el módulo 1 del taller
D2. Dominio del WhatsApp	C2. Eficacia en la adquisición y dominio de los contenidos relacionados con el módulo 2 del taller
D3. Dominio de las redes sociales	C3. Eficacia en la adquisición y dominio de los contenidos relacionados con el módulo 3 del taller
D4. Satisfacción con el taller	C4. Satisfacción de los participantes con distintos aspectos del taller sobre iniciación a la capacitación digital que se ha impartido
D5. Utilidad del taller	C5. Utilidad que tienen los contenidos tratados en el taller para los participantes C6. Impacto que el aprendizaje de los contenidos del taller y su aplicación ha tenido sobre la persona participante y su entorno

4. SISTEMA DE INDICADORES

Después de establecer los criterios de evaluación, se pasa a elaborar el sistema de indicadores. Se realiza una operacionalización deductiva, siendo este, probablemente, uno de los pasos más complejos en el diseño de una evaluación. La Plataforma de ONG (2010, p. 71) explica que la finalidad de la operacionalización es obtener una información (indicador/es) que, de forma sistematizada y lógica, permita establecer en cada uno de los criterios de evaluación un enjuiciamiento sobre el proyecto. De hecho, el indicador tiene como objetivo describir, cuantitativa o cualitativamente, el comportamiento de una o varias variables, por eso queda definido como "una medida observable para demostrar que algo ha cambiado" (*ibid.* p. 72). Los indicadores representan el máximo grado de operacionalización o concreción de la variable para el control empírico de los cambios que se hayan podido producir a raíz de la intervención (Ander-Egg, 1988, p. 160). El indicador actúa a modo de evidencia para demostrar esos logros o cambios. El glosario de términos sobre evaluación de la OCDE (2023, p. 38) apunta que un indicador siempre es aproximado (es decir, no es una medida exacta) y ha de interpretarse y explicarse, aunque su cálculo sea preciso; además, debe ofrecer un medio sencillo, verificable y fiable para dar seguimiento a los cambios y el desempeño.

Como explica Espinoza (1983, p. 115), los evaluadores pueden recurrir a evaluaciones ya hechas sobre proyectos semejantes y utilizar los mismos indicadores que se emplearon en esa ocasión u otros parecidos. Sin embargo, esto no siempre es posible, teniendo entonces que desplegar su capacidad para el diseño de nuevos indicadores adecuados al proceso de medición o evaluación. En su formulación, los indicadores deben cumplir una serie de características (Plataforma de ONG, 2010, p. 73):

- SUSTANTIVO. Refleja un aspecto esencial de un objetivo (de una variable) en términos concretos.
- INDEPENDIENTE. Todo objetivo y resultado debe tener asociado al menos un indicador y no debe utilizarse el mismo indicador para más de un objetivo.
- OBJETIVO. Debe reflejar hechos reales y no impresiones subjetivas.
- VEROSÍMIL. Los cambios registrados pueden atribuirse directamente a los efectos del programa o actuación.
- FÁCIL DE OBTENER. Está basado en datos fácilmente disponibles o cuya obtención no suponga un gran esfuerzo o coste. Esto guarda relación con la fuente de la que se va a extraer la información.
- VERIFICABLE OBJETIVAMENTE. Cualquier persona o equipo, utilizando el mismo procedimiento de manera independiente, obtiene similar resultado para ese indicador.

Nirenberg, Brawerman y Ruiz (2000, pp. 160 y 161) proponen otro listado, bastante más amplio, sobre los requisitos que idealmente debe reunir todo tipo de indicador:

1. VALIDEZ. Un indicador debe hacer referencia a aquello que realmente debe medir o apreciar.
2. CONFIABILIDAD. Ante diferentes mediciones o recolecciones efectuadas en las mismas circunstancias en las mismas poblaciones y al mismo tiempo, el valor del indicador será el mismo.
3. ESPECIFICIDAD. El indicador refleja sólo los cambios en la cuestión bajo análisis y no otros.
4. SENSIBILIDAD. Es capaz de detectar los cambios en la cuestión de análisis por leves que sean.
5. REPRESENTATIVIDAD. Cubre todas las cuestiones y a todos los individuos que espera cubrir.
6. CLARIDAD. Su formulación es simple y fácil de interpretar, no resultando ambiguo.

7. ACCESIBILIDAD. Los datos por recoger con relación al indicador para su interpretación y contraste con los estándares de evaluación son de fácil disponibilidad.
8. UTILIDAD. El indicador cumple una función en ese sistema de indicadores, de manera que los usuarios y demás *stakeholders* lo perciben como un marcador de aquella cuestión que está siendo evaluada o analizada.
9. ÉTICA. Tanto la recogida de información como su procesamiento y difusión respetarán los principios éticos de cualquier evaluación, incluyendo el derecho al anonimato de los informantes que lo deseen.
10. SINERGIA. El indicador puede hacer referencia a más de una variable al mismo tiempo, estableciendo de esta manera sinergias entre variables de análisis.
11. COSTO. La recogida de la información y el procesamiento posterior se ajusta al presupuesto disponible y a la utilidad esperada, estableciendo sinergias cuando es posible.
12. REPLICABILIDAD. Los indicadores no son exclusivos de un proyecto, sino que pueden ser útiles para otros semejantes que se realicen en localizaciones diferentes, permitiendo así posibles análisis comparativos.

Aguilar y Ander-Egg (1992, p. 113) explican que la elaboración y elección de indicadores está condicionada por la calidad y cantidad de datos disponibles, o susceptibles de ser obtenidos, lo que, a su vez, también depende de los recursos asignados a la evaluación y las previsiones que se hayan efectuado en la fase de diseño de la evaluación. Estos autores apuntan que, en cualquier caso, la elección de indicadores es una tarea compleja, y debe darse prioridad a aquellos que tengan un mayor valor operativo. No se recomienda elaborar un sistema de indicadores excesivamente grande o denso; lo importante es que sean indicadores significativos, específicos y estén definidos con claridad.

Antes de empezar con la elaboración del sistema de indicadores conviene aclarar los conceptos que se van a manejar; de hecho, el éxito de un indicador vendrá dado por su capacidad explicativa e interpretativa, y eso pasa por la capacidad teórica para conectarlo con el elemento evaluado. Por ejemplo, si quiero evaluar la participación de los usuarios en una actividad, no puedo empezar a elaborar indicadores de forma espontánea y apresurada. Tengo que saber, previamente, cuáles son las formas de participación en la actividad que esos usuarios han tenido (por ejemplo, siendo voluntarios para una acción cuando se ha pedido uno, dando su opinión cuando se les ha preguntado, trayendo material de casa voluntariamente, interviniendo en el momento de ruegos y preguntas, etc.). Sólo teniendo esta información previa, es decir, este marco conceptual y teórico de referencia, se podrán elaborar indicadores adaptados al objeto de estudio. Como ya vimos en el capítulo tres de este manual, los evaluadores a veces, para garantizar que el sistema de indicadores que han diseñado es adecuado, lo someten a evaluación. En este sentido, recurren a expertos o a actores sociales para que valoren, entre otras cuestiones, si los indicadores son válidos, es decir, sirven para estudiar la variable propuesta, son fáciles de obtener, están redactados de manera clara, son poco costosos, etc. En definitiva, se busca contar con un mecanismo de validación externo al propio equipo evaluador, que confiera un mayor rigor al sistema de indicadores y, por ende, a toda la evaluación propuesta. Esto es de gran utilidad, además de que aporta calidad a la evaluación y minimiza la posibilidad de introducir sesgos.

Atendiendo a su naturaleza, los indicadores se pueden agrupar en dos categorías: indicadores numéricos e indicadores nominales. Es la manera más simple de clasificar los indicadores de una evaluación. Los primeros suelen expresar cantidad, por lo que su respuesta es normalmente un número, mientras que los segundos reflejan una cualidad o característica, de ahí que su respuesta sea una palabra o expresión. Para algunos, esta manera de clasificar los indicadores, más que responder a su naturaleza, responde al tipo de análisis que posteriormente se podrá realizar con la información que se obtenga sobre ese indicador (análisis cualitativo o cuantitativo). Sobre esta clasificación volveremos más adelante.

Siguiendo con otras maneras de clasificar los indicadores, estos pueden ser directos, si aluden a la variable estudiada de manera clara y manifiesta, o indirectos, cuando aluden a la variable de manera trasversal o no directa. Veamos la diferencia entre ambos a través de un ejemplo. Imaginemos que queremos estudiar la variable "consumo de drogas por parte de los jóvenes del barrio entre 14 y 25 años". Un indicador directo para esa variable puede ser el *número de jóvenes del barrio entre 14 y 25 años que durante la última semana han consumido algún tipo de droga.* Por su parte, un indicador indirecto podría ser el *grado de interés que muestran los jóvenes del barrio entre 14 y 25 años antes y después de la intervención por practicar deportes de equipo* —entendiendo que la práctica de deportes de ocio y tiempo libre los alejará de espacios donde se consumen drogas—. Otro indicador indirecto para este mismo ejemplo podría ser el *número de campañas de prevención que se han hecho en el barrio en los últimos seis meses contra el consumo de drogas por parte de jóvenes.* A diferencia del primer indicador, que sí hacía referencia directa a la variable con la que se relaciona (por eso es un indicador directo), estos dos indicadores son indirectos porque ofrecen información no sobre la variable en sí misma, sino sobre elementos relacionados con ella, cuyo análisis permitiría interpretar o deducir cómo se ha comportado esa variable. En ocasiones, las evaluaciones que se hacen en trabajo social, sobre todo a nivel comunitario, recurren a indicadores indirectos porque es la única forma de acceder a información válida y fiable, o porque tienen un coste menor, al encontrarse la información disponible más fácilmente. De hecho, la información sobre los indicadores indirectos se suele extraer de fuentes estadísticas oficiales o de registros que se realizan como consecuencia de algún acto administrativo o burocrático, por eso su obtención es más barata. Imaginemos otra evaluación; en este caso se quiere saber si un programa de lucha contra la exclusión digital de personas inmigrantes ha conseguido eliminar las barreras de acceso a las nuevas tecnologías. Como indicador directo se plantearía *Se han reducido las barreras de acceso a las nuevas tecnologías para las personas inmigrantes* y se preguntaría a esas personas por las barreras antes y después de la intervención, para ver si se ha producido algún cambio. Indicadores indirectos que se podrían tomar en consideración para estudiar la reducción de esas barreras son el *número de teléfonos móviles que las personas inmigrantes han adquirido en el barrio tras la ejecución del programa* o *el número de altas en telefonía móvil que se han producido en ese mismo barrio por parte de personas inmigrantes.* Se entiende que, si ambos indicadores han aumentado, es porque se han reducido las barreras. Siguiendo con otros ejemplos, imaginemos que queremos conocer si ha mejorado el clima de convivencia de un barrio a partir de nuestro proyecto de intervención comunitaria. Para ello, podremos estudiar esa mejora usando como indicador directo el *número de peleas o altercados que se producen* y como indirecto el *número de denuncias que se han presentado en comisaría durante el último mes por actos vandálicos ocurridos en el barrio.* Entenderíamos que se ha producido una mejora en el clima de convivencia si se han reducido las denuncias.

Sobre los indicadores y sus tipos existen otras clasificaciones, más allá de aquellas que los categorizan en numéricos y nominales o en directos e indirectos. Una de ellas diferencia entre indicadores *simples,* cuando en su construcción aluden a una única variable, e indicadores complejos o *compuestos,* cuando para su construcción hacen uso de varias variables. También existe aquella clasificación que toma en consideración el papel que los indicadores asumen en el proceso de evaluación, aspecto que suele ir de la mano de la naturaleza de la evaluación. Así, encontramos *indicadores de realización,* que recogen información sobre el estado de ejecución de las acciones; *indicadores de resultados,* relativos al grado de cumplimiento de los objetivos propuestos en la intervención; e *indicadores de impacto,* relativos al efecto que han tenido las acciones y los resultados sobre una población más extensa. Esta clasificación es extremadamente útil en la evaluación de programas y proyectos sociales. De hecho, cuando la evaluación es solicitada por una entidad financiadora, esta puede pedir que se incluyan en la evaluación indicadores de este tipo para tener, así, una visión global sobre lo que se ha realizado y lo que se ha conseguido. Veamos algunos ejemplos para cada tipo de indicador a partir de supuestas evaluaciones, algunas de ellas ya referidas a lo largo de este manual o capítulo.

EJEMPLO 1. Evaluación Programa de Capacitación Digital de Personas Mayores para su Inclusión		
INDICADORES DE REALIZACIÓN	**INDICADORES DE RESULTADO**	**INDICADORES DE IMPACTO**
Número de talleres de capacitación digital que se han realizado en el programa	Número de usuarios que se han capacitado a distintos niveles para el uso de las nuevas tecnologías	Número de usuarios capacitados que han podido comunicarse con un familiar lejano a través del uso de las redes sociales

Fuente: Elaboración propia.

EJEMPLO 2. Evaluación Proyecto de Sensibilización Comunitaria sobre los Efectos del Consumo de Drogas en Jóvenes		
INDICADORES DE REALIZACIÓN	**INDICADORES DE RESULTADO**	**INDICADORES DE IMPACTO**
Número de charlas que se han impartido en centros educativos del barrio sobre los efectos negativos que tiene sobre la salud el consumo de drogas	Grado de percepción que los jóvenes tienen sobre los peligros que entraña para la salud el consumo de drogas, en una escala del 1 al 4, donde 1 es poco peligro y 4 es muy peligroso	El proyecto ha conseguido una mejora del clima de convivencia del barrio

Fuente: Elaboración propia.

EJEMPLO 3. Evaluación Proyecto sobre la Inserción Sociolaboral de Jóvenes Ni-Ni		
INDICADORES DE REALIZACIÓN	**INDICADORES DE RESULTADO**	**INDICADORES DE IMPACTO**
Número de reuniones de coordinación que se han llevado a cabo a lo largo del proyecto	Tasa de empleabilidad juvenil = (Número de jóvenes atendidos en el proyecto que han encontrado empleo / número de jóvenes atendidos en el proyecto) * 100	Nivel de sensibilización del tejido empresarial local sobre la situación del colectivo con el que se trabaja en una escala de tres niveles (bajo-medio-alto)

Fuente: Elaboración propia.

En las tablas anteriores se recogen indicadores de realización, resultado e impacto. Vemos que son diferentes entre sí por su contenido y por el papel que asumen en la evaluación. Sin embargo, también difieren entre sí en cuanto a su estructura, es decir, a su formulación. Unos aluden al número, otros a tasas, otros mencionan el nivel o el grado… Son distintas maneras de construir un indicador, con independencia de que sean de realización, de resultado o de impacto. Lo mismo ocurría con los directos e indirectos que veíamos anteriormente, y con los simples o complejos. A continuación, de la mano de algunos ejemplos, nos vamos a centrar en esta cuestión, es decir, en la manera de construir un indicador, diferenciando entre indicadores numéricos y nominales. Esta distinción probablemente sea la manera más sencilla y básica a la hora de clasificar los indicadores. De hecho, cualquier otra clasificación se apoya necesariamente en ella, pues resulta imprescindible anticipar en la conceptualización si el indicador busca cuantificar o caracterizar una realidad.

INDICADORES NUMÉRICOS O CUANTITATIVOS

Como ya hemos mencionado, este grupo estaría formado por aquellos indicadores que expresan una cantidad, un valor, un número. Suelen utilizarse para determinar cuestiones como la *frecuencia* con la que se produce un hecho, conducta o acontecimiento, el *intervalo de tiempo* que transcurre entre dos sucesos, la *duración* de un comportamiento o hecho social, o la *intensidad* con la que se produce algo (en estos casos se requiere de una escala para determinar los grados de intensidad). Existen múltiples indicadores numéricos o cuantitativos, algunos son *simples*, como el número o el grado, y otros son *compuestos*, como las tasas o los índices. A continuación, se ofrece un listado exhaustivo de indicadores cuantitativos, con una breve definición. Para cada uno se proponen ejemplos concretos. A fin de contextualizarlos mejor, en las tablas se añaden, además de ejemplos de indicadores, el posible criterio al que están referidos, aunque ese criterio no tiene por qué aplicar siempre, es decir, el indicador podría emplearse para otros criterios, según la consideración del equipo evaluador y el contexto de la evaluación.

- Número de…

Es un indicador básico y probablemente el más empleado. Alude a la cantidad.

CRITERIOS	INDICADORES
Cobertura en la atención profesional a usuarios	Número de casos de distinta naturaleza atendidos en el periodo Número de casos nuevos atendidos en el periodo Número de casos reabiertos y atendidos durante el periodo Número de casos atendidos y resueltos en el periodo Número de demandas del recurso X recibidas durante el periodo

CRITERIOS	INDICADORES
Calidad en la atención profesional	Tiempo de dedicación a cada caso por parte del profesional (número de horas) Tiempo dedicado al estudio del caso (número de horas) Tiempo dedicado a gestiones (número de horas) Tiempo dedicado a atención o contacto directo con el usuario (número de horas) Tiempo que ha pasado entre que se contacta con el usuario y se vuelve a contactar con él (expresado en días) Número de casos cerrados en menos de un mes Número de casos cuya tramitación ha comprendido entre uno y tres meses
Eficacia en la distribución del trabajo profesional	Número de horas dedicadas al proyecto por el profesional durante una semana Número de tareas del proyecto finalizadas en tiempo y forma por el profesional
Satisfacción del usuario con el servicio	Número de abandonos en el transcurso de la prestación del servicio Número de usuarios que desean continuar con el servicio
Participación de las entidades y/o instituciones del barrio en el proyecto	Número de entidades invitadas a participar en el proyecto Número de entidades que han colaborado en el desarrollo del proyecto

• Promedio de…

Es la media aritmética. Se calcula sumando un grupo de números y dividiendo por el recuento de dichos números.

CRITERIOS	INDICADORES
Calidad en la atención profesional	Promedio de tiempo dedicado a reuniones con los usuarios Promedio de duración de las entrevistas con los usuarios
Calidad del programa/servicio	Tiempo medio de espera para poder utilizar el programa/servicio Tiempo medio de duración de tramitación de la demanda o solicitud Promedio de demandas o solicitudes atendidas en la semana Duración media de una actividad prevista en el programa Tiempos medios de estancia en los alojamientos del programa
Participación en las actividades	Promedio de participantes por actividad realizada = número de participantes totales en el periodo / número de actividades realizadas en el periodo
Asistencia a las instalaciones del centro	Frecuencia media de utilización de las instalaciones = número de asistentes a las instalaciones durante un periodo de tiempo / número de días que han permanecido abiertas las instalaciones del centro durante ese mismo periodo
Perspectiva de género en la cuantía percibida	Cuantía media de la subvención percibida por cada sexo

CRITERIOS	INDICADORES
Eficiencia económica del servicio	Importe bruto medio de la nómina correspondiente a trabajadores que llevan a cabo intervenciones directas Importe bruto medio de la nómina correspondiente a trabajadores que llevan a cabo intervenciones indirectas Gastos corrientes del servicio durante el último año, deducidos los correspondientes al personal Importe total de las prestaciones económicas concedidas de manera directa a los usuarios Coste medio de una visita domiciliaria Coste medio de una entrevista externa Coste medio de la actividad X del servicio

- Ratio / Coeficiente / Razón de…

Son tres tipos diferentes de indicadores, pero estrechamente relacionados entre sí. Coinciden en que todos expresan relación entre dos cantidades o magnitudes. La clave es que existe una división, es decir, un quebrado, entre dos elementos que poseen características diferentes. Por regla general, la variable que aparece en el denominador no aparece en el numerador. Se utiliza especialmente en el ámbito económico y financiero para estudiar la rentabilidad de los servicios y productos. En el ámbito de lo social, el uso de la *ratio* es frecuente, pues se toma como indicador del volumen de trabajo de los profesionales (usuarios atendidos por cada profesional). La *razón*, como norma general, permite establecer la relación entre las unidades que presentan algún atributo o característica y aquellas que no poseen el atributo o presentan otro diferente. El *coeficiente* es el resultado de dividir dos cantidades.

CRITERIOS	INDICADORES
Rentabilidad del producto o servicio	Ratio entre el precio del servicio (el coste) y el beneficio que se obtiene Ratio de gasto por habitante = Presupuesto total del servicio en la localidad durante ese año / número de habitantes de la localidad durante ese año
Volumen de trabajo (cobertura)	Ratio de casos en atención, abiertos, resueltos y nuevos por profesional Ratio de casos totales atendidos por profesional
Perspectiva de género en la atención de usuarios del servicio	Ratio de género = Hombres atendidos / Mujeres atendidas* *El resultado se expresa diciendo que existe una ratio de x hombres por cada mujer entre los usuarios atendidos por el servicio o que el coeficiente entre hombres y mujeres atendidos es de x a favor de los hombres.
Visibilidad del servicio	Coeficiente de conocimiento del servicio = Personas que conocen el servicio / personas que no conocen el servicio

CRITERIOS	INDICADORES
Satisfacción con la atención recibida	Coeficiente de satisfacción con la atención recibida = Personas satisfechas con la atención recibida / personas que no están satisfechas con la atención recibida
Eficacia en la intervención comunitaria	Coeficiente de paro =% total parados / % total activos

• Porcentaje de...

Todos sabemos lo que es un porcentaje. Se utiliza para comparar dos o más fracciones, utilizando el 100 como denominador común. Es muy práctico porque, a diferencia de lo que sucede con los números absolutos, casi siempre permite comparaciones.

CRITERIOS	INDICADORES
Perspectiva de género en la atención	Porcentaje de hombres atendidos Porcentaje de mujeres atendidas (%) Mujeres subvencionadas por actividad Porcentaje de mujeres empleadas comparado con el de mujeres empleadas antes del proyecto
Eficacia en la distribución del trabajo profesional	(%) Dedicación temporal a entrevistas = (horas dedicadas a entrevistas con los usuarios / horas de atención al proyecto) * 100 (%) Dedicación temporal a visitas domiciliarias = (horas dedicadas a visitas domiciliarias / horas de atención al proyecto) * 100 (%) Dedicación temporal a estudio y valoración del caso = (horas dedicadas a estudio y valoración del caso / horas de atención al proyecto) * 100 (%) Dedicación temporal a reuniones internas de trabajo = (horas dedicadas a reuniones internas de trabajo / horas de atención al proyecto) * 100
Cobertura del servicio	Fluctuación de la demanda con respecto al periodo anterior = (número total de demandas recibidas durante ese periodo / número de demandas recibidas en el periodo anterior) * 100
Rendimiento de las prestaciones concedidas (eficiencia)	Rendimiento de las prestaciones = (número de personas que han recibido la prestación en ese periodo —beneficiarias— / número de casos que han sido atendidos o gestionados durante ese mismo periodo) * 100
Implicación de las personas del barrio en el centro	Iniciativa de los vecinos del barrio = (número de actividades propuestas por los vecinos del barrio / número de actividades que se han realizado en total) * 100

• Proporción de...

A veces no es necesario calcular porcentajes, es entonces cuando se recurre únicamente a la proporción, que es el cociente entre dos números. En el numerador aparece el número de veces que se presenta un valor o una característica y en el denominador el número total de la muestra de la variable en el estudio evaluativo. Es decir, la proporción se define como la relación entre las unidades con alguna característica común y el total de unidades (con y sin la característica). Esto supone que el numerador estará incluido en el denominador.

CRITERIO	INDICADORES
Eficacia de la intervención	Proporción de demandas atendidas durante la semana = Número de demandas atendidas esa semana / Número de demandas recibidas esa semana Frecuencia en la información y orientación = casos que han solicitado información y orientación / casos abiertos con algún tipo de demanda Frecuencia de tratamiento = casos bajo tratamiento / casos abiertos Frecuencia de derivación interna = casos derivados a servicios internos / casos abiertos
Perspectiva de género en la demanda de un servicio	Proporción de demandas del servicio efectuadas por mujeres = Número de demandas efectuadas por mujeres / número total de demandas recibidas en el servicio Proporción de mujeres atendidas por el servicio = Número de mujeres atendidas por el servicio / número total de mujeres que han pedido ser atendidas por el servicio
Participación de los jóvenes del barrio en una actividad comunitaria	Número de jóvenes que han participado en la actividad / número de jóvenes censados en ese barrio

- Tasa de…

Su uso es común cuando se habla de estadísticas de población. Se obtiene dividiendo un numerador equivalente al número de veces que se produce un evento durante un tiempo determinado por un denominador que equivale al número de posibles repeticiones en el mismo periodo o a la población media existente durante ese periodo. Se trata de un porcentaje.

CRITERIOS	INDICADORES
Cobertura en la atención	Tasa de cobertura sobre la población objeto = (número de personas atendidas en el periodo / número de personas de la población objeto) * 100 Tasa de cobertura sobre la población de la zona = (número de personas atendidas en el periodo / número de personas de la zona) * 100 Tasa de incidencia = (número de personas que potencialmente necesitarán ayuda o asistencia / número de personas de esa población o colectivo) * 100 Tasa de eficacia en la cobertura = ((número de casos atendidos en el periodo que lo necesitaban / número de casos atendidos en el periodo) - (número de casos atendidos en el periodo que no lo necesitaban / número de casos atendidos en el periodo)) * 100 Tasa de cobertura de desempleo = (Población parada beneficiaria de la prestación por desempleo / población parada) * 100

CRITERIOS	INDICADORES
Eficacia de la intervención	Tasa de derivación externa = (casos derivados a servicios externos / casos abiertos) * 100 Tasa de atención en el periodo = (casos atendidos / casos abiertos) * 100 Tasa de eficacia = (casos terminados / casos abiertos) * 100 Tasa de actividad = (población activa / población potencialmente activa) * 100 Tasa de paro = (población parada / población activa) * 100 Tasa de ocupación = (población ocupada / población potencialmente activa) * 100
Perspectiva de género en la atención	Tasa de cobertura de mujeres = (número de mujeres beneficiarias de ayudas / número total de mujeres que han solicitado una ayuda ese año en esa zona) * 100 Tasa de feminidad = (número de mujeres beneficiarias de la ayuda / número de personas beneficiarias de la ayuda) * 100

- Índice de...

Son indicadores complejos, ya que se calculan a partir de la información proporcionada por varios indicadores de un mismo concepto, ponderando el peso de cada indicador. Se desaconseja sumar dos indicadores cuando uno es la causa o la consecuencia del otro, tampoco es conveniente cuando uno forma parte del otro (está incluido en el otro), ni cuando aluden a conceptos diferentes o estén orientados a objetivos distintos. En su construcción suele haber siempre un componente subjetivo, ya que es el evaluador quien asigna el peso a cada indicador del índice para establecer las ponderaciones. Su uso en evaluación es poco frecuente, dada la complejidad que entraña su diseño, a menos que se utilicen índices ya elaborados.

CRITERIO	INDICADORES
Eficacia de la intervención para reducir la pobreza en el barrio	Índice AROPE: es un indicador definido en 2010 por la Unión Europea para determinar el riesgo de pobreza y exclusión social de las personas que viven en países europeos. Este índice agrupa tres indicadores: – Renta: se consideran en riesgo de pobreza a las personas que viven en hogares con una renta inferior al 60% de la mediana de los ingresos por unidad de consumo. – Privación Material Severa (PMS): agrupa a personas que viven en hogares que declaran no poder permitirse al menos cuatro conceptos de una lista de nueve seleccionados a nivel europeo. – Intensidad de trabajo, población con baja intensidad de trabajo por hogar (BITH): este indicador comprende la relación entre el número de personas por hogar que están en edad de trabajar y las que efectivamente trabajan.

• Grado de...

Normalmente se emplea para medir la intensidad de una variable o de un acontecimiento. Este tipo de indicador requiere de una escala, construida por el evaluador, que permita fijar esos grados de intensidad. Muchas veces se emplea el término *nivel* en lugar de *grado*. Su uso va a venir determinado por la escala de medida que lo acompañe; el grado tiende a ser de corte cuantitativo, por lo que su escala de medida será de esta naturaleza (con valores numéricos, por ejemplo tipo Likert del 1 al 5), mientras que el nivel evoca a un aspecto más cualitativo, por lo que se recomienda usar escalas nominales o descriptivas (por ejemplo, nunca, casi nunca, a veces, casi siempre, siempre).

CRITERIOS	INDICADORES
Accesibilidad al centro/ programa	Grado de conocimiento/información sobre el programa Grado de facilidad en el acceso físico al centro Grado de facilidad en el acceso a una plaza del programa
Satisfacción con el programa o servicio	Grado de satisfacción global del usuario con el programa o servicio Grado de satisfacción del usuario con la atención recibida por parte del profesional del programa o servicio Grado de satisfacción del usuario con el tiempo de espera para acceder al servicio o al programa

INDICADORES NOMINALES O CUALITATIVOS

Aunque los indicadores numéricos, de carácter cuantitativo, son los más extendidos y utilizados sobre todo en la evaluación de programas y proyectos sociales, Medina (2001, pp. 222 y 223) explica que a veces cuantificar resulta no sólo difícil, sino también costoso e innecesario. Por eso, se recurre también a los indicadores de tipo cualitativo. Este autor nos ofrece, a modo de ejemplo, el siguiente listado. Como orientación, añadimos a qué criterio de evaluación podría estar referido cada indicador. Vemos que en su mayoría son simples, pues hacen referencia a una única variable.

- Se ha solucionado el problema (eficacia, satisfacción)
- Los participantes proponen seguir con la actividad (satisfacción)
- Se ha incrementado la participación con respecto a otros años (participación)
- Ha servido como punto de partida para la creación de un grupo nuevo (satisfacción, eficacia,...)
- Ha aumentado la comunicación entre diversos colectivos de la comunidad (eficacia, cooperación, colaboración,...)

- Se ha realizado en colaboración con distintas instituciones (colaboración, eficacia en el trabajo en red, coordinación,...)
- Se ha cubierto un campo sin trabajar hasta el momento (innovación)
- Se ha conseguido la colaboración de algún agente en concreto (coordinación, cooperación)
- Se ha conseguido más confianza y cohesión en el grupo (satisfacción, cohesión)
- Se ha conseguido una economía de recursos con los mismos resultados (eficiencia)

A este listado se pueden añadir muchos otros indicadores cualitativos:

- El equipo de trabajadores sociales se reúne periódicamente (coordinación, implementación,...)
- A las reuniones de coordinación horizontal acuden todos los profesionales implicados (coordinación, implicación)
- A las reuniones de coordinación vertical acuden todos los profesionales implicados (coordinación, implicación)
- Las decisiones se adoptan de manera conjunta (trabajo en red, cohesión, coordinación,...)
- Las decisiones se reflejan por escrito (implementación,...)
- Las actividades se programan con la suficiente antelación (eficiencia, implementación,...)
- Las personas atendidas han recibido información y asesoramiento sobre sus derechos en relación a los recursos públicos disponibles en el Ayuntamiento (eficacia, calidad...)
- El 80% de las mujeres atendidas han conseguido iniciar itinerarios individualizados de promoción personal y social (eficacia, perspectiva de género)
- Las familias que han sido atendidas por el programa consideran que éste ha contribuido a mejorar su situación (satisfacción, eficacia)
- El 75% de las personas atendidas han solicitado las prestaciones sociales a las que tienen derecho (eficacia, cobertura)

Los indicadores cualitativos se suelen redactar como se indica en los ejemplos del listado, esto es, a modo de afirmación y casi siempre de manera impersonal. No obstante, su redacción es abierta, por lo que se pueden presentar de múltiples maneras (por ejemplo, *Aumento del sentimiento de integración en el barrio de las personas inmigrantes* en lugar de *Ha aumentado el sentimiento de integración en el barrio de las personas inmigrantes*). Recordemos que ya hemos aludido a los indicadores cualitativos en otra parte del manual. Lo hicimos, en concreto, en el segundo capítulo, cuando explicamos el uso que tienen en la evaluación de las intervenciones que se realizan en el ámbito microsocial.

Concluimos este epígrafe planteando el sistema de indicadores para el ejemplo con el que estamos trabajando a lo largo del capítulo.

EJEMPLO

Los indicadores se suelen organizar según las dimensiones de análisis, al igual que sucedía con las variables y criterios de evaluación. Estarán en relación con las variables propuestas, y se formularán teniendo en cuenta los criterios o puntos críticos de valoración que se hayan fijado. Cada variable debe tener asociado obligatoriamente un indicador, puede que, incluso, tenga varios, si el equipo evaluador decide analizar la variable desde diversos enfoques. Para ilustrar esta relación entre variable(s) e indicador(es), que parece fundamental en cualquier evaluación social, en la tabla que presentamos a continuación con el sistema de indicadores propuesto para el ejemplo con el que estamos trabajando en este capítulo sobre el Proyecto de Iniciación a la Capacitación Digital de Personas Mayores señalamos, junto a cada indicador, la variable a la que se encuentra referido. El sistema que se propone está formado por un total de 38 indicadores, organizados en las cinco dimensiones. Se han empleado indicadores tanto cualitativos como cuantitativos. Todos son directos y simples.

DIMENSIÓN	CRITERIOS DE EVALUACIÓN	INDICADORES DE EVALUACIÓN
D1. Dominio del móvil	C1. Eficacia en la adquisición y dominio de los contenidos relacionados con el módulo 1 del taller	I1. Son capaces de apagar, encender y bloquear el móvil (V1) I2. Conocen el significado y uso del código PIN y PUK (V2) I3. Comprenden y saben gestionar los avisos sobre recarga de batería (V3) I4. Saben conectarse a la red wifi y activar, cuando sea necesario, los datos del móvil (V4) I5. Son capaces de gestionar las distintas opciones de sonido del móvil (V5) I6. Identifican los iconos gráficos de la pantalla del móvil y saben su significado (V6) I7. Son capaces de realizar y recibir llamadas telefónicas (V7) I8. Son capaces de realizar fotografías con el móvil (V8) I9. Son capaces de realizar vídeos con el móvil (V8) I10. Saben cómo agregar/eliminar contactos al móvil (V9)
D2. Dominio del WhatsApp	C2. Eficacia en la adquisición y dominio de los contenidos relacionados con el módulo 2 del taller	I11. Saben enviar y abrir para su lectura/visualización mensajes de WhatsApp (V10) I12. Saben cómo enviar y abrir para su lectura/visualización imágenes y vídeos por WhatsApp (V11) I13. Saben cómo enviar una nota de audio a través de WhatsApp (V12) I14. Saben cómo realizar videollamadas a través de WhatsApp (V12)
D3. Dominio de las redes sociales	C3. Eficacia en la adquisición y dominio de los contenidos relacionados con el módulo 3 del taller	I15. Saben acceder a Facebook y han creado una cuenta (V13) I16. Saben acceder a Instagram y han creado una cuenta (V13) I17. Saben cómo enviar mensajes y otros elementos sencillos a través de Facebook (V14) I18. Saben cómo enviar mensajes y otros elementos sencillos a través de Instagram (V14) I19. Saben agregar/eliminar contactos en Facebook (V15) I20. Saben agregar/eliminar contactos en Instagram (V15)
D4. Satisfacción con el taller	C4. Satisfacción de los participantes con distintos aspectos del taller sobre iniciación a la capacitación digital que se ha impartido	I21. Grado de satisfacción con los contenidos del taller (V16) I22. Grado de satisfacción con el lugar de realización del taller (V17) I23. Grado de satisfacción con los recursos entregados en el taller (V18) I24. Grado de satisfacción con la duración del taller (V19) I25. Grado de satisfacción con el horario del taller (V20) I26. Grado de satisfacción con el profesorado del taller (V21) I27. Grado de satisfacción con los compañeros del taller (V22) I28. Grado de satisfacción en relación con las expectativas cumplidas (V23) I29. Grado de satisfacción global con el taller (V16-23)

DIMENSIÓN	CRITERIOS DE EVALUACIÓN	INDICADORES DE EVALUACIÓN
D5. Utilidad del taller	C5. Utilidad que tienen los contenidos tratados en el taller para los participantes	I30. Número aproximado de veces al día que usan el móvil (V24) I31. Número aproximado de veces al día que usan el WhatsApp (V24) I32. Número aproximado de veces al día que usan las redes sociales (V24) I33. Utilizan el móvil principalmente para comunicarse con su entorno (V25) I34. Utilizan la aplicación de WhatsApp principalmente para comunicarse con su entorno (V25) I35. Utilizan las redes sociales principalmente para comunicarse con su entorno (V25) I36. Grado de utilidad que los contenidos del taller tienen para los participantes (V27)
	C6. Impacto que el aprendizaje de los contenidos del taller y su aplicación ha tenido sobre la persona participante y su entorno	I37. Los contenidos del taller permiten a la persona participante estar conectada con su entorno (V26) I38. Los contenidos del taller permiten a la persona participante reducir el sentimiento de soledad (V26)

5. ESTÁNDARES DE EVALUACIÓN

Junto a los indicadores de evaluación se encuentran los estándares, existiendo un estándar concreto por cada indicador. Como explica Medina (2001, p. 263), el estándar es una referencia normativa que el evaluador tiene sobre lo que debería haber pasado en relación con ese indicador. Es una norma de funcionamiento que especifica el mérito; responde a la pregunta de "cuánto" o "cómo" debe ser el indicador para considerar que el criterio de evaluación al que se refiere ese indicador se ha alcanzado. Esto ayuda en la interpretación de los resultados. Por ejemplo, si estás estudiando la calidad de un servicio y propones como indicador el *Tiempo medio de espera para poder utilizarlo*, el estándar indica el tiempo medio de espera que debe pasar como máximo para considerar que el servicio es de calidad. Así, el estándar para ese indicador podría ser *El tiempo medio de espera para acceder al servicio no supera la semana*. Si el valor que obtenemos en la evaluación está dentro del límite que fija el estándar, podemos afirmar que, en relación con ese indicador, el servicio es de calidad. Si, por el contrario, se encuentra por encima de lo que refleja el estándar, por ejemplo es de un mes, el indicador no cumple con el estándar fijado, así que la evaluación de ese indicador será negativa, poniendo de manifiesto que, en relación a ese indicador, el servicio no es de calidad. Eso supondrá, formular recomendaciones y tomar decisiones para actuar sobre ese elemento y mejorarlo. A veces los estándares se formulan planteando posibles horquillas. Para el ejemplo anterior, un estándar de este tipo podría ser *El tiempo medio de espera para acceder al servicio se sitúa entre una semana y un mes.*

La cosa se complica cuando se trata de indicadores cualitativos. No es fácil formular el estándar, ya que el indicador se limita a afirmar alguna cuestión. Lo normal es repetir en el estándar el indicador, de manera que ambos elementos coincidan. Por ejemplo, si el indicador es *El equipo de trabajadores sociales se reúne periódicamente*, el estándar sería el mismo, *El equipo de trabajadores sociales se reúne periódicamente.* Es posible acotar el estándar incorporando alguna apreciación que ayude en la interpretación del resultado. Para el ejemplo propuesto, un estándar así sería *El equipo de trabajadores sociales se reúne periódicamente, esto es, una vez al mes*. Téngase en cuenta que en los estándares tanto cuantitativos como cualitativos se suele hacer uso no sólo de horquillas como veíamos previamente, sino también de expresiones como *al menos*, *por encima de*, *por debajo de*, *próximo a*, etc. para incorporar cierta flexibilidad al estándar. No es lo mismo decir que la coordinación en el proyecto tendrá una evaluación positiva si se cumple el estándar *El equipo de trabajadores sociales se reúne periódicamente, esto es, una vez al mes*, que si se cumple el estándar *El equipo de trabajadores sociales se reúne periódicamente, esto es, al menos una vez al mes.*

Hay que tener en cuenta que el sistema de medida que se elabore, compuesto por criterios, indicadores y estándares, dependerá del tipo de evaluación que se pretenda realizar. En la evaluación de resultados, que es la más común en Trabajo Social, los objetivos propuestos en la intervención normalmente se constituyen como los elementos básicos con los que juzgar la intervención. Cuanto mayor sea el grado de operacionalización de dichos objetivos, más sencillo será elaborar los estándares.

Alvira (2002, pp. 18 y 19) explica que no es fácil definir estándares, ya que este elemento permite determinar qué evidencia empírica constituye prueba objetiva del valor o mérito de lo que ha sido evaluado, y no siempre existe una indicación objetiva al respecto, no se sabe. Sin embargo, su determinación es una precondición para la evaluación, tienen que estar presentes con carácter obligatorio. Se pueden construir de varias maneras: es común apoyarse en los estándares de evaluaciones anteriores, en los de evaluaciones realizadas en otras zonas geográficas o por otras entidades, pero que sean similares, en las indicaciones de organismos oficiales, de leyes o de otros elementos del contexto, en las exigencias de los promotores o financiadores, en las consideraciones de los directivos, etc. Los estándares pueden ser fijados por el propio equipo de evaluadores, pero también se pueden elaborar junto a las partes interesadas, los *stakeholders*, los clientes, usuarios, etc. Si hacemos partícipes del proceso a los actores sociales, podríamos estar entonces ante un enfoque metodológico de corte participativo, sobre el que ahondaremos más adelante.

EJEMPLO

Siguiendo con el ejemplo propuesto en el capítulo sobre el Proyecto de Iniciación a la Capacitación Digital de Personas Mayores, que está destinado en su primera edición a 15 personas mayores de 80 años del municipio, los estándares de evaluación, uno para cada indicador, podrían ser los que se fijan en la siguiente tabla. Como aclaración, indicar que se formulan a la vez que se diseña el propio taller y la evaluación. En este caso en concreto, imaginemos que responden a las exigencias fijadas por el promotor de la evaluación, esto es, el ayuntamiento encargado de su gestión.

SISTEMA DE INDICADORES Y ESTÁNDARES PARA LA EVALUACIÓN DEL "PROYECTO DE INICIACIÓN A LA CAPACITACIÓN DIGITAL DE PERSONAS MAYORES"
I1. Son capaces de apagar, encender y bloquear el móvil E1. El 100% de los participantes son capaces de apagar, encender y bloquear el móvil
I2. Conocen el significado y uso del código PIN y PUK E2. El 100% de los participantes conocen el significado y uso del código PIN y PUK
I3. Comprenden y saben gestionar los avisos sobre recarga de batería E3. El 100% de los participantes comprenden y saben gestionar los avisos sobre recarga de batería

SISTEMA DE INDICADORES Y ESTÁNDARES PARA LA EVALUACIÓN DEL "PROYECTO DE INICIACIÓN A LA CAPACITACIÓN DIGITAL DE PERSONAS MAYORES"
I4. Saben conectarse a la red wifi y activar, cuando sea necesario, los datos del móvil E4. El 100% de los participantes saben conectarse a la red wifi y activar, cuando sea necesario, los datos del móvil
I5. Son capaces de gestionar las distintas opciones de sonido del móvil E5. El 100% de los participantes son capaces de gestionar las distintas opciones de sonido del móvil, incluido el modo avión
I6. Identifican los iconos gráficos de la pantalla del móvil y saben su significado E6. Entre el 65% y el 100% de los participantes identifican todos los iconos gráficos de la pantalla del móvil y saben su significado
I7. Son capaces de realizar y recibir llamadas telefónicas E7. El 100% de los participantes son capaces de realizar y recibir llamadas telefónicas
I8. Son capaces de realizar fotografías con el móvil E8. Entre el 85% y el 100% de los participantes son capaces de realizar fotografías con el móvil
I9. Son capaces de realizar vídeos con el móvil E9. Entre el 85% y el 100% de los participantes son capaces de realizar vídeos con el móvil
I10. Saben cómo agregar/eliminar contactos al móvil E10. Entre el 85% y el 100% de los participantes saben cómo agregar/eliminar contactos al móvil
I11. Saben enviar y abrir para su lectura/visualización mensajes de WhatsApp E11. Entre el 85% y el 100% de los participantes saben enviar y abrir para su lectura/visualización mensajes de WhatsApp
I12. Saben cómo enviar y abrir para su lectura/visualización imágenes y vídeos por WhatsApp E12. Entre el 85% y el 100% de los participantes saben cómo enviar y abrir para su lectura/visualización imágenes y vídeos por WhatsApp
I13. Saben cómo enviar una nota de audio a través de WhatsApp E13. Entre el 65% y el 100% de los participantes saben cómo enviar una nota de audio a través de WhatsApp
I14. Saben cómo realizar videollamadas a través de WhatsApp E14. Entre el 65% y el 100% de los participantes saben cómo realizar videollamadas a través de WhatsApp
I15. Saben acceder a Facebook y han creado una cuenta E15. Entre el 85% y el 100% de los participantes saben acceder a Facebook y han creado una cuenta
I16. Saben acceder a Instagram y han creado una cuenta E16. Entre el 85% y el 100% de los participantes saben acceder a Instagram y han creado una cuenta
I17. Saben cómo enviar mensajes y otros elementos sencillos a través de Facebook E17. Entre el 65% y el 100% de los participantes saben cómo enviar mensajes y otros elementos sencillos a través de Facebook
I18. Saben cómo enviar mensajes y otros elementos sencillos a través de Instagram E18. Entre el 65% y el 100% de los participantes saben cómo enviar mensajes y otros elementos sencillos a través de Instagram

SISTEMA DE INDICADORES Y ESTÁNDARES PARA LA EVALUACIÓN DEL "PROYECTO DE INICIACIÓN A LA CAPACITACIÓN DIGITAL DE PERSONAS MAYORES"
I19. Saben agregar/eliminar contactos en Facebook E19. Entre el 85% y el 100% de los participantes saben agregar/eliminar contactos en Facebook
I20. Saben agregar/eliminar contactos en Instagram E20. Entre el 85% y el 100% de los participantes saben agregar/eliminar contactos en Instagram
I21. Grado de satisfacción con los contenidos del taller E21. El grado de satisfacción con los contenidos del taller se sitúa, de media, por encima de los 4 puntos
I22. Grado de satisfacción con el lugar de realización del taller E22. El grado de satisfacción con el lugar de realización del taller se sitúa, de media, por encima de los 4 puntos
I23. Grado de satisfacción con los recursos entregados en el taller E23. El grado de satisfacción con los recursos entregados en el taller se sitúa, de media, por encima de los 4 puntos
I24. Grado de satisfacción con la duración del taller E24. El grado de satisfacción con la duración del taller se sitúa, de media, por encima de los 4 puntos
I25. Grado de satisfacción con el horario del taller E25. El grado de satisfacción con el horario del taller se sitúa, de media, por encima de los 4 puntos
I26. Grado de satisfacción con el profesorado del taller E26. El grado de satisfacción con el profesorado del taller se sitúa, de media, por encima de los 4 puntos
I27. Grado de satisfacción con los compañeros del taller E27. El grado de satisfacción con los compañeros del taller se sitúa, de media, por encima de los 4 puntos
I28. Grado de satisfacción en relación con las expectativas cumplidas E28. El grado de satisfacción en relación con las expectativas cumplidas se sitúa, de media, por encima de los 4 puntos
I29. Grado de satisfacción global con el taller E29. El grado de satisfacción global con el taller se sitúa, de media, por encima de los 4 puntos
I30. Número aproximado de veces al día que usan el móvil E30. El número de veces al día que usan el móvil es, como mínimo, de 2
I31. Número aproximado de veces al día que usan el WhatsApp E31. El número de veces al día que usan el WhatsApp es, como mínimo, de 2
I32. Número aproximado de veces al día que usan las redes sociales E32. El número de veces al día que usan las redes sociales es, como mínimo, de 1
I33. Utilizan el móvil principalmente para comunicarse con su entorno E33. El principal uso que le dan al móvil es para comunicarse con su entorno
I34. Utilizan la aplicación de WhatsApp principalmente para comunicarse con su entorno E34. El principal uso que le dan a la aplicación de WhatsApp es para comunicarse con su entorno

SISTEMA DE INDICADORES Y ESTÁNDARES PARA LA EVALUACIÓN DEL "PROYECTO DE INICIACIÓN A LA CAPACITACIÓN DIGITAL DE PERSONAS MAYORES"
I35. Utilizan las redes sociales principalmente para comunicarse con su entorno E35. El principal uso que le dan a las redes sociales es para comunicarse con su entorno
I36. Grado de utilidad que los contenidos del taller tienen para los participantes E36. El grado de utilidad que los contenidos del taller tienen para los participantes se sitúa, de media, por encima de los 4 puntos
I37. Los contenidos del taller permiten a la persona participante estar conectada con su entorno E37. En, al menos, el 90% de los casos, los contenidos del taller permiten a la persona participante estar conectada con su entorno
I38. Los contenidos del taller permiten a la persona participante reducir el sentimiento de soledad E38. En, al menos, el 90% de los casos, los contenidos del taller permiten a la persona participante reducir el sentimiento de soledad

* Para estudiar el grado se propone el uso de una escala tipo Likert, de 1 a 5 puntos, donde 1 es muy bajo y 5 muy alto.

6. METODOLOGÍA DE LA EVALUACIÓN

Una de las primeras preguntas que surge al afrontar cualquier estudio o análisis es qué metodología de investigación se va a utilizar para obtener la información que se requiere. Se trata de una cuestión que precisa de cierta reflexión, pues las técnicas de investigación no son automáticamente aplicables a cualquier realidad o tema que se desee estudiar. De ahí que sea necesaria una revisión previa de la sociedad o del segmento sobre el que se van a utilizar para comprobar la viabilidad que representa su uso (González Río, 1997, p. 282). Como en cualquier investigación social, el enfoque metodológico es un elemento que necesariamente hay que incluir en el diseño de la evaluación, constituye el punto central en el proceso de evaluación. El enfoque puede ser cuantitativo, cualitativo o mixto, si bien en las evaluaciones se identifica un cuarto enfoque, denominado participativo. Su elección dependerá de lo que se pretenda conseguir con esa evaluación. La clave al elegir está en reconocer que no existe un método de evaluación único y que, al igual que los programas o proyectos no son iguales, cada evaluación es distinta.

Plantear la metodología de una evaluación no sólo entraña decidir el tipo de enfoque que se va a utilizar, supone mucho más. Al tiempo que se definen las necesidades informativas (las variables de análisis) y se elaboran los criterios de evaluación, indicadores, estándares y escalas de medida si las hubiere, hay que definir cómo se va a recoger y analizar la información. Es decir, hay que seleccionar, quizás incluso diseñar y construir, las técnicas e instrumentos a emplear, con sus correspondientes tipos de análisis. También hay que identificar las fuentes de las que se va a extraer la información de cada indicador, así como las actividades de evaluación y qué persona se hará cargo de cada una. A veces las evaluaciones, sobre todo aquellas que cuentan con escaso presupuesto, equipos pequeños y/o propósitos muy concretos, recurren sólo a una técnica y a un instrumento para recoger la información. Sin embargo, otras veces emplean múltiples técnicas, instrumentos, fuentes, etc. Por eso conviene precisar cuáles se emplearán para cada indicador y qué persona o personas se harán cargo de cada actividad de evaluación. Además, es el momento de explicar, en el caso de que la evaluación adopte un enfoque participativo, cuáles serán los actores sociales que van a intervenir y de qué manera lo harán. No obstante, como se verá más adelante, en el caso de las evaluaciones participativas, esos actores deben ser parte activa desde el principio, es decir, desde el propio diseño y conceptualización de la evaluación, así como desde la elaboración del plan o proyecto de evaluación. El siguiente cuadro sintetiza los elementos a considerar en el planteamiento metodológico de una evaluación.

Enfoque metodológico: ____________________

Indicador	Técnica e Instrumento de recogida de información	Actividades para la recogida de información	Fuente de la que se extrae la información	Persona encargada de cada actividad
I1				
I2				
I3				
I5				
I6				
...				

Participación de las partes interesadas (en el caso de que las haya): ____

Téngase en cuenta que las técnicas que se escojan y los instrumentos que se diseñen para la recogida de la información van a ser claves en la evaluación, y por eso hay que observar el mayor grado de detalle en su diseño y ejecución. Sobre eso profundizaremos en el próximo capítulo.

Las fuentes de las que se va a extraer la información también es otro de los elementos clave. De hecho, en el diseño de la evaluación el equipo evaluador debe identificar las fuentes de información existentes y escoger aquellas que se adecúen a los propósitos de la evaluación. Es importante que sean fuentes fiables, que permitan obtener la información fácilmente y cuyo uso no resulte demasiado costoso en todos los sentidos (económicamente, de tiempo, etc.). Cada indicador debe contar con una o varias fuentes. Si no existen fuentes viables y/o fiables, el indicador que se ha propuesto es inútil, ya que no se puede someter a evaluación. Las fuentes pueden ser de dos tipos: *internas*, cuando son creadas por el propio objeto de evaluación en el curso de su desarrollo o aplicación, y *externas*, si se encuentran disponibles al margen de éste. Existen otras formas de clasificar las fuentes de una evaluación. Por la importancia que tiene en Trabajo Social y Servicios Sociales, nos interesa explicar la clásica tipología tripartita de fuentes, que diferencia entre documentales, personales y escenarios. Las *documentales* son, como su nombre indica, los documentos que existen (internos o externos) y que puedan servir en la evaluación, por ejemplo, los documentos de la organización (actas, memorias, planificaciones, proyectos, calendarios, web, publicaciones, planes de acogida, normas y protocolos, contabilidad, etc.), de sus equipos profesionales (informes sociales, historia social, notas, anotaciones en sistemas informatizados, etc.), de los propios usuarios (solicitudes, material que han entregado, resultados de pruebas objetivas que han realizado, posibles trabajos de clase si la actividad es de carácter formativo, etc.). Las fuentes *personales* son las propias personas, como informantes clave, directivos, trabajadores sociales, otros profesionales, usuarios, familiares de los usuarios, etc. En lo referente a los *escenarios*, hay que señalar que se trata de una fuente muy útil en Trabajo Social, empleada en numerosas ocasiones. Se refiere a toda aquella información que se obtiene de los espacios físicos donde se desarrolla la acción. Por ejemplo, el salón donde tienen lugar los talleres, el barrio si se trata de una intervención comunitaria, la vivienda del usuario si hablamos de una intervención microsocial, una biblioteca, un pasillo, una sala de espera, etc. Cada fuente, por su naturaleza, se asocia de manera directa con unas técnicas en concreto. Así, las fuentes documentales se asocian, sobre todo, con la técnica de revisión documental; las fuentes personales tienen que ver con todas aquellas técnicas que implican narración o expresión (entrevista, grupo de discusión, encuesta, TGN, etc.); los escenarios se vinculan, sobre todo, con la técnica de la observación, que es la clave para poder captar la información que proporcionan esos escenarios. Una misma evaluación puede combinar fuentes de distinto tipo; lo importante es que cada fuente se asocie con uno o varios indicador/es y con una o varias técnica/s.

Presentamos a continuación algunas notas sobre los distintos enfoques metodológicos que se pueden adoptar en un proceso de evaluación: cualitativo, cuantitativo, mixto y participativo. En el siguiente capítulo profundizaremos con detalle en las técnicas e instrumentos de evaluación y en los tipos de análisis de la información que se pueden realizar.

6.1. Metodología Cuantitativa versus Metodología Cualitativa

La metodología cuantitativa se sitúa dentro del Paradigma Positivista, cuya versión más original se remonta al siglo XIX. El postulado fundamental de este paradigma afirma que el conocimiento válido de la realidad social sólo puede establecerse por referencia a lo que se ha manifestado a través de la experiencia, y dicha experiencia se obtiene a través de la aplicación de las estrategias de investigación propias de las ciencias naturales. De acuerdo con esta visión, el estudio de la realidad social (la evaluación supone estudiar la realidad social, al menos alguna de sus facetas) se lleva a cabo utilizando el marco conceptual de las ciencias naturales —que incluye categorías de ley natural, causa-efecto, explicación, comprobación empírica, etc.—, las técnicas de observación y medición científica, que son distantes y neutrales, los instrumentos de análisis matemático y los procedimientos de inferencia de las ciencias naturales (Corbetta, 2003, p 11). El mundo social y el mundo natural están regulados por leyes, y ambas, las naturales y las sociales, sólo pueden ser estudiadas objetivamente. De esta forma, los fundamentos del enfoque positivista reposan en la creencia de que existe una realidad social fuera del individuo, que es objetivamente conocible, y que, para conocerla, es necesario utilizar los métodos que emplean las ciencias naturales. De ahí que el Positivismo sea conocido como el paradigma *objetivo.*

Dentro de este paradigma se sitúa la metodología cuantitativa como ya hemos señalado, considerada como la instrumentación técnica más adecuada para el estudio empírico y el conocimiento de los hechos sociales. Tomando como referencia las explicaciones de Corbetta (*ibid.* pp. 44, 45, 66 y 67), los fundamentos teóricos que sustentan esta metodología son los siguientes. Para empezar, el objeto de análisis es una realidad observable y medible. La relación entre teoría e hipótesis es estrecha, pues la segunda deriva de la primera. De hecho, a partir del marco teórico se formulan hipótesis mediante un razonamiento deductivo; estas se intentan confirmar empíricamente. De esta forma, se busca establecer una relación de causa-efecto entre dos fenómenos, cuya relación está ligada con la interconexión entre conceptos operativos que supone la hipótesis elaborada. El diseño de la investigación es estructurado y predefinido, las fases siguen una secuencia lógica. Se trabaja generalmente sobre una muestra estadísticamente representativa (n) del universo estudiado (N), con el objetivo de recoger el material empírico de forma estandarizada, según un modelo idéntico para todos los casos, produciendo así lo que se conoce como una matriz de datos. El análisis de los datos que componen esa matriz es impersonal y gira en torno a las variables, es decir, en torno a las características de los casos estudiados. Esas variables son analizadas según los procedimientos matemáticos, y a través, sobre todo, del uso de la estadística. Los datos se presentan de manera relacional, a través de tablas y gráficos. Una vez descrita la información, se busca producir generalizaciones, esto es, una síntesis de orden superior, tanto desde el punto de vista de la abstracción conceptual como desde el campo de la aplicación, que permita, a su vez, formular predicciones. Como hemos señalado, todas estas son características propias de la metodología cuantitativa según Corbetta.

El uso de este tipo de metodología comporta numerosas ventajas, entre las que conviene destacar tres (Medina, 2001, p. 214): primero, usa medidas estandarizadas que sitúan diversas opiniones y experiencias en categorías predeterminadas de respuestas; segundo, mide las reacciones de un número elevado de sujetos en un limitado conjunto de variables o cuestiones, facilitando la comparación y las operaciones estadísticas con los datos; y tercero, proporciona un amplio y generalizable conjunto de datos. Sin embargo, también supone algunos inconvenientes (*ibid.*), entre los que destacada el hecho de que produce pocos datos detallados y en profundidad sobre casos concretos, además de que esta metodología capta con mayor dificultad la globalidad y el contexto en el que se inserta el objeto de evaluación.

La metodología cualitativa se sitúa dentro del Paradigma Interpretativo, que es otra de las corrientes teóricas de investigación social, conocida como el paradigma *subjetivo*. Según las explicaciones de Corbetta (2003, p. 30), este paradigma postula la existencia de una diferencia epistemológica fundamental entre las ciencias sociales y las ciencias naturales. Sostiene que la realidad social no puede ser únicamente observada de manera distante y neutral, como sucede en las ciencias naturales, sino que necesita, además, ser interpretada y comprendida. En las ciencias naturales el objeto de estudio es una realidad externa al investigador, que normalmente se mantiene así a lo largo de toda la investigación. Por ello, el conocimiento adopta la forma de observación y explicación. En las Ciencias Sociales, sin embargo, no existe esa separación entre el observador y la realidad que se está observando, por lo que el conocimiento real sólo puede alcanzarse a través de la comprensión. Este planteamiento, prosigue Corbetta, conlleva procedimientos y técnicas de investigación distintos a los del paradigma Positivista. El Interpretativismo ha tenido que desarrollar sus propias técnicas de recogida y análisis del material, que constituyen el cuerpo de lo que se conoce como *investigación cualitativa.*

Siguiendo con las explicaciones de Corbetta (*ibid.* pp. 44, 45, 66 y 67), la investigación cualitativa se caracteriza por los aspectos que exponemos a continuación. El diseño es flexible, abierto e interactivo. Es más, se pueden ir incorporando a lo largo de la propia investigación aquellos hallazgos o aspectos que no se habían previsto inicialmente. Además, el estudio adopta una perspectiva holística, es decir, global. Esto significa que no se busca analizar un fenómeno de manera concreta y aislada, sino que, por el contrario, se estudia teniendo en cuenta todos los elementos que lo rodean. La actitud del investigador hacia los sujetos estudiados está caracterizada por la empatía y la identificación. No existe una separación entre ambos, sino que se establece una relación de interdependencia, una proximidad, un contacto. Estas investigaciones no plantean problemas de estandarización ni de representatividad, y tratan los casos que son objeto de estudio de forma heterogénea, en función de la relevancia que tienen las situaciones individuales. El análisis de los datos y de la información se realiza no sobre las variables, sino sobre los sujetos estudiados en profundidad, con el objetivo de comprenderlos. Por tanto, en este tipo de investigación no se busca tanto la generalización de los datos, sino, más bien, la especificidad de las distintas situaciones sociales. De hecho, el objetivo no es probar teorías e hipótesis, sino producirlas para abrir futuras líneas de investigación. Por ello, la metodología suele ser de carácter inductivo, pues la teoría se genera a partir de la observación realizada. Los datos se presentan a través de un enfoque narrativo, haciendo uso de fragmentos, textos, frases, etc. Recordemos que todas estas características son propuestas por Corbetta.

Al igual que sucedía con la metodología cuantitativa, la metodología cualitativa también entraña ventajas e inconvenientes en su uso. Tomando como referencia nuevamente las observaciones de Medina (2001, p. 214), podemos encontrar las siguientes ventajas. Para comenzar, permite al evaluador estudiar eventos, sucesos, hechos, etc. en profundidad y detalle gracias al empleo de la narración, las citas textuales, la descripción cuidadosa de las interacciones, personas, eventos y conductas observadas en el marco del elemento que está siendo objeto de evaluación. La información se recoge como narraciones abiertas sin intentar adecuar las experiencias de las personas en categorías predeterminadas y estandarizadas. Por supuesto, también permite al evaluador comprender la perspectiva y experiencia personal de los sujetos que participan en la institución, servicio, programa, proyecto, etc. que está siendo evaluado. Como inconvenientes, siguiendo con Medina (*ibid.*), encontramos que la metodología cualitativa suele entrañar procedimientos laboriosos, el análisis es difícil, ya que las respuestas no son sistemáticas ni estandarizadas; además, la validez de los resultados depende de la pericia del evaluador en la gestión y análisis de la información.

A continuación, presentamos una tabla-resumen sobre las características de cada enfoque metodológico según Aguilar y Ander-Egg (1992, pp. 106 y 107).

Tabla 6. Diferencias entre Metodología Cuantitativa y Cualitativa

	MÉTODO CUANTITATIVO	MÉTODO CUALITATIVO
Se apoyan en:	Paradigma racionalista hipotético deductivo, propio del positivismo lógico Perspectiva analítico-positivista Enfoque particularista Criterios de fiabilidad	Paradigma naturalista: fenomenología y comprensión Perspectiva etnometodológica, con la que se pretende captar la forma en la que las personas aplican sus pautas culturales y percepciones de sentido común a las situaciones concretas Enfoque holístico Criterios de validez
Utilizan:	Datos cuantificados Se basa en una muestra (n) probabilística Diseños experimentales o cuasiexperimentales Cuantificadores Análisis estadístico derivado de la hipótesis deductiva Datos fiables	Datos e información cualitativa Se basa en una muestra reducida no probabilística Investigación naturalista Descriptores Análisis de contenido y estudio de casos; predominio de la inducción Datos válidos
Se caracterizan por:	Son fáciles de llevar a cabo, ya que utilizan procedimientos más formalizados, requieren mayor cualificación en aspectos formales relativos a cuestiones metodológicas Aporta información sobre componentes objetivos Aborda los aspectos estables de la realidad Tendencia al corte sincrónico de la realidad, orientado al resultado Facilita la comparación, pero tiene limitaciones para hacer matizaciones Se gana en precisión	Son más difíciles y laboriosos, requieren de una mayor cualificación teórico-conceptual Aporta información sobre componentes subjetivos: valoraciones, actitudes, conductas, motivaciones, etc. Aborda la realidad en su dinamismo Tendencia a captar diacronías (corte diacrónico) de la realidad, orientado al proceso Tiene limitaciones para hacer comparaciones, pero capta mejor las comparaciones Se gana en comprensión
Permite respuestas:	Cortas Sucintas (representación abreviada de parámetros significativos) Parsimoniosas Posibilidad de ser formalizadas matemáticamente Sistematizadas y generalizables Estandarizadas, pero sin matices	Largas Muy detalladas Variadas de contenido Posibilidad de captar aspectos no evidentes No sistematizadas, limitadas en su generalización No estandarizadas, pero matizadas

Fuente: Aguilar y Ander-Egg (1992, pp. 106 y 107).

6.2. Triangulación Metodológica

Cada método tiene sus propias ventajas como ya hemos visto. La evaluación de carácter cuantitativo permite medir reacciones o cuestiones en un grupo de unidades (individuos, organizaciones, etc.) y posibilita la agregación y el tratamiento estadístico. La evaluación cualitativa, por su parte, tiene la ventaja de producir una mayor riqueza de detalles sobre los grupos, individuos o variables, aunque la información sea de difícil agregación y estandarización. Tradicionalmente, en el ámbito de lo social, ha predominado el uso de la metodología de corte cuantitativo en las evaluaciones que se han realizado. Lo más común era recurrir a la encuesta y el cuestionario para la recogida de la información, y a un análisis descriptivo sencillo para el análisis y la interpretación de los datos. Esto sigue siendo así en muchos casos. No obstante, podemos decir que la cuestión metodológica en la evaluación social ha ido evolucionando hacia una orientación más amplia, en la que los aspectos cualitativos cobran cada vez mayor relevancia, y las técnicas e instrumentos de esta naturaleza tienden a integrarse como un elemento más del proceso evaluador.

Adquiere cada vez más fuerza también la premisa de que lo aconsejable es combinar la utilización de ambos métodos, cuantitativo y cualitativo, ya que estos últimos aportan dinamismo, riqueza de detalles y variedad de perspectivas, carentes en los primeros, mientras que los primeros arrojan objetividad a los resultados de la evaluación y permiten, además, la estandarización. Si en una evaluación se combinan ambos métodos, nos encontramos ante una metodología de naturaleza mixta. Esto se conoce en el ámbito de la investigación social como *triangulación metodológica.* Según explica González Río (1997, p. 282), la triangulación consiste en "la construcción de comprobaciones y equilibrios, dentro del diseño de la investigación, mediante diferentes estrategias de recolección de datos". Por tanto, la triangulación metodológica puede entenderse como el estudio de un mismo objeto o realidad social (en una evaluación esa realidad sería aquello que está siendo evaluado), mediante la combinación de diferentes métodos. Ciertos investigadores (*ibid.* pp. 283-287) apuntan que esa multiplicidad de métodos que postula la triangulación científica puede extenderse a otros aspectos de la investigación, y efectuarse a distintos niveles. Así, se podrían hablar de triangular los datos (*triangulación sobre los datos*), los investigadores (*triangulación de investigadores y equipos*), las fuentes (*triangulación de fuentes*), las teorías que se aplican (*triangulación teórica*) o, como ya hemos dicho, los métodos que se emplean en la recogida de los datos (*triangulación metodológica*). A este respecto, la triangulación podría ser *intra-métodos* si se combinan variantes o técnicas de un mismo método (sea cualitativo o cuantitativo), mientras que se hablaría de triangulación *inter-métodos* o *entre-métodos* si se recurre a distintos abordajes metodológicos como es el caso de las evaluaciones mixtas. De acuerdo con esta distinción, no todas las triangulaciones metodológicas dan lugar a una evaluación mixta.

Una de las principales ventajas que conlleva la utilización de la triangulación entre métodos, según afirma González Río (*ibid.* p. 283), es que potencia la validez de los resultados que se obtienen, pues éstos muestran una cierta independencia con respecto a cada método considerado por sí solo. También, aporta más solidez a la evaluación, al emplear distintas vías para la obtención de la información. Dado que trabajamos con seres humanos, puede resultar pobre evaluar sobre la base de un único enfoque. La evaluación se enriquece significativamente, además de que se reduce la posibilidad de introducir sesgos, si se combinan medidas y datos exactos (cuantitativos) con otros de corte cualitativo como impresiones morales, crisis biográficas, frustraciones, sentimientos, emociones, intereses, motivaciones, etc.

Cook y Reichart (1986) ya en los años ochenta pusieron de manifiesto las ventajas que tenía el uso simultáneo de ambos enfoques metodológicos. En concreto, apuntaron tres cuestiones:

1. La evaluación tiene por regla general propósitos múltiples, que han de ser atendidos bajo las condiciones más exigentes. Tal variedad de condiciones a menudo exige de una cierta diversidad en los métodos.
2. Empleándolos de forma conjunta y con el mismo propósito, las dos metodologías pueden estimularse mutuamente y ofrecer una serie de matices y percepciones que ninguna de las dos, por sí solas, podrían haber conseguido.
3. Ninguna metodología está libre de prejuicios o manías. Sólo se puede conseguir la verdad mediante el empleo de múltiples técnicas con las que el evaluador realizará las correspondientes triangulaciones.

Alemán y Trinidad (2012, p. 197) apuntan que, aunque la combinación de ambos métodos resulta pertinente, ya que emplear cada uno permite someter a comprobación al otro y aprender de él, el uso conjunto de ambos métodos también entraña algunos obstáculos que merece la pena intentar superar. Ellos destacan los siguientes:

- Puede resultar caro.
- Supone demasiado tiempo.
- Puede que los evaluadores carezcan del adiestramiento necesario para utilizar ambos métodos.
- La moda o adhesión a la forma dialéctica del debate. Al final, como en todo, en las evaluaciones también hay modas.

6.3. Enfoque Participativo

En materia de evaluación se incorpora un cuarto enfoque metodológico, de tipo participativo, donde los actores implicados en el programa/proyecto o relacionados de alguna manera con aquello que se está evaluando desempeñan un papel clave. Es un enfoque novedoso, que surge como alternativa al modelo más tradicional. Su incorporación al constructo metodológico de la investigación evaluativa tiene cierto sentido, ya que el fin último de cualquier evaluación es la toma de decisiones, es decir, que sus resultados sean útiles y permitan introducir medidas de retroalimentación. Conviene, entonces, que las partes interesadas, es decir, los actores sociales, puedan participar en el proceso, sobre todo en las fases de trabajo de campo y análisis de la información. Para ello, se emplean técnicas que favorezcan el papel protagonista de estos actores, y estimulen el diálogo y el trabajo de grupo. Sobre algunas de ellas profundizaremos en el siguiente capítulo.

Este enfoque metodológico se puede dar en cualquier evaluación, aunque es más propio de aquellas que son participativas. Dentro de la evaluación existe toda una corriente de pensamiento-acción bastante extendida en el ámbito de lo social, conocida como *evaluación participativa* o *evaluación participante*, donde el protagonismo de la evaluación, en todas sus fases, lo asumen los actores sociales. Espinoza (1983, pp. 27 y 28) señala cuáles son las características de la evaluación participante:

- Debe estar hecha en función de los objetivos fijados también por la población. Esto significa que, en la evaluación participante, se considera la participación de la población desde los orígenes de la acción de evaluar, desde su propia conceptualización.
- La realización de la evaluación participante debe obedecer a los intereses de la población. Es ella la que determina la realización de la evaluación, porque así conviene a sus intereses.
- El análisis de la información recogida debe ser hecho por la población. Los aspectos de fondo, por interesar a la población, deben ser analizados primordialmente por los grupos poblacionales de actores sociales; el control de la información recogida y la sistematización debe ser hecha por los participantes o por sus representantes directos.

A esto añadiríamos, en línea con las palabras de Gallego (1999, pp. 106-108), que, en una evaluación participativa, rigen principios fundamentales como la *participación* de los actores, la *negociación* entre las partes implicadas (se negocia todo, incluso el sistema de indicadores), la *flexibilidad* y el *dinamismo* en los procesos, y el *aprendizaje* de los participantes, gracias al cual se convierten en agentes de cambio para la transformación de su propia comunidad. Por eso este tipo de evaluación es especialmente común en el ámbito del Trabajo Social Comunitario. Continúa Gallego (*ibid.* p. 106) señalando que el propósito central no es la rendición de cuentas o la mejora de procesos como sucede en otras evaluaciones, sino conseguir el empoderamiento de la población. Por eso, la evaluación se entiende como una actividad continua, de aprendizaje, a desarrollar periódicamente (se vincula con la monitorización y el seguimiento que veíamos en el tercer capítulo de este manual). Añade Gallego que el agente evaluador es doble: por una parte, la propia población local y, por otra, el equipo evaluador, quien actúa como un agente de ayuda, dinamizador y/o facilitador del diálogo y de los procesos. Su actitud es de proximidad y fomento de la confianza, concluye este autor.

Aguilar (2013, p. 402) explica que dentro de la evaluación participativa se pueden identificar dos grandes corrientes o enfoques: la evaluación participativa práctica y la evaluación participativa transformadora; la primera guarda cierto paralelismo con la investigación práctica y cooperativa, y la segunda con la investigación-participativa (IAP) y la investigación-acción-emancipatoria. Aunque cada una cuenta con sus propias particularidades en cuanto a los distintos elementos del proceso, hay una serie de características preliminares, que son comunes a cualquier tipo de evaluación participativa. Aguilar las sintetiza de la siguiente manera (*ibid.* pp. 401 y 402):

1. Es un servicio de información a la comunidad sobre las características de aquello que está siendo evaluado, por ejemplo, el programa o proyecto.
2. Reconoce la pluralidad valorativa e ideológica y persigue que se expresen los diferentes intereses que rodean a cualquier aspecto del objeto de evaluación.
3. Atiende preferentemente a las interpretaciones que las personas hacen acerca de los hechos que viven; esas interpretaciones y opiniones se expresan, contrastan y reflejan en el informe de evaluación.
4. Investiga la realidad desde una perspectiva naturalista, abarcándola como algo vivo y en continuo movimiento, sumergiéndose en ella.
5. Utiliza al investigador/evaluador como principal instrumento, por su mayor capacidad para comprender las múltiples realidades.
6. Entiende que el valor de un programa/proyecto (es decir, de aquello que está siendo evaluado) no depende de unos criterios neutrales, cuya aplicación se rige por hechos incuestionables.
7. Se parte de los intereses e inquietudes concretas, incluso cotidianas, de las partes involucradas.
8. Evalúan los actores, los protagonistas, los interesados directos.

9. El evaluador experto tiene un carácter más bien se colaborador o facilitador; desde su experiencia propone formas de trabajo que permitan a los actores evaluar, aportando sus observaciones y conocimientos.
10. La evaluación se inserta en la acción; es una herramienta de planificación y de facilitación de las actividades de comunicación y aprendizaje, produciendo recomendaciones en términos de propuestas de acción.
11. En un enfoque participativo, el aprendizaje colectivo se convierte en una de las principales finalidades.

Concluimos este epígrafe reproduciendo una tabla (Tabla 7), elaborada por la Plataforma de ONG de Acción Social (2010, p. 45) con base en las observaciones de Nirenberg, Brawerman y Ruiz (2003, p. 82). En ella se exponen los aspectos más característicos del enfoque participativo, en comparación con los fundamentos que rigen los enfoques metodológicos más tradicionales en evaluación social.

Tabla 7. Características del Enfoque Participativo en relación con otras Metodologías

EVALUACIÓN CUANTITATIVA	EVALUACIÓN CUALITATIVA	ENFOQUE PARTICIPATIVO
Perspectiva desde fuera: punto de vista del evaluador	Perspectiva desde dentro: punto de vista de los actores	Perspectiva construida por el equipo evaluador de forma conjunta con los/as principales implicados/as (*stakeholders*)
Lenguaje numérico	Lenguaje verbal	Lenguaje verbal y numérico. No es tan importante el tipo de lenguaje, sino cómo se construye. El lenguaje ha de ser fruto de una fuerte implicación de la población
Énfasis en los aspectos objetivos, observables y cuantificables	Énfasis en los aspectos subjetivos: captación y comprensión de actitudes, conductas, valores, motivaciones internas	Énfasis en los aspectos subjetivos, pero no sólo se captan, sino que se van configurando entre todo el grupo
Análisis estadístico	Análisis de contenido por parte del equipo evaluador	Análisis de contenido por parte tanto del equipo evaluador como de los/as implicados/as
Resultados generalizables	Resultados limitados en su generalización	Resultados concretos, aplicables a la realidad donde se han construido

Fuente: Plataforma de ONG de Acción Social con base en Nirenberg, Brawerman y Ruiz (2003).

* * * * *

EJEMPLO

Después de haber revisado los distintos enfoques metodológicos que pueden darse en una evaluación social, vamos a concluir el capítulo explicando, grosso modo, el tipo de metodología que podríamos emplear para la recogida de la información en la evaluación que hemos propuesto a modo de ejemplo en este capítulo sobre el Proyecto de Iniciación a la Capacitación Digital de Personas Mayores. En concreto, adoptaríamos un enfoque mixto, donde se combinen las técnicas cualitativas con las cuantitativas. Dentro del primer grupo emplearíamos la técnica de la observación in situ, esto es en el taller, de cada participante; como instrumento nos apoyaríamos en una lista de verificación creada ad hoc, que incluyera distintas cuestiones relacionadas con ciertos indicadores. Como técnica cuantitativa haríamos uso de la encuesta. Elaboraríamos un cuestionario en el que se incluyan preguntas que permitan recoger información sobre aquellos indicadores que son de corte más numérico. En el cuestionario se combinarían las preguntas cerradas con varias opciones de respuesta, con una escala de valoración tipo Likert, del 1 al 5, a través de la cual poder medir el grado con el que se dan distintos ítems extraídos de los propios indicadores. En ambos casos, la fuente de la que se extraería la información son los propios participantes del taller, es una fuente, por tanto, personal. El análisis de los datos sería de tipo descriptivo, diferenciado según el enfoque metodológico empleado para su abordaje. Asumiría la tarea de recogida y análisis de la información el equipo de docentes que ha impartido el taller, formado por dos profesionales. En la siguiente fase del proceso de evaluación, de formulación de conclusiones y recomendaciones según el cumplimiento o no de los estándares, y de elaboración del informe final, se contaría con la participación del profesional de la concejalía que integra junto a los docentes el equipo evaluador. Sintetizamos en la siguiente tabla algunas cuestiones generales sobre el diseño metodológico de la evaluación.

Indicador	Técnica e Instrumento de recogida de información	Actividades para la recogida de información	Fuente de la que se extrae la información	Persona encargada de cada actividad
Indicadores 1 al 20	- Técnica: observación – Instrumento: lista de verificación	1. Elaborar la lista de verificación 2. Observar de manera individualizada a cada participante y cumplimentar su lista de verificación 3. Análisis de los datos	Participantes en el taller	Equipo docente del taller, formador 1

Indicador	Técnica e Instrumento de recogida de información	Actividades para la recogida de información	Fuente de la que se extrae la información	Persona encargada de cada actividad
Indicadores 21 al 38	- Técnica: encuesta – Instrumento: cuestionario	1. Diseño del cuestionario de evaluación 2. Recogida de datos 3. Análisis de los datos	Participantes en el taller	Equipo docente del taller, formador 2

Capítulo 6
TÉCNICAS E INSTRUMENTOS DE EVALUACIÓN

Este capítulo se incorpora con el objetivo de completar las cuestiones metodológicas que rigen en cualquier proceso de evaluación. Y es que decidir acerca de la cuestión metodológica no sólo entraña seleccionar el enfoque que resulta más oportuno en nuestra evaluación (cualitativo, cuantitativo, mixto o participativo), también supone precisar otros aspectos como, por ejemplo, qué técnicas se van a utilizar para la recogida de la información y qué instrumentos nos van a asistir en el proceso. Esos instrumentos podrán surgir de evaluaciones previas, quizás con algunas adaptaciones, o podrán ser específicos de nuestra evaluación, en cuyo caso existe un proceso previo de construcción y validación. Técnicas e instrumentos hay muchos, todos los que pueden utilizarse en cualquier investigación social, y más. Aquí reflejaremos tan sólo unos pocos, aquellos que quizás sean más comunes en el ámbito del Trabajo Social y los Servicios Sociales.

Antes de entrar en materia, conviene explicar qué diferencia existe entre una *técnica* y un *instrumento* de evaluación. La técnica es un enfoque general que empleamos para la recogida de información en línea con el método de investigación que se ha seleccionado, mientras que un instrumento es la herramienta específica que se utiliza dentro de esa técnica para la recogida de la información. El ejemplo más sencillo es el que forman la encuesta y el cuestionario. La primera es la técnica que se emplea en la metodología cuantitativa para la recogida de la información, mientras que el segundo es el soporte físico, en ocasiones documental, que, sobre la base de esa encuesta, el investigador o evaluador utiliza para conseguir la información. Se dice que una investigación cuenta con una encuesta y n cuestionarios, siendo n el número de cuestionarios que se han completado de manera válida. Las pautas y guiones de entrevista, las guías de observación, las matrices para los talleres o dinámicas grupales, las hojas tabuladas o pautadas para el análisis de documentos, etc. son otros de los instrumentos que se pueden emplear en una evaluación cuando las técnicas son, siguiendo el orden, la entrevista, la observación, las técnicas grupales o el análisis documental.

Otra de las cuestiones sobre la que queremos detenernos en este apartado introductorio es la construcción o elaboración de los instrumentos que se van a utilizar en la evaluación. A veces es posible reutilizarlos de otras evaluaciones, como ya hemos dicho, pero lo normal es que haya que construirlos partiendo de cero o adaptarlos a partir de alguna versión anterior. En el diseño y la construcción de los instrumentos hay que extremar las precauciones para evitar sesgos y errores. Si estos se dan, es muy posible que la información que se recoja no sea válida y/o fiable, por lo que el instrumento no habrá servido. Alemán y Trinidad (2012, pp. 65 y 66) nos explican los sesgos más comunes en la construcción de los instrumentos, cuyo conocimiento es importante para evitar que aparezcan en esta fase:

1. *Instrumentación*: se produce cuando el instrumento de evaluación empleado en la recogida de la información introduce diferencias entre los sujetos independientemente de su situación relativa al rasgo o variable que se pretende medir. Por ejemplo, el lenguaje que se emplea en un test puede tener distintas dificultades para unos sujetos que para otros, generando diferencias entre los sujetos, con independencia de cuál sea el tema a estudiar. Por eso conviene conocer cuál es el vocabulario más apropiado para usar con ese grupo de personas.
2. *Efecto reactivo al programa (reactividad)*: se produce por la mera presencia de la evaluación, que afecta a los sujetos o a los propios evaluadores. Uno de los efectos más conocido es el *efecto de Hawthorne*, este se produce cuando un sujeto se da cuenta de que es objeto de evaluación, por lo que modifica su comportamiento habitual. Otro es el *efecto John Henry*, consiste en producir una fuerte reacción competitiva.
3. *Efecto halo*, que aparece en una evaluación cuando se utilizan jueces para puntuar a los sujetos en una serie de rasgos de conducta. Ocurre cuando los juicios se emiten en base a la impresión general del sujeto más que en base a la impresión sobre el rasgo específico que se está evaluando.
4. *Límites en el instrumento de evaluación*, ocurre cuando el instrumento se ha diseñado conforme a unas puntuaciones máximas o mínimas, de forma que la estructura del propio instrumento actúa como barrera en cuando a las puntuaciones que realmente debieran obtener los sujetos. Se produce el *efecto techo* cuando el instrumento corta las puntuaciones por arriba y un *efecto suelo* cuando las corta por abajo.

Además de estos sesgos que indican Alemán y Trinidad, pueden darse otros. De hecho, todos los sesgos que puedan aparecer, para este tema, en el ámbito de la investigación son extrapolables al de la evaluación. Aquí indicamos algunos de los más comunes:

5. Uno frecuente ocurre cuando hemos seleccionado a la persona porque creemos que sabe mucho sobre el tema, pero no es así. O quizás sí sabe, pero no quiere colaborar demasiado con nuestra evaluación. O sabe, pero no de todo lo que se le pregunta. A veces, sencillamente, tiene una falta de opinión al respecto porque no ha reflexionado demasiado sobre esa cuestión. Como medida preventiva, por si esto ocurre, se recomienda que los instrumentos de evaluación incorporen como opción de respuesta, sobre todo si son cuestionarios, respuestas alternativas del tipo no sé, no he pensado mucho sobre ese aspecto, no tengo una postura clara al respecto, no contesta, etc. Así se evita que la persona conteste algo al azar y distorsione los resultados de la evaluación.
6. En la redacción del instrumento hay que evitar que las preguntas estén redactadas de manera que inciten una respuesta dada, es decir, que orienten al individuo en la dirección de una determinada respuesta. Por ejemplo, ¿os ha costado trabajo venir hoy? Con esta pregunta predispones al sujeto para que conteste en términos afirmativos.
7. Relacionado con esto, hay que tener en cuenta el fenómeno de la *aquiescencia.* Consiste en la tendencia por parte de los investigados a escoger las respuestas que expresan acuerdo, a dar contestaciones afirmativas. Esto sucede sobre todo en personas poco instruidas.
8. También hay que evitar lo que se conoce como el *efecto contaminación.* Esto ocurre cuando la respuesta a una pregunta puede estar influenciada por las preguntas que la preceden.
9. Otro problema que puede aparecer es el denominado *deseabilidad social.* En este caso, el usuario contesta lo que las normas colectivas de su cultura consideran positivo (ir al gimnasio, no conducir bajo los efectos del alcohol, asistir a clase, cumplir el Ramadán, etc.).
10. Hay sesgos que no tienen que ver con la construcción del instrumento, sino con otras variables contextuales. Una de ellas es el momento en el que se utilizan los instrumentos. A veces hemos dejado pasar demasiado tiempo, de manera que el instrumento ya no es útil, se ha producido una distorsión de la información almacenada en la mente del sujeto a consecuencia del paso del tiempo. Por eso, se recomienda recoger la información en el momento oportuno, a la vez que incorporar observaciones que permitan al participante situarse como, por ejemplo, la actividad *de hoy,* la tarea *de ayer,* la actividad *que hicieron en tal sitio* (localización) o *con tal persona,* etc.

Nirenberg, Brawerman y Ruiz (2000, pp. 129 y 130) explican que no existe una receta para elegir qué técnicas emplear en cada evaluación; ello dependerá de varios factores como, por ejemplo, cuál es el propósito de la evaluación, para quién es la información que se va a obtener y qué uso va a hacer de ella, qué indicadores se han planteado y qué información mínima se necesita para cubrirlos, qué recursos tenemos disponibles, cuándo tiene que estar disponible la información, en qué momento se encuentra el proyecto que va a ser evaluado, etc. Con respecto a los instrumentos, apuntan que éstos deben ser sencillos y, a su vez, deben abarcar múltiples variables o indicadores. Esto permite una gestión eficiente de los recursos disponibles para la recolección de datos en la evaluación, ya que todos los esfuerzos de personal, tiempo, dinero, etc. están volcados en un único instrumento o en unos pocos; se evita también la acumulación excesiva de información, que luego resulta difícil de procesar.

Sin más preámbulos, damos paso a la explicación de las técnicas e instrumentos más utilizados en el campo de la evaluación en Trabajo Social y Servicios Sociales.

1. TÉCNICAS E INSTRUMENTOS CUANTITATIVOS

1.1. Encuesta y Cuestionario

En el ámbito de la metodología cuantitativa la técnica de recogida de información más extendida es la *encuesta,* sobre todo la encuesta por muestro. Esta permite obtener información mediante un procedimiento estandarizado de cuestionario, dirigido a una muestra representativa de los individuos que componen el universo de análisis, con el fin de estudiar las relaciones existentes entre variables. Esta definición procede de Corbetta (2003, pp. 158 y 159) y, según él, comprende tres aspectos importantes, cuya explicación reproducimos a continuación.

- En primer lugar, la encuesta se basa en la recogida de información a través de la formulación de preguntas estandarizadas reunidas en un instrumento que es el *cuestionario.* Esto quiere decir que a todos los sujetos se les plantean las mismas preguntas con la misma formulación. La estandarización del estímulo representa, por tanto, un elemento central de la encuesta, y se utiliza para garantizar la posibilidad de comparar las respuestas entre individuos y analizarlas con instrumentos estadísticos.
- En segundo lugar, dichas preguntas se plantean directamente a las personas que constituyen el objeto de la investigación evaluativa (usuarios, técnicos, etc.). Sin embargo, esa población objeto de estudio está formada normalmente por un conjunto numeroso de sujetos, siendo difícil conseguir la respuesta de todos. Por eso, a veces se selecciona una muestra, representada con la letra n, sobre la que se recogerá la información. Esta muestra tiene la peculiaridad, o el atributo, de ser representativa, lo que

quiere decir que está en condiciones de reproducir a escala reducida las mismas características que presenta la población objeto de estudio, permitiendo así la generalización de los resultados obtenidos sobre la muestra (n) a la población total (N). Para garantizar esa representatividad, la muestra debe tener unas dimensiones y, además, los sujetos que la componen deben ser elegidos siguiendo unas reglas precisas.

- Finalmente, siguiendo con las explicaciones de Corbetta, el objeto de la encuesta es producir datos que permitan, posteriormente, estudiar la relación entre variables (preguntas) y explicar, además, cómo cambian los valores de las variables dependientes, es decir, encontrar las causas o los factores que provocan la alteración de esas variables.

Dentro de la técnica de la encuesta, el instrumento de recogida de información más destacado es el cuestionario. Consiste en un documento escrito, aunque con la difusión de las nuevas tecnologías puede presentarse en otros formatos, por ejemplo, en versión informatizada. En ese documento se reproduce la formulación exacta de las preguntas y, para cada una de ellas, se plantean las posibles respuestas. En este caso, las respuestas están preestablecidas de antemano, teniendo el individuo que escoger de entre todas ellas la que mejor se adecúe a su circunstancia (a, b, c, d, ...). Las preguntas que se formulan así están *cerradas*. Frente a este tipo de preguntas, encontramos las consideradas como *abiertas*. En ellas la pregunta está estandarizada, pero no así las opciones de respuesta. Es decir, en estas preguntas no se ofrecen opciones de respuesta al individuo, por lo que este puede contestar lo que quiera libremente. Es posible que todas las preguntas del cuestionario sean de este tipo, es decir abiertas, o que sólo lo sean algunas de ellas (combinando abiertas y cerradas), eso queda a criterio del equipo evaluador. A veces, algunas preguntas adoptan una estructura intermedia, por lo que se las conoce como *semiabiertas*. En este caso, la pregunta está formulada y las respuestas están fijadas (a, b, c, ...), pero se incorpora junto a ellas un ítem abierto (opción d) para que el encuestado indique en él su respuesta a esa pregunta en el caso de que no coincida con ninguna de las opciones que se ofrecen en el cuestionario.

La Plataforma de ONG de Acción Social (2010, p. 84) explica que la preparación de este instrumento ocupa un lugar preciso en el proceso de evaluación; se debe construir después de haber formulado los criterios e indicadores; si se tienen claros los objetivos de la evaluación será más fácil decidir y escoger las preguntas que conviene realizar. Este organismo añade (*ibid.* pp. 85 y 86) que la formulación de las preguntas debe realizarse con un lenguaje claro, sencillo y comprensible para todos los sujetos, con independencia de sus características; las opciones de respuesta deben ser exhaustivas y excluyentes, evitando las opciones ambiguas; en el momento de recogida de información hay que crear un ambiente cómodo en el que el encuestado se sienta comprendido y que permita resaltar la importancia de sus aportaciones.

Corbetta también plantea recomendaciones sobre el diseño del cuestionario y su posterior aplicación (2010, pp. 163-173); reproducimos a continuación algunas de ellas. Señala que las preguntas deben emplear un lenguaje sencillo, evitando el uso de términos con un significado ambiguo. En su redacción, deben evitarse las sintaxis demasiado complejas. Como regla general, las preguntas deben ser breves para evitar que la persona se distraiga o no recuerde el inicio de la cuestión. Además, deben ser concisas, evitando que en una misma pregunta se cuestionen confusamente varias cosas. No deben ofrecerse demasiadas opciones de respuesta, ya que puede ser difícil recordar las primeras cuando se ha llegado a las últimas. Conviene evitar las palabras con un fuerte componente emocional, sobre todo si es negativo. Hay que prestar atención al orden en el que se ubican las preguntas dentro del cuestionario; se recomienda el uso de la técnica del embudo, que consiste en formular primero preguntas amplias o generales para ir pasando después a aspectos más específicos: también se recomienda ubicar al principio preguntas fáciles, no demasiado indiscretas ni personales, basadas en hechos más que en opiniones.

Espinoza (1983, p. 131) explica que el cuestionario de evaluación se puede aplicar de diversas formas. Una opción es que la persona encuestada lo rellene directamente, sin la presencia del encuestador. Conviene, en este caso, que haya unas instrucciones claras. Otra opción es que el encuestado lo rellene, pero con la presencia del encuestador. En línea con esta opción, también existe la posibilidad de que el cuestionario se reparta en una reunión o grupo para que las personas lo contesten individualmente, consiguiendo así varios cuestionarios a la vez, lo que permite optimizar el tiempo y los recursos empleados. En estos casos el encuestador no suele estar involucrado de forma directa en la cumplimentación del cuestionario, pero está presente por si surgen dudas. Finalmente, Espinoza añade la posibilidad clásica de que el cuestionario sea cumplimentado por el encuestador por medio de una entrevista directa con la persona encuestada; esto es especialmente común cuando la persona no sabe leer o cuando se realizan encuestas telefónicas.

1.2. Técnica de las Escalas

Muchos de los conceptos que se manejan en las Ciencias Sociales son abstractos y no se pueden medir, por ejemplo, la depresión, la incertidumbre, el optimismo, la alegría, la satisfacción, el miedo, las habilidades sociales, el bienestar, etc. Por eso, es necesario descomponerlos en elementos concretos, que se puedan observar y sí se puedan medir o cuantificar. En eso consiste parte de la labor técnica del evaluador, en pasar de los objetivos de la evaluación a las variables de análisis (esto es, a los conceptos) y, de ellas, a los indicadores. La técnica de la escala es muy útil cuando se quieren medir conceptos de este tipo. De hecho, se emplea con recurrencia para el estudio, desde un prisma cuantificable, de las *actitudes* de los individuos. Entendemos por *actitud* un estado de disposición psicológica, adquirida y organizada a través de la propia experiencia, que incita al individuo a reaccionar de una manera característica ante determinados estímulos; constituye una predisposición organizada de pensar, sentir, percibir y comportarse ante un objeto, por eso se diferencian tres dimensiones en toda actitud: la cognitiva, la afectiva y la comportamental (Fernández, Lorenzo y Vázquez, 2012, p. 193).

Dentro de la técnica de las escalas encontramos, como instrumento, la escala en sí misma. A veces se presenta en un documento sola, en cuyo caso el instrumento es la escala, y otras veces aparece integrada como parte de un cuestionario más denso. Corbetta (2003, p. 224) la define como "un conjunto coherente de elementos (ítems) que se consideran indicadores de un concepto más general". Esto significa que la escala está formada por una serie de ítems (preguntas, afirmaciones, proposiciones, atributos, comportamientos, etc.), relacionados con el concepto que se busca medir (con las variables), y por unas respuestas (categorías), que son graduales. Su diseño entraña, por tanto, una doble tarea: la de buscar los ítems que mejor representen la/s variable/s a estudiar, y formular las categorías de respuestas. Ambos elementos se suelen disponer en forma de batería para ahorrar espacio y tiempo. Esto significa que todos los ítems de la escala están redactados de la misma forma, con similar pregunta introductoria y las mismas opciones de respuesta. Según Sierra Bravo (1989, p. 371), los ítems actúan a modo de estímulos, ante los cuales el usuario debe reaccionar de una forma u otra. Se recomienda incorporar varios ítems, para tener registros suficientes que permitan discriminar entre las distintas posiciones de los sujetos, pero sin excederse para evitar saturar al individuo. Las respuestas están graduadas, de menor a mayor, o viceversa. Cuando la escala se gradúa de acuerdo con un sistema de números se trata de una *escala numérica* (por ejemplo, indique del 1 al 5 su grado de acuerdo con las siguientes afirmaciones). Cuando la graduación es progresiva y el sistema de valoración se indica cualitativamente hablando, suele ser una *escala descriptiva.*

Lo cierto es que existen muchas formas de construir una escala y tipos dependiendo de lo que se quiera medir. En lo que se refiere a la forma de graduar las opciones de respuesta, existen varias alternativas, aquí exponemos las tres que explica Corbetta (2003, pp. 227-229), y que son las más comunes:

1. *Preguntas con respuestas semánticamente autónomas.* Se presentan opciones de respuesta que son ordenables, pero semánticamente independientes, es decir, cada una tiene un significado propio por lo que, para ser comprendida, no necesita de las demás respuestas de la escala. El ejemplo más senci-

llo, que propone el propio Corbetta, es una persona a la que se le pregunta por su nivel de formación. La escala estaría formada por estas categorías: sin estudios, estudios primarios, estudios secundarios, estudios universitarios. La persona puede contestar sin necesidad de tomar como referencia el resto de las categorías, ya que son categorías absolutas.

2. *Preguntas con respuestas de autonomía semántica parcial.* El caso más común es el de las respuestas que se ordenan en *nada, poco, bastante, mucho* (siguiendo esta lógica hay muchas otras opciones, por ejemplo, *poco de acuerdo, algo de acuerdo, bastante de acuerdo, muy de acuerdo,* etc.). Lo importante es que en estas escalas el significado de cada categoría de respuesta sólo es parcialmente autónomo con respecto a las otras categorías. Es decir, cada categoría no tiene independencia ni sentido por sí misma, necesita del resto para comprender su significado.

3. *Escalas de intervalos de autoposicionamiento.* Hay dos categorías de respuesta extremas (por ejemplo, el 1 y el 5) y esas son las únicas que están dotadas de significado (por ejemplo, 1 = nunca volvería a hacerlo y 5 = lo volvería a hacer siempre). Entre ellas se coloca un *continuum* representado por casillas, cifras, segmentos, etc. Se pide al individuo que se ubique en el grado o punto que considere más adecuado.

Una de las escalas por excelencia en el ámbito del Trabajo Social y los Servicios Sociales es la Escala de Likert. Recibe el nombre de su creador Renis Likert. Corbetta (*ibid.* p. 234) explica que, en su versión original, esta escala estaba formada por una serie de afirmaciones para cada una de las cuales el individuo debía decir si estaba de acuerdo y en qué medida. En la graduación de la escala se proponían siete alternativas: muy de acuerdo, de acuerdo, parcialmente de acuerdo, dudoso, parcialmente en contra, en contra, muy en contra. Después, prosigue Corbetta, se redujo a cinco, a veces incluso a cuatro si se elimina la categoría intermedia —así se obliga al sujeto a posicionarse de manera más determinante—. Esta escala responde al tipo de *preguntas con respuestas de autonomía semántica parcial* que explicábamos anteriormente. Es una escala de tipo aditiva, ya que la puntuación global de la escala deriva de la suma de las puntuaciones de los elementos o ítems individuales que componen la misma.

Las escalas de Likert no son las únicas que existen. Otra escala, también empleada con frecuencia en el ámbito de las Ciencias Sociales, es el *Escalograma de Guttman.* Esta escala supone una sucesión de elementos que presentan dificultad creciente, de manera que quien haya contestado afirmativamente a una pregunta debe haber contestado de forma afirmativa también a las preguntas que le preceden en la escala de dificultad (Corbetta, *ibid.* p. 242). Un ejemplo es el que sugiere el propio Corbetta; él plantea como ejemplo de pregunta la siguiente: ¿está dispuesto a aceptar a un inmigrante como visitante en su país, como vecino, como amigo, como cónyuge? La persona tiene que contestar a esta pregunta que, en el fondo, entraña cuatro preguntas o ítems diferentes (1. aceptarlo como visitante en su país, 2. aceptarlo como vecino, 3. aceptarlo como amigo y 4. aceptarlo como cónyuge). Si contesta que sí a cada aspecto, se da 1 punto, si contesta que no, se da 0 puntos. Esta escala entiende que hay una relación gradual y acumulativa entre las preguntas, y por ende entre las respuestas, de manera que quien esté dispuesto a casarse con un inmigrante, también lo aceptará como amigo, vecino y visitante en el país. La graduación en este caso viene dada, más bien, por los ítems que vertebran la pregunta. Esta escala es acumulativa, frente a la de Likert que era aditiva. Como explican Fernández, Lorenzo y Vázquez (2012, p. 194), los ítems que forman estas escalas deben medir el mismo aspecto (en el caso del ejemplo, sería la tolerancia hacia los inmigrantes), pero con diferentes intensidades; se parte de la base de que las actitudes son escalables y se busca saber hasta dónde llega el encuestado.

Hemos dicho que la técnica de las escalas normalmente sirve para medir actitudes. No obstante, dentro de esta técnica existen otras escalas que no se circunscriben de forma exclusiva a las actitudes. Un ejemplo es la *Prueba Sociométrica*, cuya finalidad es revelar las relaciones interpersonales existentes dentro de un grupo de individuos. Su uso puede ser muy útil en evaluación, sobre todo para medir cuestiones como la cohesión de grupos, la satisfacción de los usuarios, el liderazgo informal, etc. En su versión básica, "consiste en un cuestionario constituido por un pequeño número de preguntas planteadas a cada sujeto sobre el tema de las preferencias/rechazos hacia los demás componentes del grupo" (Corbetta, 2003, p. 261). Por ejemplo, se pide al usuario que seleccione a los compañeros del grupo por los que siente mayor preferencia y luego se le pide que los ordene de más a menos preferencia. De esta manera, no sólo se averiguan preferencias o rechazos, sino que las respuestas se expresan de forma gradual.

Cuando la unidad de evaluación es un plan de acción para la intervención con casos, por ejemplo un PAF —Plan de Acción Familiar—, las escalas se convierten en una de las técnicas más utilizada en la evaluación, como ya vimos en el segundo capítulo de este manual. Existen escalas ya diseñadas por las instituciones, que actúan como modelos a seguir en un caso microsocial; algunas se aplican varias veces en forma de pretest y post-test. Otras son diseñadas de forma expresa por el trabajador social para la evaluación de esa intervención en concreto. Dependiendo del tipo de evaluación que se quiera hacer en el ámbito de la intervención microsocial, se emplean escalas que permiten evaluar la implementación, es decir, el proceso de intervención, o escalas que evalúan la eficacia de dicha intervención. Lo importante es tener claro que las escalas deben diseñarse en la fase de planificación, a la vez que se diseña el propio plan de acción. Para profundizar en el uso que pueden tener las escalas en el ámbito de actuación microsocial, recomendamos al lector que revise el capítulo dos.

Tanto si nos situamos en un nivel de intervención microsocial como macrosocial, el uso de escalas en la actividad evaluativa es recurrente dentro de nuestra profesión. A veces, como ya hemos señalado en varios puntos de este manual, las escalas son creadas por el profesional para ese caso en concreto. Otras veces, sin embargo, usamos escalas que ya existen, y que están incluso patentadas por especialistas en la materia. También solemos adoptar un punto intermedio, cuando elaboramos nuestra propia escala a partir de la combinación de ítems procedentes de escalas ya creadas. Como las opciones son múltiples, terminamos este apartado exponiendo, a modo de listado, algunas de las escalas ya validadas que existen y que se utilizan en nuestra profesión para que el lector tenga posibles referencias. De hecho, todas las que se indican vienen recogidas en el *Diccionario de Trabajo Social* (Fernández, de Lorenzo y Vázquez, 2012, pp. 131-133 y 192-195), lo que evidencia su relación con nuestra profesión.

1. *Cuestionario de Aceptación-Rechazo Parental (PARQ)*, evalúa la conducta de los progenitores con respeto a sus hijos y la percepción que tienen estos sobre el trato de sus ascendientes. Cada ítem se evalúa a partir de una escala con cuatro niveles: casi siempre, alguna vez, raramente o casi nunca.
2. *Escala de Clima Familiar*, especialmente empleada en el ámbito microsocial. Evalúa las relaciones entre las personas que componen la familia, la estructura básica y otros aspectos vinculados al desarrollo y al crecimiento personal. Consta de 90 ítems con un formato de verdadero o falso. Se suele administrar por separado a cada miembro de la familia.
3. *Escala de Socialización Familiar* que incluye 30 ítems a través de los cuales se analiza la percepción que los hijos tienen con el estilo de socialización familiar empleado por los progenitores.
4. *Escala de Valoración Sociofamiliar*. Mide el riesgo sociofamiliar en población mayor de 65 años a partir de dimensiones como la económica, la familiar, la relativa a la vivienda, a las relaciones sociales y de apoyo de la red social.
5. *Cuestionario de Funcionamiento Familiar (APGAR)*. Se organiza en cinco dimensiones que permiten analizar el funcionamiento de la familia. La escala que se utiliza es tipo Likert con tres opciones de respuesta: casi nunca, a veces, casi siempre.
6. *Escala de Bienestar Psicológico (BIEPS-J)*, compuesta por 20 ítems, se centra en evaluar la percepción subjetiva del bienestar psicológico en adolescentes. Hay algunas versiones en función de la edad concreta que tengan los adolescentes a los que va destinada.
7. *Escala de Autoestima de Rosemberg*. Permite medir el sentimiento de satisfacción que la persona tiene consigo misma. Consta de 10 ítems con frases positivas y negativas. El sujeto debe indicar su grado de acuerdo con cada

una de ellas: muy de acuerdo, de acuerdo, en desacuerdo, muy en desacuerdo.

8. *Escala de Desesperanza,* incluye 20 ítems de verdadero y falso. Analiza las expectativas negativas que las personas tienen sobre el futuro.
9. *Escala de Habilidades Sociales,* consta de 33 ítems. Las respuestas tienen cuatro posibles opciones.
10. *Escala de Plutchick,* muy útil para evaluar el riesgo de suicidio a partir de 15 ítems, con dos opciones de respuesta: sí o no. Suele ser un cuestionario autoadministrado.
11. *Escala Zarit de Sobrecarga del Cuidador.* Evalúa la intensidad de la carga del cuidador principal en situaciones de desvalimiento para valorar el riesgo del que cuida. La escala es autoadministrada y contiene 22 ítems tipo Likert que va del 1 (nunca) al 5 (casi siempre).
12. *Cuestionario de Apoyo Social Comunitario (AC-90).* Permite evaluar el nivel de integración de la persona en una estructura social más amplia, así como el sentido de pertenencia a una comunidad.
13. *Cuestionario de Apoyo Social (SSQ),* entendiendo por apoyo social la existencia o disponibilidad de personas con las que contar y en las que confiar cuando hay situaciones de necesidad o dificultad.
14. *Cuestionario DUKE-UNC* para evaluar el apoyo social percibido a partir de 11 preguntas en formato Likert con cinco opciones de respuesta, que van de 1 a 5 puntos.
15. *Cuestionario de Participación e Integración Comunitaria* con 11 ítems que evalúan aspectos estructurales y funcionales relacionados con la temática. Las opciones también se organizan a partir de una escala con cinco niveles de respuesta, que van desde muy de acuerdo hasta muy en desacuerdo.

1.3. Fuentes Estadísticas Oficiales

En este punto hay que diferenciar entre los datos primarios y secundarios. Los primarios son aquellos que se producen en el curso de una investigación por las personas que llevan a cabo esa investigación; derivan expresamente del estudio y son datos originales. Los secundarios son aquellos que proceden de otras investigaciones anteriores; no han sido producidos explícitamente para los objetivos de la investigación que se está realizando ni por esos investigadores, ni si quiera en ese momento. Sin embargo, pueden servir de alguna manera en la investigación en curso, por lo que se recurre a ellos. En las evaluaciones que se realizan en el ámbito del Trabajo Social la mayoría de los datos que se manejan son primarios. No obstante, puede que algún indicador se pueda calcular a partir de datos secundarios, sobre todo en aquellas evaluaciones que tienen una mayor duración en el tiempo porque comprenden un seguimiento o monitorización.

Las fuentes estadísticas oficiales ofrecen una gran cantidad de datos secundarios, en su mayoría de corte cuantitativo, por eso se incluyen en este apartado. En unos casos, esos datos se habrán recogido de manera directa, por ejemplo, a través de las encuestas que realiza el Instituto Nacional de Estadística (INE), EUROSTAT, la OCDE, el CIS, etc., mientras que otras veces se habrán recogido indirectamente, como consecuencia de un acto administrativo (solicitud de becas al Ministerio, matrícula en estudios reglados, solicitud de cita al trabajador social, solicitud de alguna prestación, etc.). Insistimos en que, a veces, las evaluaciones incluyen indicadores que se pueden calcular a partir de la información procedente de fuentes oficiales, de ahí su utilidad en Trabajo Social. Entre las fuentes que proporcionan datos secundarios se pueden incluir los sistemas informatizados, como el SIUSS, de los que dispone la administración pública para la atención a los usuarios de servicios sociales.

Los datos secundarios tienen dos características: la primera es que se suelen presentar de manera agregada, es decir, se ofrece el dato global, del conjunto total, por lo que no permite analizar situaciones individuales (esto, no obstante, está empezando a cambiar porque varias fuentes, como el INE, empiezan a ofrecer los ficheros de microdatos desagregados y anonimizados). La segunda es que los datos se limitan sobre todo a cuestiones fácticas, esto significa que registran hechos y no se ocupan tanto de actitudes, opiniones, motivaciones, etc.

Como prueba de lo útil que puede resultar en una evaluación el uso de las fuentes estadísticas oficiales, sobre todo cuando son evaluaciones a gran escala, encontramos los indicadores que se han definido a nivel internacional para el seguimiento del logro de los Objetivos de Desarrollo Sostenible (ODS). A modo de ejemplo, para el primero de estos objetivos, *Poner fin a la pobreza en todas sus formas y en todo el mundo,* que se traduce en varias metas a conseguir por los países, se incorporan indicadores cuantitativos como los siguientes, todos con base en la información estadística que obra en las fuentes oficiales:

- ✓ Proporción de la población que vive por debajo del umbral nacional de la pobreza, desglosada por sexo y edad.
- ✓ Proporción de la población que vive en hogares con acceso a los servicios básicos.
- ✓ Número de personas muertas, desaparecidas y afectadas, directamente atribuido a desastres, por cada 100.000 habitantes.
- ✓ Proporción del gasto público total que se dedica a servicios esenciales (educación, salud y protección social).
- ✓ Gasto público social en favor de los pobres.

1.4. Técnica Delphi

Esta técnica de carácter grupal se basa en el uso de cuestionarios, dirigidos a especialistas en la materia. Alemán y Trinidad (2012, pp. 301-302) explican que resulta especialmente útil en evaluaciones que precisan de la obtención de información de personas que están dispersas geográficamente. El procedimiento es simple; consiste en enviar a los participantes un primer cuestionario a través del cual expresen sus opiniones sobre el tema de estudio. Cuando todos los cuestionarios ya cumplimentados son recibidos por el equipo evaluador, este los analiza y envía los resultados grupales —a modo de informe— a los participantes con un segundo cuestionario que puede ser igual que el primero o diferente, con algunas adaptaciones. Alemán y Trinidad apuntan que la finalidad que se persigue es que los participantes puedan reformular y dar una nueva estructura a sus opiniones una vez conocida la opinión del grupo de referencia; el proceso se repite tantas veces como sea necesario, hasta alcanzar un consenso general o estabilizado. Aunque el número de olas o envíos viene determinado por la necesidad de que se produzca un consenso, lo habitual es realizar un máximo de 4 envíos. Estos autores añaden que la composición del grupo de expertos depende de la temática que se esté abordando; hay que evitar unir a personas que se encuentren estructuralmente enfrentadas, ya que eso impedirá alcanzar un cierto consenso. Así mismo, el número de expertos no debe ser menor a 15 personas ni mayor de 100, incluso un número inferior a 50 puede parecer razonable. Téngase en cuenta que en algunos manuales esta técnica se incluye entre las de corte participativo. Nosotros hemos optado por presentarla en este apartado del capítulo, buscando enfatizar su naturaleza cuantitativa.

2. TÉCNICAS E INSTRUMENTOS CUALITATIVOS

2.1. Observación

Todos los seres humanos recurren a la observación diariamente. Para que esta pueda ser empleada en una evaluación social debe adquirir la condición de científica. Esto implica el cumplimiento de una serie de condiciones, que Sierra Bravo (1989, pp. 253 y 254) sintetiza de la siguiente manera:

- Que sirva para el estudio ya formulado de la investigación evaluativa.
- Que sea planificada y se realice sistemáticamente.
- Que esté relacionada con proposiciones científicas más generales.
- Que sea objetiva, es decir, que aspire a observar, registrar e interpretar los hechos en forma tal que otras investigaciones puedan verificar sus hallazgos.

- Que esté sujeta a algún tipo de control para comprobar y garantizar su validez y fiabilidad. Algunas formas de control son, por ejemplo, que dos observadores recojan la información a la vez, fijar debates posteriores sobre los datos obtenidos, etc.

Ander-Egg (1988, p. 216) también indica una serie de normas prácticas que deben imperar para que una observación sea considerada sistemática y controlada. Plantea que esta debe emplearse dentro del proceso de evaluación con un objetivo bien definido, es necesario explicitar el marco teórico referencial, contar con una lista de guía o control acerca de los aspectos que se pretenden estudiar y con una serie de instrumentos para el registro de la información y de los datos. El trabajo debe realizarse, además, de manera responsable y sistemática, con un cierto nivel de tensión vital y energía para estar atento. Se necesita una actitud de comprensión simpática, añade Ander-Egg, para entender debidamente a las personas, sus sentimientos, reacciones, emociones, etc. Hay que ser capaz de detectar los pequeños detalles, que ayuden a la comprensión del todo, y asegurar los medios de control para la validez y fiabilidad de los datos registrados.

La observación que cumple con todas estas características se considera una observación científica. Esta puede entenderse como una mirada atenta a la realidad, que proporciona datos, informaciones y conocimientos singulares de esta. Ese conocimiento debe ser objetivo, replicable, fiable y válido para ser considerado científico y poder servir en la evaluación. Se puede observar, científicamente hablando, todo lo que el evaluador considere oportuno: comportamientos, comentarios en vivo de participantes o usuarios, inventarios, etc. El único requisito es que se trate de un elemento perceptible. En el caso de comportamientos o comentarios, se requiere que, además, sean espontáneos.

La observación es una técnica de recogida de información directa y sistemática. No se puede recoger de cualquier manera, se tiene que hacer sobre la base de un plan diseñado previamente y con unos instrumentos. Atendiendo al grado de sistematización en la recogida de la información, se pueden distinguir dos tipos de observación: escasamente sistematizada y sistematizada. La primera, explica Medina (2001, p. 176), se encuentra poco estructurada y se aplica cuando se quiere estudiar un fenómeno complejo que apenas se conoce; como su marco de referencia está poco delimitado, se busca reunir información para conseguir una estructura mínima que, a su vez, permita una categorización provisional, sujeta a variaciones. La segunda, prosigue este mismo autor, se usa cuando el fenómeno ya se conoce y es posible indicar de antemano los elementos fundamentales del mismo, y sus posibles relaciones; en esta se utilizan instrumentos técnicos que aseguren la exactitud en el registro, el control del observador y del fenómeno observado, muestreos precisos y cuantificación de la información.

Dentro de la observación científica encontramos un tipo de observación muy común en el ámbito de lo social. Se trata de la observación participante. Este adjetivo conlleva una implicación del investigador o evaluador en la situación social que está estudiando, y una interacción con los actores sociales presentes en la situación social objeto de análisis. Corbetta (2003, p. 327) la define como sigue: "estrategia en la que el investigador se adentra: a) de forma directa; b) durante un periodo de tiempo relativamente largo en un grupo social determinado; c) tomado en su ambiente natural; d) estableciendo una relación de interacción personal con sus miembros, y e) con el fin de describir sus acciones y de comprender, mediante un proceso de identificación, sus motivaciones". Este mismo autor (*ibid.* p. 336) apunta que la observación participante puede ser *declarada*, cuando el investigador hace explícito su papel de investigador y da a conocer sus objetivos reales, o *encubierta,* cuando se integra en una situación social fingiendo adherirse a ella y ser un miembro más, como el resto. Su papel de investigador no se hace explícito en este caso. Existe una posición intermedia, la observación participante *semiencubierta.* Esta se da cuando la observación sólo se revela a algunos miembros de la realidad observada.

Corbetta (*ibid.* pp. 342-345) señala que, en el ámbito de lo social, se puede observar todo, si bien es cierto que el evaluador debe hacer un esfuerzo por ser selectivo. Así, son posibles objetos de observación, según este autor, el *contexto físico,* referido a los espacios en los que se desarrolla la acción social; el *contexto social,* esto es, el ambiente humano, económico, social, cultural, etc., nos referimos a las personas que existen en el grupo, su forma de vestir, las actividades que realizan, sus características personales como nivel educativo, hábitos, costumbres, situación económica, etc.; las *interacciones formales,* entendiendo por tales aquellas que se producen entre individuos dentro de instituciones y organizaciones, en las que las funciones están preestablecidas y las relaciones se desarrollan en un marco de vínculos prefijados (hospitales, escuelas, organizaciones sociales, UTS, etc.); las *interacciones informales* entre individuos, que son las que preocupan especialmente en la observación participante; y las *interpretaciones de los actores sociales,* es decir, la manera que tienen de percibir y entender la realidad. Aquí entraría un componente muy personal, relativo a las reflexiones de los sujetos, sus sentimientos, emociones, hipótesis, reflexiones, suposiciones, etc.

La técnica de la observación se apoya en uno o varios instrumentos a la vez para la recogida de información. El evaluador los selecciona o construye de forma expresa. Algunos ejemplos son las listas de control, de verificación o de cotejo, formadas por una serie de elementos a observar y una escala de valoración dicotómica, donde se suele utilizar el sí o el no. También son instrumentos de la observación el registro anecdotario, los diarios, los cuadernos de notas de campo, la hoja de recogida de datos, los cuadros de trabajo, los mapas conceptuales, los esquemas, los dispositivos mecánicos de registro, los dispositivos técnicos como videocámaras, grabadoras o cámaras fotográficas, etc. Lo importante es que los instrumentos sean claros y concisos, estén organizados, y sean fáciles de entender y aplicar.

En lo referente al registro de una observación se pueden distinguir dos procedimientos básicos. Según Medina (2001, p. 177), el primero es la *categorización*, que implica un proceso de distribución de todas las posibilidades de desarrollo de un fenómeno; consiste en clasificar los diferentes elementos observados en un número de estadios o categorías; ese conjunto de categorías constituye un sistema que debe cumplir con una serie de requisitos (*ibid.*):

- Exhaustividad: el sistema de categorías debe abarcar todo el espectro de posibles observaciones a realizar.
- No solapamiento: cada categoría debe ser susceptible de identificación y definición que evite cualquier efecto de confusión con respecto a otras categorías.
- Ordenación: las categorías se podrán organizar en un continuum de forma simétrica o creciente/decreciente.
- Número de dimensiones: el sistema de categorías debe contar con todas las dimensiones que sean necesarias para abarcar las diferentes manifestaciones del hecho observado.

El segundo procedimiento de registro lo constituyen las escalas de clasificación. Medina (*ibid.* p. 178) las define como un conjunto de características o cualidades que deben ser juzgadas a partir de las observaciones del profesional con el soporte de algún tipo de escala que indique el grado en el que cada atributo está presente. Estas escalas pueden tomar varias formas. Según Medina son las siguientes:

- Numéricas: son las más simples. Consiste en asignar algún dato numérico a la manifestación observada según la intensidad en que se presente una cualidad en base a la cual se han definido previamente las categorías. Son útiles si las características pueden ser organizadas en un número limitado de categorías o cuando existe un consenso general acerca de la categoría representada por cada número.
- Gráficas: la representación numérica es sustituida por una representación gráfica, normalmente una línea horizontal donde se emplazan las diferentes categorías en que consideramos dividida el atributo o característica observada.
- Gráficas descriptivas: hay frases descriptivas para señalar los puntos de separación entre las diferentes categorías, añadiendo aspectos cualitativos a la mera cuantificación de la escala numérica.

La observación es una técnica cuanto menos peculiar. Constituye una referencia en el ámbito de la etnografía y de la investigación cualitativa, sobre todo cuando se trata de una observación participante, por eso en este manual la incluimos en el grupo de las técnicas cualitativas. Sin embargo, si los hechos que se observan están referidos a variables objetivas y el instrumento de recogida de información está sistematizado como si fuese un cuestionario o una escala, nos encontramos ante una técnica de corte cuantitativo, más propia del paradigma positivista que del interpretativismo. Este es el motivo por el que en algunas clasificaciones la observación aparece entre las técnicas cuantitativas.

2.2. Entrevista Cualitativa

La entrevista en profundidad probablemente sea una de las técnicas más utilizada dentro de la metodología cualitativa. Atendiendo a las explicaciones que ofrece Corbetta (2003, pp. 321, 368 y 369), puede definirse como una conversación entre entrevistador y entrevistado, que no es ocasional, sino que está provocada y/o solicitada explícitamente por el entrevistador, normalmente a través de una cita concertada o programada con antelación; esta conversación, además, está dirigida a un número considerable de sujetos, elegidos sobre la base de un plan de investigación sistemático; es decir, las personas a entrevistar no se han seleccionado de forma casual, sino debido a sus características particulares, que las convierten en personas clave para la evaluación que se está realizando. La finalidad de la entrevista es de tipo cognoscitivo: está guiada por el entrevistador, quien establece el tema y controla que su desarrollo responda a los fines cognoscitivos que se ha marcado. Esta técnica reposa sobre la base de un esquema flexible y no estandarizado de interrogación. En base, precisamente, al grado de estandarización que presenta el instrumento —el guion de preguntas—, pueden distinguirse tres tipos de entrevistas añade Corbetta (*ibid.* pp. 374-379), quien las explica de la siguiente manera.

1. *Entrevista estructurada.* Se denominan así aquellas en las que a todos los sujetos se les hacen las mismas preguntas con la misma formulación y en el mismo orden. El estímulo es, por tanto, igual para todos los entrevistados, quienes, sin embargo, tienen plena libertad para manifestar su respuesta.
2. *Entrevista semiestructurada.* En este caso, el entrevistador dispone de un guion que recoge los temas que debe tratar a lo largo de la entrevista; sin embargo, el orden en el que se abordan dichos temas, así como el modo de formular las preguntas, se dejan a la libre decisión del entrevistador; este puede plantear o introducir un tema concreto cómo y cuándo lo desee, efectuar las preguntas que crea oportunas y hacerlo en los términos que estime conveniente. El guion puede tener distintos grados de detalle: puede ser una lista de temas a tratar o puede formularse más analíticamente, en forma de preguntas de carácter general. Esta manera de dirigir una entrevista concede amplia libertad al entrevistado y al entrevistador, y garantiza

al mismo tiempo que se van a discutir todos los temas relevantes, y que todas las informaciones necesarias van a ser recogidas. El guion establece un perímetro dentro del cual el entrevistador decide no sólo el orden y la formulación de las preguntas, sino también si se va a profundizar en algún tema y, en su caso, en cuál. En general, el entrevistador no abordará temas no previstos en el guion, si bien tiene libertad para desarrollar temas que vayan surgiendo a lo largo de la entrevista y que se consideren importantes para la comprensión del sujeto y tema estudiado.

3. *Entrevista no estructurada.* El entrevistador tiene como única tarea sacar a lo largo de la conversación los temas que desea abordar. Después, el entrevistador dejará que el entrevistado desarrolle su visión sobre el asunto y mantenga la iniciativa de la conversación, limitándose, únicamente, a animarlo para que profundice cuando toque temas que parezcan interesantes. En este tipo de entrevistas, el entrevistador, además de esa función de aliciente y de estímulo, desempeña una función de control, atajando divagaciones y vigilando que la entrevista no se desvíe hacia cuestiones totalmente carentes de conexión con el tema analizado.

Cuando se habla de entrevista normalmente se alude a una entrevista individual, pero también existe la posibilidad de que sea grupal. De hecho, esta suele ser muy útil en el ámbito de la evaluación social. Puede adoptar las mismas modalidades que las entrevistas individuales (estructurada, semiestructurada y no estructurada). Permite entrevistar a varias personas a la vez, en un mismo espacio, por lo que reduce costes de todo tipo, no sólo económicos. La interacción principal se produce entre entrevistado y entrevistador, por lo que es muy importante diferenciarla de otras técnicas de recogida de información en grupo como los grupos de discusión o los grupos nominales, donde sí que se producen interacciones significativas entre los invitados al grupo.

2.3. *Uso de Documentos*

Como explica Espinoza (1983, p. 150), la recopilación y análisis documental constituye uno de los más valiosos medios de apoyo a la labor de investigación; evita esfuerzos inútiles por recabar información que ya obra en esos documentos. Corbetta (2003, p. 400) define el término de *documento* como aquel "material informativo sobre un determinado fenómeno social que existe con independencia de la acción del investigador". Suelen darse de manera escrita, aunque también existen otros tipos como grabaciones de audio, vídeos, archivos digitales, fotografías, canciones, etc. Espinoza (1983, pp. 151 y 152) los clasifica de la siguiente manera:

- Documentos históricos: son estudios o ensayos sobre hechos del pasado, que permiten interpretar hechos del presente.
- Estadísticas: documentos producidos por los organismos responsables de elaborar las estadísticas oficiales.
- Informes y estudios: contienen información sobre una situación determinada. Sirven como punto de partida en investigaciones y como elemento de comparación.
- Memorias institucionales: contienen información sobre hechos y actividades de una institución.
- Actas de reuniones: están relacionados con los anteriores. Ofrecen información valiosa sobre las conclusiones a las que se llega en las reuniones de grupo.
- Archivos oficiales: representan la recopilación ordenada de los documentos más importantes de instituciones generalmente públicas.
- Archivos privados: es una recopilación ordenada de documentos de instituciones privadas. A veces se encuentran en las instituciones y otras veces en el domicilio de particulares.
- Documentos personales: son valiosos especialmente cuando se abordan cuestiones psicosociales, al incluir cartas, diarios personales, cuadernos de anotaciones, etc.
- Periódicos: ofrecen información muy útil sobre la situación existente en un lugar determinado.
- Material cartográfico: como mapas, planos, croquis, y otros similares.

Corbetta (2003, pp. 401-426) también ofrece una clasificación algo más actualizada. Para este autor, los documentos se pueden organizar en dos grandes grupos, que explica de la siguiente manera:

- Documentos personales: se denominan así para subrayar su carácter privado, es decir, el hecho de que han sido elaborados por los individuos en primera persona y para un uso estrictamente personal. También se denominan "documentos expresivos", puesto que son expresión de los sentimientos, los acontecimientos y la personalidad de quien los ha elaborado. En este grupo se encontrarían las autobiografías, los diarios, las cartas, los testimonios orales como, por ejemplo, las historias de vida, etc.
- Documentos institucionales: producidos por instituciones o individuos, pero en cualquier caso en el contexto de la parte institucionalizada de su vida. Son de carácter público, por lo que contradicen la naturaleza privada de los anteriores. En este grupo existen documentos de distinto tipo. Pre-

sentamos a continuación una breve síntesis de las consideraciones ofrecidas por Corbetta (*ibid.*) a este respecto:

- Medios de comunicación de masas. Este material aparece en periódicos, radio y televisión. Los medios de comunicación se suelen emplear como fuente de documentación general. Son documentos muy válidos para poder categorizar un período de tiempo. A través de ellos es como mejor se puede establecer la trama general de los acontecimientos.
- Narrativas, textos pedagógicos y documentos de la cultura popular. En este apartado se incluyen dibujos, grabados, cuadros, esculturas, canciones, etc. realizadas tanto por profesionales como por aficionados, así como las obras populares. Otros materiales de interés son las casas, los muebles, los vestidos, los enseres domésticos, los objetos de defensa, los religiosos, mágicos, amuletos, obras literarias, etc.
- Material jurídico. Sentencias, transcripciones de interrogatorios, actas de los juicios, denuncias, etc. constituyen una importante base documental para múltiples fenómenos sociales.
- Documentos políticos. Entre ellos se encuentran los actos parlamentarios, los programas de los partidos políticos, los discursos de los políticos, la propaganda electoral, etc. Fueron los primeros que interesaron a los investigadores y que se utilizaron con estos fines.
- Documentos administrativos. A lo largo de su vida institucional, los centros, residencias, departamentos, escuelas, hospitales, administración pública, asociaciones, empresas, colegios profesionales, sociedades anónimas, etc. producen toda una serie de documentos que pueden ser de gran utilidad en las evaluaciones que se realizan. Hablamos, por ejemplo, de actas de reuniones, informes sociales, resúmenes, correos, circulares, cartas, organigramas, listas de socios, listas de personas atendidas, balances económicos, etc.
- Huellas físicas. Las personas a lo largo de su actividad dejan huellas físicas, a partir de las que se pueden deducir las actividades que las han producido. Existen dos tipos de huellas físicas: las *huellas de erosión* que se producen cuando una actividad humana provoca el desgaste de un determinado soporte físico y las *huellas de incremento* que aparecen cuando la actividad realizada provoca un almacenamiento de material. Observar las huellas físicas de un evento puede ser muy útil cuando se busca evaluar la participación de los usuarios en determinadas actividades.

Concluimos señalando que algunos de los instrumentos de evaluación que pueden asistir en el uso de esta técnica son las listas de control y las guías para análisis de documentos.

3. TÉCNICAS E INSTRUMENTOS PARTICIPATIVOS

De acuerdo con lo que indica la Plataforma de ONG de Acción Social (2010, p. 101), estas técnicas e instrumentos buscan favorecer la participación e interacción activa y continua entre las personas que participan en ellas (actores sociales) y con respecto al equipo evaluador. Su elección en el marco de una evaluación supone un reconocimiento al papel que asumen los agentes críticos como informantes clave y como interlocutores para la devolución de información, revisión de valoraciones y toma de decisiones. Esta Plataforma añade que su uso debe caracterizarse por lo siguiente:

- La relación entre la población y el equipo evaluador está basada en el intercambio de información y experiencias para un aprendizaje mutuo.
- Los profesionales deben adecuar su lenguaje, actitudes y comportamientos al contexto en el que se desarrolla la intervención.
- El personal técnico pasa a desempeñar el papel de facilitador de un proceso mediante el cual las personas beneficiarias expresen cuál es su visión de la realidad.
- La metodología utilizada es abierta, grupal, visual y comparativa.

Arnanz (2013, p. 11) explica que este tipo de técnicas de caracterizan por fomentar la reflexión colectiva sobre una determinada cuestión. Añade que no son comunes en el ámbito de la investigación sociológica, pero sí en contextos de intervención social, como en los que se desenvuelve el Trabajo Social. Algunas de las ventajas que tienen son las siguientes, según este autor:

1. Permiten que diferentes personas se relacionen e intercambien ideas, lleguen a acuerdos e incluso se genere entre ellos cierta identidad grupal.

2. A diferencia de las cuantitativas y cualitativas, las conclusiones son conocidas al momento y no solamente por el profesional, sino por todos los asistentes. Por ello, son adecuadas si lo que se busca es generar autorreflexión, toma de conciencia o inducir a la acción de manera colectiva.

3. Existe un amplio número de técnicas muy variadas dentro de este grupo en función de determinados aspectos como la finalidad o el público destinatario.

La Plataforma de ONG de Acción Social (2010, p. 101) señala que el marco físico más habitual —y recomendado— para la aplicación de gran parte de las técnicas participativas es el *taller*. Este se desarrolla en un espacio cerrado, amplio, que permita el movimiento de las personas, su participación interactiva y el trabajo colectivo, de dinamización grupal. El taller puede durar horas, días o años, en la medida que las actividades que se proponen tienen aspectos formativos, de dinamización grupal y/o de toma de decisiones que afectan a la vida de la comunidad, concluye la Plataforma. Si el espacio físico más habitual es el taller, la técnica empleada prioritariamente se suele enmarcar en lo que se conoce como las *técnicas grupales*. Es decir, las técnicas participativas se suelen apoyar en el trabajo de grupo, buscan dinamizarlo, estimulando el diálogo y la participación, produciendo su empoderamiento. Téngase en cuenta que, aunque se consideran *técnicas participativas*, no son exclusivas del enfoque participativo que veíamos en el capítulo anterior. Es decir, puede que una evaluación recurra a la metodología cualitativa, pero opte por emplear alguna técnica participativa para la recogida de la información. Estas técnicas tienen mucho potencial en el ámbito del Trabajo Social, pero no están demasiado explotadas.

3.1. Grupo de Discusión

Un grupo de discusión es un procedimiento de producción de información a nivel grupal, que requiere de la participación de los sujetos, por eso la incluimos, como técnica, en este bloque, aunque es de corte cualitativo. Alvira (s.f., p. 2) la define como un número reducido de personas, entre 8 y 10, con las características que la evaluación determine, que mantienen una discusión o debate sobre un tema sugerido por un moderador, produciendo un "discurso" grupal como resultado de dicha discusión. En esta técnica lo importante es el debate que se produce entre los sujetos, por eso es importante que haya una cantidad importante de participantes para que estén representadas todas las posiciones, pero sin excederse para que la interacción entre todos sea posible.

Hay que tener en cuenta que el grupo de discusión no es una entrevista grupal; son dos técnicas diferentes. En el grupo de discusión se produce una interacción entre las personas que no se produce en la entrevista grupal. Así mismo, la primera busca crear discursos a partir del debate o la discusión, mientras que en la segunda los discursos nacen de la opinión individual del sujeto entrevistado. La entrevista grupal se suele hacer para ahorrar costes, sobre todo en cuanto al tiempo (se entrevista a varias personas a la vez). La literatura anglosajona se ha referido a ambas técnicas algunas veces con el término de *focus group*, de ahí las confusiones.

En el grupo de discusión el equipo evaluador y/o moderador tiene que tomar varias decisiones, que sintetizamos a continuación. Para comenzar, hay que saber cuál es la información que se necesita, es decir, por qué se realiza ese grupo de discusión. En base a esa necesidad informativa se elabora una especie de guion, que es el que se utilizará en el debate, para estimular la participación y discusión entre los asistentes. A continuación, hay que definir cuántos grupos de discusión se van a realizar, quién los va a moderar (se recomienda que sea una persona del equipo evaluador) y qué personas van a participar en cada uno (invitados). Estas personas tienen que estar familiarizados de alguna manera con el tema objeto de discusión para que el debate sea más productivo y útil. A la hora de crear los grupos, téngase en cuenta que pueden ser homogéneos, cuando los participantes se relacionan con el tema de la misma manera o guardan una característica similar entre ellos que es relevante para la evaluación, o heterogéneos, cuando presentan características diferentes entre ellos y/o con respecto al tema de debate. Una vez que se han propuesto los grupos y se ha identificado a los participantes, se contacta con ellos y se definen elementos de corte operativo como dónde se van a realizar los grupos, con qué material, qué duración tendrán, si se va a conceder alguna compensación a los asistentes, etc.

Alvira (*ibid.* pp. 6 y 7) destaca las ventajas y desventajas que tiene el uso de esta técnica. Las ventajas que resalta son:

- El producto es un discurso social, lo que es altamente relevante puesto que la mayoría de los comportamientos del ser humano son sociales, y se producen y elaboran en grupos pequeños.
- Es una técnica relativamente barata y rápida.
- Es una técnica con diseño abierto que permite que el moderador se adapte a las circunstancias.

Las desventajas que resaltar según este autor son:

- Es difícil encontrar moderadores eficientes, ya que esta tarea, más que un aprendizaje previo, requiere de unas características y habilidades personales.
- El análisis del discurso de grupos es difícil y está abierto a interpretaciones a veces contrapuestas.
- El grupo no deja de ser una creación momentánea y artificial, y plantea el problema de su generalización; para evitar sorpresas, la recomendación es hacer al menos dos grupos.
- Del discurso de uno o varios grupos no puede llegarse a cuantificar procesos, ya que es una técnica grupal participativa, de corte cualitativo.

En los grupos de discusión es importante lo que se dice, pero también cómo se dice. A través de la observación se puede captar mucha información sobre las interacciones que se producen entre los sujetos. Por eso se recomienda la grabación en soporte visual.

3.2. Técnica de Grupo Nominal (TGN)

La Técnica de Grupo Nominal (TGN) es propia de la metodología cualitativa, y se emplea en la recogida de datos a nivel grupal. Se emplea sobre todo para el análisis y diagnóstico de necesidades, si bien también tiene su espacio en el ámbito de la evaluación. Sirve para identificar y analizar hechos sociales, a través de la búsqueda de consensos entre las personas que participan en el grupo de trabajo, utilizando el lenguaje como vehículo de expresión. Estas personas actúan como informantes clave, pues están directamente involucradas, bien en términos personales o bien en términos profesionales, en la temática que va a ser objeto de análisis. Esta técnica centra su atención no tanto en los hechos, sino en los discursos vertidos por los diferentes agentes que componen y parcelan la realidad. El objetivo es identificar los factores, con distinto grado de importancia, que intervienen en un hecho, bien porque lo ocasionan, o bien porque lo agravan. A partir de la identificación de esos factores, se fija la importancia o gravedad de cada uno de ellos, consiguiendo de esta forma determinar no sólo el listado de elementos que intervienen en un tema social, sino también su nivel de importancia. Esto permite fijar prioridades. La TGN pretende también identificar acciones que se pueden llevar a cabo, en términos profesionales, para paliar y/o eliminar el efecto de esos elementos o factores. En este sentido, se pretende la búsqueda de acciones dinámicas, que permitan la intervención directa sobre el tema, dando una respuesta integral al mismo. Con ello, los agentes implicados en la TGN se convierten en protagonistas de la intervención-acción.

Según Olaz (2016, pp. 112-113), los objetivos de esta técnica son los siguientes:

- Constituir un ambiente propicio y una atmósfera adecuada para que el grupo de trabajo se convierta en un "laboratorio de ideas", destinado a proporcionar nuevas dimensiones de análisis para un caso planteado, desde una óptica creativa.
- Obtener diferentes puntos de vista relacionados con el tema presentado, desde la óptica del grupo, en un intento por diagnosticar la cuestión o fenómeno concreto.
- Analizar las vinculaciones existentes entre los diferentes aspectos considerados, identificando las posibles relaciones causales existentes.
- Generar un proceso que, basado en datos e informaciones, permita extraer conclusiones sobre las posibles causas, elementos condicionantes y determinantes del fenómeno estudiado.
- Trazar estrategias y tácticas operativas que permitan modernizar la puesta en marcha de soluciones concretas y adaptadas a la problemática estudiada.

Es importante señalar que esta técnica en su enfoque más innovador parte siempre, en el desarrollo de su proceso, de una pregunta, que actúa como eje vertebrador. Esta pregunta normalmente se plantea en términos negativos. Utiliza la siguiente estructura: ¿Qué elementos considera usted que limitan, dificultan, impiden, etc. que pase esto? Por ejemplo, en el entorno escolar debe existir un clima de paz, que genere confianza y una convivencia positiva entre los estudiantes, ¿qué elementos considera usted que actualmente dificultan la convivencia pacífica en los entornos escolares? Llevada al ámbito de la evaluación, la pregunta podría ser: ¿qué elementos considera usted que, a pesar del proyecto que se ha ejecutado en este centro escolar, siguen dificultando la convivencia pacífica en el mismo? A partir de la pregunta, que se presenta a todas las personas que van a participar en el grupo, la técnica cuenta con una serie de fases.

1. Generación silenciosa de ideas, donde los participantes ponen por escrito sus impresiones sobre la pregunta planteada como resultado de su reflexión individual.
2. Los participantes se sitúan en parejas e intercambian las respuestas que han ofrecido individualmente a la pregunta planteada. Entre los dos integrantes de la pareja, deben elaborar un ranking según la relevancia que tienen las respuestas que han dado individualmente. Esto supone discutir las ideas de ambos, plantear cuáles se descartan, cuáles se redefinen, si alguna se agrupa con otra o, por el contrario, se descompone en varias, etc. Tienen que alcanzar acuerdos y elaborar un listado común, además jerarquizado, de mayor a menor importancia o impacto en relación con el tema planteado.
3. Exposición ante el resto de los compañeros de las respuestas que han dado. Aquí se pueden hacer adaptaciones. Por ejemplo, si son muchas parejas, se pide que sólo presenten las dos primeras opciones de su listado, si hay pocas parejas, se puede pedir hasta cuatro o cinco respuestas a cada una. Si los participantes son pocos, se podría prescindir, incluso, de la creación de parejas, completándose la segunda fase en solitario.
4. Una vez que todas las respuestas están presentadas, se genera el debate acerca de cómo se podrían agrupar, buscando relaciones entre los distintos elementos presentados. Se estimula el debate y la reflexión a este propósito, además del trabajo en grupo para buscar consensos.
5. Una vez que están organizadas las dimensiones, cada una con los factores que la integran, se pide a los participantes que identifiquen acciones a desarrollar para eliminar esos factores limitantes o, al menos, reducir su incidencia sobre la problemática. Se puede, incluso, pedir la creación entre todos de una especie de plan de acción donde se incluyan cuestiones como qué se puede hacer para eliminar y mitigar la incidencia de ese factor, quién se va a encargar, cómo, cuándo, dónde, con qué ayuda, etc.

Como vemos, se trata de una técnica innovadora, que en su versión actual difiere en varios sentidos de los grupos nominales más tradicionales. Su uso tiene dos grandes ventajas, ya que permite identificar los elementos que intervienen directamente en una temática a partir del discurso de personas que actúan como informantes clave, y, a su vez, permite, de la mano de estos mismos informantes, fijar acciones para afrontar esos elementos limitantes.

3.3. DAFO

El análisis DAFO es una herramienta sencilla que puede ayudar en la evaluación, sobre todo de organizaciones o entidades sociales tanto públicas como privadas. Consiste en el estudio de aspectos internos (Debilidades y Fortalezas) y externos (Amenazas y Oportunidades), permitiendo el diseño de un escenario en el que se incorporan ambas dimensiones de análisis. En inglés se conoce como SWOT (*Strengths, Weakness, Oportunities and Threats*).

Medina y Medina (2010, p. 250) explican que el principal objetivo de un análisis DAFO es concretar, en un gráfico o tabla resumen, la evaluación y valoración de los puntos fuertes y débiles de una organización (competencia o capacidad interna para generar y sostener sus ventajas competitivas), así como las amenazas y oportunidades externas, en coherencia con la lógica de que la estrategia debe lograr un adecuado ajuste entre su capacidad interna y su posición competitiva externa. Con el análisis de estos cuatro elementos, se construye una matriz DAFO de 2 x 2, que recoge la formulación de las estrategias más convenientes. Por columnas se establece el análisis del entorno y por filas el diagnóstico interno de la entidad. Así, se fijan cuatro cuadrantes, que reflejan las posibles estrategias a adoptar por la organización (defensivas, ofensivas, de supervivencia, de reorientación). Para Medina y Medina (*ibid.* p. 251) la lógica sería la siguiente:

Matriz DAFO	AMENAZAS	OPORTUNIDADES
PUNTOS FUERTES (FORTALEZAS)	Estrategias Defensivas: la organización cuenta con fortalezas, por lo que puede enfrentarse a las amenazas.	Estrategias Ofensivas: es la posición deseada, donde se adoptan estrategias de crecimiento.
PUNTOS DÉBILES (DEBILIDADES)	Estrategias de Supervivencia: la organización se enfrenta a amenazas externas y no cuenta con una fortaleza interna.	Estrategias de Reorientación: a la organización se le plantean oportunidades que puede aprovechar, si bien es cierto que carece de una preparación adecuada.

Fuente: Medina y Medina (2010, p. 251).

La técnica DAFO resulta de gran utilidad. Se diferencia de otras en el hecho de que ordena la información y la cualifica, otorgándole un valor en base a un juicio. Es decir, no busca acumular información o datos contrastados, sino que pretende ir más allá y valorar todos los elementos internos y externos, definiendo estrategias de actuación que resulten claves para el funcionamiento correcto de la organización.

Una variante del análisis DAFO que puede tener similares aplicaciones, pero ofrece un análisis más amplio, es la técnica DRAFPO. En esta, los elementos que entran en juego son: Debilidades, Resistencias, Amenazas, Fortalezas, Potencialidades y Oportunidades. A través de la matriz se visualizan los aspectos positivos y negativos de la problemática o tema de estudio, junto a la formulación de las acciones que se podrían llevar a cabo, solos o con otros, para que los elementos identificados nos resulten favorables si son debilidades, resistencias o amenazas, o se refuercen si son fortalezas, potencialidades u oportunidades (Cf. CIMAS, 2009, p. 22).

3.4. Otras Técnicas Participativas

Cerramos el apartado de técnicas e instrumentos participativos haciendo referencia, aunque sea de manera muy general, a otras herramientas de esta misma naturaleza que también se pueden emplear para la recogida de información en una evaluación social, aunque a veces esa no sea la función principal para la que fueron concebidas. Recordemos que una evaluación con enfoque participativo supone la implicación de los actores sociales a lo largo de todo el proceso, desde que se concibe la evaluación hasta que se ejecuta. Por eso, las técnicas participativas suelen ser muy variadas en cuanto a su papel y posible aplicación práctica.

Para que la exposición del apartado resulte más didáctica y amena, se presentan organizadas en grupos, que hemos definido nosotros mismos de acuerdo con la faceta que queremos resaltar en cada una. Como en la exposición se entremezclan técnicas, instrumentos y otros soportes, decidimos emplear el término *herramienta* para referirnos a ellas.

HERRAMIENTAS DE EXPRESIÓN O CREACIÓN ARTÍSTICA

Entendemos por tales aquellas que permiten a los individuos expresar sus ideas, opiniones, sentimientos, etc. pero a través del arte o la creación artística, en cualquiera de sus facetas. Aquí incluiríamos herramientas visuales como, por ejemplo, el uso de las *Infografías*, donde los usuarios plasman de manera gráfica determinada información, quedando reflejada su capacidad de análisis, síntesis y relación. También podríamos incluir el *Monitoreo Fotográfico*, que permite al usuario rastrear un tema o acontecimiento, pero aportando evidencia fotográfica del mismo. Esto puede resultar muy útil en determinadas evaluaciones, ya que el simple monitoreo por parte del usuario se convierte en una actividad que permite al profesional medir cuestiones como la participación o implicación en un hecho o acontecimiento. Los *Transectos* también podrían incluirse en este grupo. Son muy comunes a nivel medioambiental, pero con una aplicación clara en términos sociales. Se apoyan en la toma de datos a lo largo de recorridos prefijados, por eso también reciben el nombre de *deriva* o *video-paseo*. CIMAS (2009, p. 18) propone, como aplicación de esta herramienta, caminar por un barrio, un pueblo o una zona rural con personas de la zona que vayan contando lo que estamos viendo, a la vez que se van intercambiando impresiones y se formulan preguntas. Destacamos su carácter creativo, ya que la persona se convierte en una especie de reportero, que va captando la realidad que observa y escucha, muchas veces de la mano de una cámara de vídeo que permita la grabación. También podrían emplearse otras herramientas audiovisuales como la música, la pintura, el visionado de documentales, etc.

Dentro de las herramientas de este grupo se podrían incluir, además de aquellas que son más visuales, las que suponen una interpretación o representación, como es el caso del *Teatro-fórum*. A modo de ejemplo, Arnanz (2013, p. 17) explica cómo hicieron uso de esta herramienta en la evaluación de un proyecto hidrosanitario de cooperación al desarrollo. Según sus explicaciones, interpretaron a modo de teatro una situación problemática clave y durante la actuación hicieron ciertas paradas en las que se pedía la participación del público para que determinase, por petición de los actores que estaban representando esa problemática, algunas de las principales causas de ésta y posibles soluciones. Destaca el autor que esta técnica facilita bastante la comunicación directa con la población, además de que es divertida, y permite trabajar con personas analfabetas. En línea con la interpretación, también se podría hacer uso del *Teatro Popular*, a través del cual personas que son aficionadas interpretan una obra (puede ser, incluso, que también la hayan escrito). Otra herramienta de este tipo podría ser el *Sociodrama*, que consiste en la "dramatización de una situación de la vida cotidiana mediante la representación de la situación por personas de un grupo" (CIMAS, 2009, p. 12). Se trata de un juego de roles, de manera que las personas deben representar a personajes que tienen diferentes papeles; la simple escenificación permite a los intérpretes colocarse en la posición del otro, experimentar sentimientos, darse cuenta de cosas que les habían pasado desapercibidas y comprender o empatizar con el otro, a la vez que permite al grupo aprender, comprender observando y analizar lo ocurrido (*ibid.*). Otra herramienta muy empleada en determinados momentos son las conocidas como *Pruebas Situacionales*. Se apoyan también en el juego de roles (role-playing) y consisten en presentar al sujeto una situación dada para comprobar cómo actuaría en ese caso, qué tareas desarrollaría, cómo lo haría, etc. Lo que se busca es situar al usuario en escenarios hipotéticos para evaluar su comportamiento y observar cómo se desenvuelve. Puede servir a modo de diagnóstico inicial, para conocer la situación de la que partimos, o bien para comprobar si la intervención que se ha realizado (o se está realizando) ha tenido efectos sobre el comportamiento del sujeto. Permite en estos casos estudiar si los usuarios son capaces de poner en práctica los conocimientos, habilidades, actitudes, etc. que se han trabajado con ellos durante el proceso de intervención.

HERRAMIENTAS PARA LA EVALUACIÓN DE LA CALIDAD

El uso de los diagramas para la mejora de procesos está especialmente extendido en el ámbito del análisis de la calidad. Se emplean, como su nombre dice, para la mejora continua de los procesos que se siguen en una intervención, organización, etc. Existen numerosos tipos; quizás los más comunes sean los *Diagramas de flujo.* Según Medina y Medina (2010, p. 277), permiten describir un proceso a través de símbolos, líneas y palabras que representan la secuencia de actividades; especifican todo lo que debe hacerse en un proceso (actividades, decisiones, documentos a elaborar, etc.), y permiten analizar y comprender cualquier mejora. Medina y Medina añaden que estos diagramas proporcionan una visión global de los procesos reflejados y de las interrelaciones entre sus componentes, dado que muestran de forma secuencial las actividades que forman los procesos; tiene utilidad práctica en el análisis de las relaciones que se forman entre las personas implicadas, los medios empleados y las fases del proceso. Entre los símbolos que se emplean, se encuentran los siguientes (*ibid.*):

- Un círculo o circunferencia ovalada indica el punto inicial y final del proceso
- Un rectángulo describe cada paso del proceso
- Un rombo señala la necesidad de tomar una decisión en este punto del proceso
- Un triángulo indica la necesidad de archivar la información
- Una flecha indica la dirección en la que se orienta el proceso

En este grupo de herramientas vinculadas con la evaluación de la calidad encontraríamos también los diagramas que buscan poner en relación un problema o efecto con los elementos que lo han podido causar, a fin de identificar sobre todo cómo solucionar un problema. Hablamos, por ejemplo, del *Diagrama causa-efecto,* también conocido como Diagrama Ishikawa por su creador o de Espina de Pescado por su forma. De hecho, es una representación gráfica a modo de espina de pescado donde se van plasmando las posibles causas de un problema o lo que está influyendo en su calidad. Otro ejemplo es el *Diagrama de relaciones (o interrelaciones),* que representa gráficamente los vínculos efectivos entre diversos factores asociados a un asunto específico, o bien el orden en el que han de presentarse los elementos para conseguir el objetivo deseado. Incluimos también el *Diagrama de afinidad,* que consiste en generar en grupo el mayor número posible de ideas relacionadas con un problema dado, ponderando su importancia. Otras herramientas que permiten establecer la relación causa-efecto, bastante empleadas para el diagnóstico en Trabajo Social, son el *Flujograma* y el *Árbol de Problemas*. La primera es una dinámica grupal muy útil para la identificación gráfica de nudos críticos y para la programación, estableciendo relaciones entre los problemas detectados y sus causas (relaciones de causa-efecto), además de analizar la capacidad en la resolución y toma de decisiones (Arnanz, 2013, p. 20). Con ella es posible priorizar tres o cuatro temas por donde empezar a trabajar, a la vez que se identifica a los actores responsables de buscar estrategias y posibles soluciones (CIMAS, 2009, p. 51). En cuanto al árbol de problemas, podemos decir que es una dinámica bastante parecida a la del flujograma, pero que resulta más visual, al representar de forma simbólica en un árbol las relaciones entre las causas (raíces) y los efectos o consecuencias (ramas). Permite, incluso, diferenciar entre las causas más inmediatas de un problema, que aparecen reflejadas en el tronco del árbol, y las causas profundas, que se grafican como las raíces del árbol, esto es, las raíces del problema. Ambas herramientas son igual de útiles, si bien el flujograma permite identificar un mayor número de relaciones causa-efecto mediante una estructura de diagrama (multidireccional), mientras que el árbol es más de corte unidireccional (Cf. Arnanz, 2013, p. 22).

Dentro del grupo de herramientas para la evaluación de la calidad encontramos otras, quizás menos empleadas en el ámbito del Trabajo Social, orientadas a la recogida y el análisis de los datos, como la hoja de verificación, el diagrama de Pareto o los histogramas, y al control estadístico, como los diagramas de puntos, los gráficos temporales, los gráficos de control, etc. (para más información véase Municio, 2000).

HERRAMIENTAS PARA IDENTIFICAR GRUPOS Y RELACIONES SOCIALES

Una herramienta de este tipo utilizada en Trabajo Social es el *Sociograma* o *Mapa de Redes Sociales*. Según las explicaciones que ofrece Arnanz (2013, pp. 14 y 15) sirve para identificar y analizar las redes sociales que existen en un territorio, permitiendo visualizar a los actores y grupos sociales presentes y trazar las conexiones entre ellos. Una posible aplicación de la técnica es, según este autor, repartir tarjetas en blanco con distintas formas: unas con forma triangular para representar a actores con poder simbólico o de convocatoria; otras rectangulares para representar a los actores sociales organizados y locales; y otras circulares para representar a sectores de población no organizados o a personas relevantes para el proceso. También se pueden repartir tarjetas de distintos colores si no es posible recurrir a la forma como mecanismo de diferenciación. A partir de las tarjetas repartidas, cada participante las rellena con los diferentes protagonistas del territorio y las pone sobre una pizarra o papel-continuo para después relacionarlas. Arnanz destaca la importancia de fijar esas relaciones a partir del debate del grupo hasta alcanzar un consenso. Para la visualización de las relaciones se emplean flechas que permitan diferenciar si la relación entre actores es fuerte (de dependencia, colaboración...), débil (de aislamiento, desinterés, temporalidad...), de conflicto, sin relación, relaciones indirectas (un actor se relaciona con otro a través de un tercero), etc. Se reflexiona, añade el autor, sobre las zonas donde el mapa se hace más denso en sus relaciones, donde estas se hacen más intensas, los bloqueos existentes, los elementos dinamizadores y los espacios vacíos de actores o de relaciones.

HERRAMIENTAS PROSPECTIVAS

Arnanz (2013, pp. 20 y 21) nos habla de dos herramientas que pueden actuar a modo prospectivo. La primera son los *Escenarios Futuros* (EASW-*European Awareness Sustainability Workshop*), cuyo objetivo es consensuar las propuestas de futuro más deseables y sostenibles para la comunidad o el grupo. Esta herramienta consiste, según el autor, en pedir a los diversos sectores o grupos de ciudadanos, que participen en la dinámica, que rellenen dos cartulinas, una con los aspectos positivos que les gustaría alcanzar en un futuro como grupo o comunidad y otra con los aspectos negativos a evitar en ese futuro. A través de esta dinámica los participantes verbalizan y despliegan sus deseos y temores, a la vez que se visualizan futuros escenarios posibles, con la generación de ideas para la acción (para conseguirlos y para evitarlos). La otra herramienta que propone Arnanz es el *Diagnóstico Rural Participativo* (DRP), cuyo objetivo es analizar y reflexionar de manera comunitaria sobre las acciones que se están realizando para pasar, a continuación, a consensuar otras actuaciones que pudieran suponer una mejora en cuanto a la consecución de los objetivos y a la sostenibilidad en el tiempo por parte de la comunidad.

OTRAS HERRAMIENTAS

Para no hacer especialmente densa la exposición, incluimos aquí otras herramientas que nos parecen interesantes para una evaluación en el ámbito del Trabajo Social y los Servicios Sociales. Algunas tienen un enfoque comunitario, mientras que otras se podrían emplear perfectamente a nivel microsocial.

HERRAMIENTA	DESCRIPCIÓN
Lluvia de ideas: brainstorming o brainwriting	Generación espontánea de ideas bien por escrito o bien de manera oral.

HERRAMIENTA	DESCRIPCIÓN
Método Philips 6/6	Consiste en dividir al grupo grande en subgrupos de seis personas para que debatan sobre un tema durante seis minutos. Después, cada grupo expresa en alto sus ideas, mientras que el moderador las va anotando en una pizarra o papel continuo. Una vez que todas están expuestas, se genera el debate, hasta alcanzar un consenso.
Bola de nieve	Se hace una lista de aspectos sobre un determinado tema de manera individual. Luego esa lista se consensua en pareja. Después se consensua en grupos de 4 personas, después en grupos de 8 personas, y así sucesivamente hasta poder tener una lista final consensuada por todos los participantes.
Títeres	Se emplean una serie de figuras elaboradas con distintos tipos de materiales, que son manejadas por una persona para la representación teatral de algún hecho o suceso. Pueden haber sido elaborados por los profesionales o por el propio usuario libremente o siguiendo indicaciones dadas.
Cinefórum	Consiste en visualizar en grupo una película para después comentarla o debatir a propósito de ella.
Análisis de acontecimientos (incidentes) críticos	La persona narra una historia acerca de alguna experiencia que haya tenido. A partir de ahí, se trabaja con ella para analizar el problema en todas sus dimensiones y proponer posibles soluciones que lo resuelvan.
Técnica del semáforo	Es una herramienta para la gestión de emociones. Se basa en los colores de un semáforo, de ahí su nombre. El verde significa actuar, es decir, llevar a cabo la acción, el amarillo significa reflexionar sobre qué comportamientos alternativos se pueden llevar a cabo para afrontar esa situación, y el rojo supone parar y tomar conciencia sobre la emoción negativa e intensa que está sintiendo la persona y lo que supone para ella.
Escalas o Escaleras de Metacognición	Es una herramienta que permite al individuo la reflexión sobre su propio aprendizaje. Muy útil cuando la función del trabajador social se ha desarrollado a través de talleres orientados a la formación. La escalera está compuesta por varios escalones, en el primero la persona reflexiona sobre lo que ha aprendido, en el segundo sobre cómo lo ha aprendido, en el tercero para qué le ha servido y en el último en qué situaciones puede usarlo.
Coherenciómetro	Se construye una matriz; en el eje superior horizontal se sitúan los objetivos a conseguir con la intervención y en el eje vertical de la izquierda las acciones previstas para la consecución de los objetivos. En el cuadrante que cruza cada acción con cada objetivo se sitúan tantos positivos (+) como coherencia tenga la acción con el objetivo. Si resulta contradictoria con respecto al objetivo se asignan negativos (-), y si es neutra se puede asignar un cero (0) (Cf. CIMAS, 2009, p. 75).
Línea del tiempo	Consiste en trazar una línea sobre un papel continuo y que las personas que forman parte del grupo vayan reflejando en ella los acontecimientos que consideran más destacables de los últimos años o meses en relación con el tema que estemos tratando. Nos servirá para estimular el debate. Lo cierto es que existen muchas maneras de plantearla.

HERRAMIENTA	DESCRIPCIÓN
Herramientas propias del ámbito educativo	El Trabajo social a veces asume una función socio-pedagógica, de carácter formativo. Por eso, es posible incorporar en algunas evaluaciones sociales herramientas propias del ámbito educativo como los exámenes, las exposiciones o presentaciones orales, los trabajos individuales o en grupo, la resolución de ejercicios, el portafolios, el diario de aprendizaje, el cuaderno de autoevaluación, la carpeta de competencias, las matrices de valoración o rúbricas, etc.

4. ANÁLISIS DE DATOS

4.1. Análisis de Datos Cuantitativos

En el análisis de datos cuantitativos, lo normal es que estos sean de tipo primario y se deriven de la evaluación que se ha realizado. Es decir, se trata de datos recogidos directamente en el marco de la evaluación, a través de técnicas como la encuesta. No obstante, la aplicación de técnicas cuantitativas conlleva una serie de costes que un número importante de evaluadores no pueden asumir. A esto se suma, añade Corbetta (2003, pp. 206 y 207), que, desde hace unas décadas, se ha hecho evidente que encuestas ya efectuadas con anterioridad ofrecen aún amplios márgenes para nuevos y originales análisis. Esto se debe a varios motivos: en primer lugar, a que el análisis de los datos obtenidos a través de una encuesta por muestreo normalmente se limita a una parte de éstos, con lo que el resto quedan sin explotar, y, en segundo lugar, a que cada disciplina, a medida que pasa el tiempo, va experimentando continuos desarrollos, lo que le lleva a formular nuevos interrogantes que requieren una respuesta. Todo esto ha hecho que dentro de la investigación social sean cada vez más los profesionales que opten por retomar antiguas bases de datos, de carácter oficial, con el fin de proceder a su reanálisis. Es lo que se conoce como *análisis secundario*. Esta forma de proceder se ubica dentro de la metodología cuantitativa y puede definirse, explica Corbetta (*ibid.* p. 206), como "una investigación realizada sobre datos de encuesta por muestreo recogidos precedentemente y disponibles en la forma de matriz de datos original"; un ejemplo son las evaluaciones que se realizan a partir de los ficheros de microdatos de fuentes oficiales. El análisis secundario es una forma de reanalizar bases de datos ya existentes, con el objetivo de dar respuesta a nuevos interrogantes.

Corbetta (*ibid.* 207) y González Rodríguez (2005, pp. 299-301) coinciden en señalar que recurrir a este tipo de análisis se ha visto favorecido por el desarrollo que durante las últimas décadas ha experimentado la informática e internet. Esto ha facilitado de una manera bastante significativa el acceso y la utilización de grandes bases de datos, recogidas en distintas partes del país o del mundo, en cualquier momento del tiempo, y que hasta ahora eran inexistentes o inaccesibles. También se ha visto favorecido por el impulso cualitativo que han experimentado las propias bases de datos. Son ya muchas las instituciones, sobre todo oficiales, que se han dado cuenta de que es necesario rentabilizar social y científicamente la información que poseen. Por ello, han comenzado a poner al servicio de los usuarios las bases de datos o ficheros de microdatos de los que disponen, para que éstos los puedan explotar y analizar. Un ejemplo lo constituyen algunas instituciones públicas como el Instituto Nacional de Estadística (INE), que, desde hace unos años, pone a disposición del público en su página web los ficheros de microdatos anonimizados de algunas de sus encuestas más relevantes. El prestigioso Centro de Investigaciones Sociológicas (CIS) viene también, desde hace unos años, haciendo públicos sus ficheros y realizando una convocatoria oficial, encaminada a la explotación de los datos existentes en su banco de datos.

Con independencia de si los datos a analizar son primarios, es decir, han sido recogidos de primera mano por los evaluadores y demás colaboradores de la investigación evaluativa, o si son datos secundarios, esto es, proceden de fuentes o estadísticas realizadas con anterioridad y para otros fines diferentes a los de la evaluación, se debe partir, para el análisis cuantitativo, de una matriz de datos donde se recojan todos los datos obtenidos; es lo que se conoce como fichero de microdatos o matriz de datos. Esta se somete a distintos análisis con el soporte de algún programa estadístico, por ejemplo, el SPSS (*Statistical Package for the Social Sciences*), que es el más común en Ciencias Sociales. Como se trata de datos numéricos, es posible utilizar múltiples estadísticos en los análisis, según los intereses del evaluador. Aquí veremos algunos de esos estadísticos, agrupados en dos categorías: estadística descriptiva y estadística inferencial.

ESTADÍSTICA DESCRIPTIVA

Es la parte más básica, y a su vez imprescindible, del análisis cuantitativo. Consiste en analizar las características generales de las variables estudiadas e incluidas a modo de ítem (o similar) en el instrumento de recogida de información. La descripción de dichas variables se puede realizar de varias maneras. En primer lugar, se pueden describir por separado, es decir, de manera individual, se trataría entonces de un *análisis univariado.* Lo más básico en estos casos es el cálculo de frecuencias, tasas, proporciones y porcentajes para cada una de las categorías (respuestas) de la variable estudiada. Si dicha variable es cuantitativa, el análisis puede ser más completo, calculando estadísticos de centralidad como la media, la moda o la mediana, estadísticos de variabilidad o dispersión como la varianza, la desviación típica o el coeficiente de variación y estadísticos de forma como la asimetría o la curtosis. En este nivel es común también el uso de gráficos como diagramas de barras, histogramas, diagramas de tallo y hojas o gráficos de sectores, que reflejen la distribución de las categorías que comprende cada variable. En el análisis descriptivo también se pueden analizar dos variables juntas, conocido como *análisis bivariado.* Aquí se suele estudiar la asociación o relación empírica que existe entre esas variables a través de estadísticos como la covarianza o el coeficiente de correlación de Pearson. También son posibles los análisis de regresión lineal. Por último, tendríamos la descripción múltiple de variables —*análisis multivariado*— donde, como su nombre indica, se examinan simultáneamente las relaciones entre múltiples variables. En estos casos se suelen aplicar técnicas de análisis multivariante, como el análisis factorial, el análisis de varianza multivariado, el análisis de componentes principales, el análisis discriminante o el análisis clúster.

ESTADÍSTICA INFERENCIAL

Cuando el evaluador tiene que recoger información, a veces el colectivo al que hay que encuestar o preguntar es demasiado extenso e inabarcable en su totalidad. Por eso, la evaluación se hace sobre una parte o porción de esa población, a la que se conoce como muestra (n), pudiendo posteriormente inferir los datos obtenidos a la totalidad de la población o al universo de análisis (N). La estadística inferencial es la que, utilizando la Teoría de la Probabilidad, permite generalizar o extrapolar esos datos de la muestra al universo de análisis. Dentro de esta categoría existen, grosso modo, dos tipos de análisis. El primero es la estimación de parámetros, que tiene como objetivo encontrar un valor concreto para el parámetro a partir del valor de un estadístico obtenido en la muestra. Dicho de otra forma, busca alcanzar un valor global, para el conjunto de la población, a partir del valor muestral, fijando un nivel de confianza tal, que haga que la estimación sea correcta. El segundo es el contraste de hipótesis (o prueba de significación), estrategia con la que se pretende poner a prueba un valor para el parámetro establecido de antemano. En concreto, busca someter a prueba dos hipótesis, denominadas hipótesis nula e hipótesis alternativa, que versan sobre el parámetro de la población que se está analizando, para aceptar aquella que resulte más plausible. Al final se escoge una de las hipótesis según la probabilidad asociada a cada una.

4.2. Análisis de Datos Cualitativos

Los datos cualitativos son muy variados, pero todos tienen en común el hecho de que proceden de la comunicación humana significativa, es decir, de la narración y el discurso. Para garantizar un correcto análisis, y también por la conveniencia del propio evaluador, estos datos orales se convierten en un texto escrito a través de un proceso que se denomina *transcripción.* Una vez que los datos están plasmados por escrito, hay que comenzar con el análisis propiamente dicho. Lo primero de todo es familiarizarse con ellos a través de múltiples lecturas del texto. En este caso podemos encontrarnos con dos escenarios: el primero es que el evaluador esté ya familiarizado con los datos, dado que los ha recogido él mismo y/o los ha transcrito; el segundo es que el evaluador no conozca los datos, pues de su recolección y transcripción se ha encargado otro compañero del equipo evaluador (es algo común, sobre todo cuando se trata de evaluaciones más ambiciosas). Tanto en el primer supuesto como en el segundo, la lectura integral del texto, incluso en varias ocasiones, es más que conveniente, pues facilitará al evaluador una visión completa e integradora del material que debe analizar, y le permitirá prepararlo cuidadosamente en virtud de algún procedimiento lógico, y sobre la base de un plan de trabajo inicial.

Después de la preparación y lectura en profundidad del material, el análisis continúa con un momento clave, que es el de la *codificación* de la información. Esto supone, por una parte, fragmentar el texto en unidades concretas en función de su significado, y, por otra parte, asignarles una palabra —un código— que ilustre su significado. Dicho de otra manera, se revisa el texto para identificar palabras, frases o párrafos que tengan un significado destacable en función de nuestros objetivos de evaluación y cuestiones evaluativas. A la misma vez que vamos identificando estos elementos o unidades de significación, vamos asignándoles un código, nombre o etiqueta que intente compilar el significado emergente. Los códigos son creados por el evaluador y normalmente son resultado de su capacidad creativa e interpretativa.

Apoyándonos en Miles y Huberman (1994), observamos que existen tres formas de crear el sistema de códigos.

1. Antes de iniciar el trabajo de campo el evaluador/investigador elabora un listado inicial de códigos que va usando conforme aparecen unidades semánticas significativas. Para elaborar ese listado se apoya en las preguntas de evaluación, las hipótesis, las áreas problemáticas, la unidad de evaluación, los objetivos, las variables clave, etc. y, sobre todo, en una amplia revisión documental sobre la temática.

2. El investigador/evaluador no cuenta con un listado inicial de códigos. En su lugar, los va *descubriendo* conforme va leyendo y revisando el texto. En estos casos se dice que la codificación es inductiva. Sobra decir que el nivel de complejidad es mayor en este tipo de codificación, siendo necesaria una experiencia y destreza por parte del analista.

3. Existe un listado general de códigos, pero este es abierto y está sujeto a cambios conforme se produzca la codificación. Lo normal es que el evaluador/investigador lo vaya ampliando con nuevos códigos que surjan del texto a través de una codificación inductiva.

Con independencia de qué método se elija para la elaboración y asignación de los códigos, es recomendable elaborar, cuando el sistema de códigos esté definido, un listado (a modo de glosario) explicando el significado que se atribuye a cada uno de ellos. Esto puede resultar útil en el caso de que el profesional se aleje temporalmente de los datos, o si está compartiendo el trabajo analítico e interpretativo con otros evaluadores/investigadores del equipo. Por otra parte, el esfuerzo de dar una definición a los códigos genera espacios para la reflexión y la creación de nuevas ideas.

Después de la codificación hay que agrupar todos los códigos o etiquetas que compartan el mismo significado. Esto nos permitirá identificar categorías e, incluso, subcategorías dentro de cada una, que se relacionarán, a su vez, con los fundamentos teóricos de la evaluación y con su marco de referencia. Una vez que las categorías están identificadas, el análisis se hace a dos niveles:

1. Intra-categoría, es decir, dentro de cada categoría, centrándose en los elementos que la componen y en la relación que hay entre ellos.
2. Entre-categorías o inter-categorías revisando la relación que hay entre ellas y buscando los vínculos que puedan existir.

Al relacionar los conceptos, temas, categorías, códigos, etc. el evaluador/investigador puede elaborar una explicación integrada sobre los objetivos de la evaluación y los indicadores que se abordaron a través de la metodología cualitativa. La presentación de los resultados se hace de forma narrativa, de manera que se desarrolla un razonamiento, y para apoyarlo y explicarlo se reproduce un fragmento del texto que tenga un significado.

Esta es la manera tradicional de realizar el análisis cualitativo, pero es cierto que varía en función del diseño seleccionado (teoría fundamentada, estudio de caso, diseño narrativo, diseño etnográfico, diseño fenomenológico, diseño de investigación-acción, u otros) y de si se trata de un análisis de contenido, un análisis de discursos, un análisis etnográfico, un análisis biográfico o un análisis histórico. En cualquier caso, los especialistas de lo cualitativo han coincidido en señalar que los propósitos del análisis cualitativo son, entre otros, dar orden a los datos, identificar las unidades de significado, los códigos y las categorías, comprender el contexto que rodea a los datos, describir las experiencias de las personas estudiadas desde su óptica, con su lenguaje y sus expresiones, e interpretar y explicar situaciones, hechos y fenómenos, identificando posibles patrones y temas relevantes.

REFERENCIAS BIBLIOGRÁFICAS

Agencia Nacional de Evaluación de la Calidad y la Acreditación - ANECA (2005). *Libro Blanco. Título de Grado en Trabajo Social.* Madrid, España: ANECA. http://www.aneca.es/var/media/150376/libroblanco_trbjsocial_def.pdf.

Aguilar, M. J. (2013). *Trabajo Social. Concepto y Metodología.* Madrid: Ediciones Paraninfo y Consejo General del Trabajo Social.

Aguilar, M. J. y Ander-Egg, E. (1992). *Evaluación de Servicios y Programas Sociales.* Madrid: Siglo 21 de España.

Alemán, C. y Trinidad, A. (2012). *Evaluación de Servicios Sociales.* Navarra: Editorial Aranzadi.

Alvira, F. (1997). *Metodología de la evaluación de programas. Un enfoque práctico.* Buenos Aires: Lumen-Humanitas.

Alvira, F. (2002). *Metodología de la evaluación de programas.* Madrid: Centro de Investigaciones Sociológicas.

Alvira, F. (s.f.). Qué es un grupo de discusión. Notas metodológicas.

Ander-Egg, E. (1988). *Diccionario del Trabajo Social.* Buenos Aires: Editorial Hvmanitas.

Ander-Egg, E. (1990). *Evaluación de Programas de Trabajo Social.* Buenos Aires: Editorial Hvmanitas.

Arnanz, L. (2013). *Herramientas de Evaluación Participativa en Proyectos Medioambientales de Cooperación Internacional.* Observatorio Internacional de Ciudadanía y Medio Ambiente Sostenible, CIMAS.

Avilés, M. (2023). La asignatura de Evaluación en los planes de estudio del título de grado en Trabajo Social de España. *Zerbitzuan. Revista de Servicios Sociales,* 79, 83-94.

AAVV (1990). La evaluación. Elemento y proceso fundamental en la práctica educativa. *Cuadernos para la Reforma, 4.*

Ballestero, A., Viscarret, J. J. y Úriz, M. J. (2013). Funciones profesionales de los Trabajadores Sociales en España. *Cuadernos de Trabajo Social, 26*(1), 127-138.

Bollington, R. y Hopkins, D. (1990). *An Introduction to Teacher Appraisal.* London: Cassel.

Briones, G. (1991). *Evaluación de programas sociales.* México: Editorial Trillas.

Calero, J. (Dir.) (2013). *Guía para la evaluación de programas y políticas públicas de discapacidad.* Madrid: Grupo Editorial Cinca.

CIMAS - Observatorio Internacional de Ciudadanía y Medio Ambiente Sostenible (2009). *Metodologías participativas. Manual.* Madrid: CIMAS.

Cohen, E. y Franco, R. (1988). *Evaluación de Proyectos Sociales.* Buenos Aires: Grupo Editorial Latinoamericano, S.R.L.

Cohen, E. y Franco, R. (1993). *Evaluación de Proyectos Sociales.* Madrid: Siglo 21.

Cohen, E. y Martínez, R. (2005). *Formulación, evaluación y monitoreo de proyectos sociales.* CEPAL.

Comisión de las Comunidades Europeas (1993). *Gestión del ciclo de un proyecto: Enfoque integrado y marco lógico.* Bruselas: Serie de métodos e instrumentos para la gestión del ciclo de un proyecto, Ayuda al desarrollo.

Consejo General de Colegios Oficiales de Diplomados en Trabajo Social y Asistentes Sociales (2001). *Estatuto de la Profesión de Diplomado/a en Trabajo Social/Asistente Social.* Madrid, España: Consejo General del Trabajo Social. https://www.cgtrabajosocial.com/app/webroot/files/jaen/files/estatuto%20de%20la%20profesion%20de%20Diplomado%20en%20Trabajo%20Social.pdf.

Cook, T. D. y Reichardt, C. S. (1986). *Métodos Cualitativos y Cuantitativos en Investigación Evaluativa.* Madrid: Morata.

Corbetta, P. (2003). *Metodología y Técnicas de Investigación Social.* Madrid: McGraw-Hill.

De la Orden, A. (1985). Investigación Evaluativa. En A. De la Orden (Coord.), *Investigación evaluativa.* Madrid: Anaya.

De la Red, N. (1991). El Sistema Informativo e Informático en la Evaluación de los Servicios Sociales. En *Simposium Nacional de Evaluación en Servicios Sociales.* Jaén: Diputación de Jaén.

Del Pozo, J. A. (2012). *Competencias profesionales. Herramientas de evaluación: el portafolios, la rúbrica y las pruebas situacionales.* Madrid: Narcea Ediciones.

Escudero, T. (2003). Desde los test hasta la investigación evaluativa actual. Un siglo, el XX, de intenso desarrollo de la evaluación en educación. *Revista Electrónica de Investigación y Evaluación Educativa, 9*(1), 11-43.

Espinoza, M. (1983). *Evaluación de proyectos sociales.* Buenos Aires: Editorial Hvmanitas.

Federación Internacional de Trabajadores Sociales y Asociación Internacional de Escuelas de Trabajo Social (2014). *Definición Mundial de Trabajo Social.* Melbourne, Australia: FITS y AIETS. https://www.ifsw.org/what-is-social-work/global-definition-of-social-work/definicion-global-del-trabajo-social/

Fernández, T., de Lorenzo, R. y Vázquez, O. (Eds.) (2012). *Diccionario de Trabajo Social.* Madrid: Alianza Editorial.

Fernández, T. y Ponce de León, L. (2018). *Trabajo social individualizado. Metodología de intervención.* Madrid: EDIASA.

Fernández-Ballesteros, R. (2001). Cuestiones conceptuales básicas en Evaluación de Programas. En R. Fernández Ballesteros (Ed.), *Evaluación de programas. Una guía práctica en ámbitos sociales, educativos y de salud* (pp. 22-47). Madrid: Editorial Síntesis.

Fernández Barrera, J. (1997). *La Supervisión en el Trabajo Social.* Barcelona: Paidós.

Fonseca, J. G. (2007). Modelos cualitativos de evaluación. *Educere, 11*(38), 427-432.

Gallego, I. (1999). El enfoque del monitoreo y la evaluación participativa (MEP): batería de herramientas metodológicas. *Revista Española de Desarrollo y Cooperación, 4,* 103-135.

García-Longoria, M. P. (2000). *El procedimiento metodológico en Trabajo Social.* Murcia: Diego Marín.

García-Longoria, M. P. (2016a). Propuestas de evaluación de la intervención del Trabajo Social en el nivel microsocial. En D. Carbonero, E. Raya, N. Caparrós y C. Gimeno (Coords.), *Respuestas transdisciplinares en una sociedad global: aportaciones desde el Trabajo Social.* La Rioja: Universidad de La Rioja.

García-Longoria, M. P. (2016b). La evaluación de la implementación de la intervención microsocial. En M. Avilés (Coord.), *Evaluación de la Intervención del Trabajador Social.* Murcia: Diego Marín.

García-Longoria, M. P. (2016c). La evaluación de la eficacia por escalas Kiresuk y Lund. En M. Avilés (Coord.), *Evaluación de la Intervención del Trabajador Social.* Murcia: Diego Marín.

García-Longoria, M. P. (2016d). La evaluación con diseños explicativos. En M. Avilés (Coord.), *Evaluación de la Intervención del Trabajador Social.* Murcia: Diego Marín.

González Río, M. J. (1997). *Metodología de la Investigación Social. Técnicas de recolección de datos.* Alicante: Editorial AGUACLARA.

Guba, E. y Lincoln, Y. (1989). *Fourth Generation Evaluation.* California: SAGE Publications.

Joint Committee on Standards for Educational Evaluation (1994). *The Program Evaluation Standards.* Thousand Oaks, California.

Joint Committee on Standards for Educational Evaluation (2010). *The Program Evaluation Standards.* Thousand Oaks, California.

Ley 27/2022, de 20 de diciembre, de institucionalización de la evaluación de políticas públicas en la Administración General del Estado. *Boletín Oficial del Estado (BOE), 305,* de 21 de diciembre de 2022. https://www.boe.es/buscar/act.php?id=BOE-A-2022-21677.

Lishman, J. (1999). Introduction. En I. Shaw y J. Lishman (Eds.), *Evaluation and Social Work Practice.* Londres: Sage.

López Blasco, A. (1991). Proyectos de evaluación de la praxis en servicios sociales. En *Simposium Nacional de Evaluación en Servicios Sociales.* Jaén: Diputación de Jaén.

Mateo, J. (1986). *Proyecto docente e investigador.* Barcelona: Universidad de Barcelona.

Medina, M. E. (2001). *Gestión de Servicios Sociales.* Murcia: Diego Marín.

Medina, M. E. y Medina, E. (2010). *Gestión de la calidad en Servicios Sociales.* Murcia: Diego Marín.

Medina, M. E. y Medina, E. (2011). *Servicios Sociales. Organización y Planificación.* Murcia: Diego Marín.

Miles, M. B. y Huberman, A. M. (1994). *Qualitative data analysis: an expanded sourcebook* (2ª ed.). Thousand oaks: Sage.

Mira, S. (2019). *La valoración de la atención recibida por las personas usuarias del sistema público de servicios sociales a través de los SSAP.* Murcia: Servicio de Planificación y Evaluación de la Dirección General de Servicios Sociales y Relaciones con el Tercer Sector de la Consejería de Mujer, Igualdad, LGTBI, Familias y Política Social de la Región de Murcia.

Morris, L.L., Fitz-Gibbon, C. T. y Freeman, M. E. (1987). *How to Communicate Evaluation Findings.* Newbury Park: Sage.

Municio, P. (2000). *Herramientas para la evaluación de la calidad.* Barcelona: CISSPRAXIS.

Nirenberg, O., Brawerman, J. y Ruiz, V. (2000). *Evaluar para la transformación: innovaciones en la evaluación de proyectos y programas sociales.* Colección Tramas Sociales, vol. 8. Buenos Aires: Editorial Paidós.

Nirenberg, O., Brawerman, J. y Ruiz, V. (2003). *Programación y Evaluación de Proyectos Sociales: aportes para la racionalidad y la transparencia.* Buenos Aires: Paidós Ibérica.

NORAD - Agencia Noruega de Cooperación al Desarrollo (1997). *El enfoque del marco lógico: Manual para la planificación de proyectos orientada por objetivos.* Madrid: Instituto Universitario de Desarrollo y Cooperación-Fundación Centro Español de Estudios de América Latina.

OCDE - Organización para la Cooperación y el Desarrollo Económico (2023). *Glosario de términos clave en evaluación y gestión basada en resultados para el desarrollo sostenible* (Segunda edición). París: Ediciones OCDE.

Olaz, A. (2016). La Técnica de Grupo Nominal en el Espacio Europeo de Educación Superior. *Aposta. Revista de Ciencias Sociales,* 68, pp. 107-125.

OIM - Organización Internacional para las Migraciones (2020). *Manual de reintegración.* Ginebra: OIM.

ONU - Organización de las Naciones Unidas (1984). *Seguimiento y evaluación. Pautas básicas para el desarrollo.* Grupo de trabajo sobre Desarrollo Rural. Roma: ONU.

Ovejas, C. y Berasaluze, A. (2019). Supuestos prácticos en trabajo social: diseño para su resolución. *Zerbitzuan. Revista de Servicios Sociales,* 68, 5-24.

Perea, O. (2010). *Guía de Planificación Estratégica en ONG de Acción Social.* Madrid: Plataforma de ONG de Acción Social.

Pérez, A. (1993). Modelos Contemporáneos de Evaluación. En M. Pérez y J. G. Sacristán, *La Evaluación: su Teoría y su Práctica.* Caracas: Cooperativa Laboratorio Educativo.

Plataforma de ONG de Acción Social (2010). *Guía Evaluación de Programas y Proyectos Sociales.* Madrid: Plataforma de ONG de Acción Social.

Real Decreto 1418/2006, de 1 de diciembre, por el que se aprueba el estatuto de la Agencia Estatal de Evaluación de las Políticas Públicas y la Calidad de los Servicios. *Boletín Oficial del Estado (BOE), 298,* de 14 de diciembre de 2006. https://www.boe.es/buscar/doc.php?id=BOE-A-2006-21902.

Santos, M. A. (1990). *Hacer visible lo cotidiano.* Madrid: Akal.

Sierra Bravo, R. (1989). *Técnicas de investigación social.* Madrid: Paraninfo.

Solórzano, G. (2018). *Circuitos alternativos de acceso para la cobertura de las necesidades sociales.* Murcia: Servicio de Planificación y Evaluación de la Dirección General de Servicios Sociales y Relaciones con el Tercer Sector de la Consejería de Mujer, Igualdad, LGTBI, Familias y Política Social de la Región de Murcia.

Wildavsky, A. (1972). *Evaluation as an Organization Problem.* London: London University.

Wright, C. (1990). Introducción. En E. Ander-Egg, *Evaluación de Programas de Trabajo Social.* Buenos Aires: Editorial Hvmanitas.

BIBLIOGRAFÍA COMPLEMENTARIA

Alemán, C. (Coord.) (2020). *Políticas sociales: Innovaciones y cambios.* Navarra: Editorial Aranzadi.

Alemán, C., Alonso, J. y Fernández, J. (2020). *El Sistema de Servicios Sociales: Nuevas tendencias en España.* Valencia: Editorial Tirant lo Blanch.

Alter, C. y Evens, P. (1984). *Evaluating your Practice.* Nueva York: Springer.

Alvira, F. (2004). *La encuesta: una perspectiva general metodológica.* Madrid: CIS - Cuadernos Metodológicos.

Amezcua, C. y Jiménez, A. (1996). *Evaluación de Programas Sociales.* Madrid: Díaz de Santos.

Artells, J. J. (1989). *Aplicación del análisis coste-beneficio en la Planificación de los servicios sanitarios.* Barcelona: Ed. Masson.

Azofra, M. J. (1999). *Cuestionarios.* Madrid: CIS - Cuadernos Metodológicos.

Ballart, X. (1992). *¿Cómo evaluar programas y servicios públicos? Aproximación sistemática y estudios de caso.* Madrid: INAP-Instituto Nacional de Administración Pública.

Beaudelux, E. (1992). *Guía metodológica de apoyo a proyectos y acciones para el desarrollo: De la identificación a la evaluación.* Madrid: IEPALA.

Cabrera, F. (2005). *La evaluación participativa: concepto y fases de desarrollo.* Madrid: Cáritas Española.

Chacón, S., López, J. y Pérez, J. A. (2012). Metodología de la evaluación de programas en servicios sociales. *Apuntes de Psicología, 30*(1-3), 111-118.

Cheetham, J., Fuller, R., McIvor, G. y Petch, A. (1992). *Evaluating Social Work Effectiveness.* Philadelphia: Open University Press.

Cohen, L y Manion, L. (1990). *Métodos de investigación educativa.* Madrid: La Muralla.

Cronbach, L. J. (1982). *Designing evaluations of educational and social programs.* California: Jossey-Bass Inc. Publishers.

Diéguez, A. J. (Coord.) (2002). *Diseño y Evaluación de Proyectos de Intervención Socioeducativa y Trabajo Social Comunitario.* Buenos Aires: Espacio editorial.

Drumond, M.; Stoddart, G. y Torrance, G. (1991). *Métodos para la evaluación económica de los programas de atención a la salud.* Madrid: Ed. Díaz de Santos.

Equipo EIF (Universidad de Deusto) (2008). *Manual de Instrumentos de Evaluación Familiar.* Madrid: Editorial CCS.

Fernández Ballesteros, R. (Ed.) (2001). *Evaluación de programas. Una guía práctica en ámbitos sociales, educativos y de salud.* Madrid: Editorial Síntesis.

Fernández del Valle, J. (2001). Evaluación de programas en Servicios Sociales. En R. Fernández Ballesteros (Ed.), *Evaluación de programas. Una guía práctica en ámbitos sociales, educativos y de salud* (pp. 207-241). Madrid: Editorial Síntesis.

Fernández Fernández, S. (2000). La efectividad de los programas sociales. Enfoques y técnicas de la Evaluación de Procesos. *Revista de Psicología del Trabajo y de las Organizaciones, 16*(3), 259-276.

Fernández, T. y Ares, A. (Coords.) (2002). *Servicios Sociales: Dirección, gestión y planificación.* Madrid: Alianza Editorial.

Fernández, T. y Ponce, L. (Dirs.) (2016). *Elaboración, gestión y evaluación de proyectos sociales: Intervención y programación social.* Madrid: Pirámide.

Freeman, H. E., Rossi, P. H. y Sandefur, G. D. (1993). *Workbook for evaluation. a systematic approach.* California: SAGE Publications.

Garcés, J. y Alemán, C. (Dirs.) (1996). *Administración Social: Servicios de Bienestar Social.* Madrid: Editorial Siglo XXI de España.

García-Fernández, F. (2002). *La Intervención profesional en Trabajo Social: Supuestos prácticos I.* Málaga: Colegio Oficial de Diplomados en Trabajo Social de Málaga.

García, G. y Ramírez, J. M. (1996). *Diseño y evaluación de proyectos sociales.* Zaragoza: Certeza.

García, G. y Ramírez, J. M. (2006). *Manual práctico para el desarrollo de proyectos sociales.* Madrid: Siglo 21 de España.

Gómez-Serra, M. (2004). *Evaluación de los Servicios Sociales.* Barcelona: Gedisa.

Gutiérrez, J. (2008). *Dinámica del grupo de discusión.* Madrid: CIS - Cuadernos Metodológicos.

Kazi, A. F. y Wilson, J. (1996). Applying Single-Case Evaluation in Social Work. *The British Journal of Social Work, 26.*

López-Peláez, A. L. (Ed.) (2010). *Técnicas de Diagnóstico, Intervención y Evaluación Social.* Madrid: Universitas.

Mohr, L. B (1995). *Impact analysis for program evaluation.* California: SAGE Publications.

Musto, S. A. (1975). *Análisis de eficiencia. Metodología de la evaluación de proyectos sociales de desarrollo.* Madrid: Editorial Tecnos.

Patton, M. Q. (1990). *Qualitative Evaluation and Research Methods* (2ª ed.). California: Sage Publications.

Pérez-Llantada, M. C. y López de la Llave, A. (1999). *Evaluación de programas de Salud y Servicios Sociales: Metodología y ejemplo.* Madrid: Dykinson.

Pérez, M. y Trinidad, A. (2015). *Participación y negociación en procesos evaluativos. Evaluación externa de un programa de inserción sociolaboral en el ámbito local.* Granada: Facultad de CC. PPL. y Sociología.

Pérez, G. (2016). *Diseño de proyectos sociales. Aplicaciones prácticas, para la planificación, gestión y evaluación.* Madrid: Narcea.

Piñeiro, A. (1991). *Establecimiento de un sistema de evaluación de los servicios sociales: Indicadores.* Madrid: Ministerio de Trabajo y Seguridad Social.

Raya, E. (Coord.) (2011). *Herramientas para el diseño de proyectos sociales.* La Rioja: Universidad de La Rioja.

Rebolloso, E., Baltasar, F. y Cantón, P. (2008). *Evaluación de Programas de Intervención Social.* Madrid: Síntesis.

Rodríguez, V., Munuera, P., Raya, E. y Lascorz, A. (2019). Instrumentos de valoración, diagnóstico y evaluación en Trabajo Social. En E. Sobremonte y A. Rodríguez (Coords.), *El Trabajo Social en un Mundo en Transformación ¿Distintas realidades o nuevos relatos para la intervención?* (pp. 515-549). Valencia: Tirant Humanidades.

Rossi, P. y Freeman, H. (1989). *Evaluación. Un enfoque sistémico para programas sociales.* México: Editorial Trillas.

Rubin, A. y Knox, K. S. (1996). Data analysis problems in single-case evaluations: issues for research in social work practice. *Research on social work practice, 6*(1).

Rueda, J. M. (1993). *Programar, ejecutar proyectos y evaluar: Instrumentos para la acción.* Zaragoza: INTRESS.

Sánchez, M. C. (2016). Satisfacción de usuarios y profesionales en la evaluación de programas sociales. *Revista de Evaluación de Programas y Políticas Públicas, 7,* 116-140.

Sarasola, J. L. (2016). *Investigación, diagnóstico y evaluación en Trabajo Social.* Sevilla: Universidad Pablo de Olavide.

Shadish, W. R., Cook, T. D. y Leviton, L. C. (1991). *Foundations of Program Evaluation.* California: SAGE Publications.

Soler, I. y Varea, E. (2024). *Manual de Intervención en Trabajo Social: elaboración del informe social e intervención profesional (33 casos prácticos).* Murcia: Tirano Banderas.

Soto, A. y González, S. (2014). Evaluación de un programa de intervención con familias para la reducción de conductas antisociales en los menores. *Revista Española de Orientación y Psicopedagogía, 25*(2), 56-73.

Trinidad, A. (Coord.) (2000). *Evaluación y calidad en las organizaciones públicas.* Madrid: INAP-Instituto Nacional de Administración Pública.

Trinidad, A. (Dir.) (2003). *Evaluación Diagnóstico de los Planes Autonómicos sobre drogas.* Delegación del Gobierno para el Plan Nacional sobre drogas.

Trinidad, A. (2006). La evaluación de organizaciones prestadoras de servicios de Bienestar Social: una aproximación conceptuar. *Revista Internacional de Organizaciones* -RIO, 0, 77-94.

Trinidad, A. (2007). La evaluación de la intervención pública: el caso de los programas sociales. *Revista Sistema,* 200, 63-85.

Trinidad, A. (2010). La evaluación participativa en la Nueva Gestión Pública. *Revista Internacional de Organizaciones,* 5, 75-105.

Trinidad, A. y Alemán, C. (2006). *Servicios Sociales: Planificación y Evaluación.* Madrid: Editorial Thomson-Civitas.

Trinidad, A. y García, J. M. (2012). Las lógicas de la evaluación de programas de intervención: ¿imposición o participación? *AZARBE - Revista Internacional de Trabajo Social y Bienestar,* 1, 111-126.

Trinidad, A. y Pérez, M. (2010). *Análisis y Evaluación de Políticas Sociales.* Madrid: Editorial Tecnos.

Valles, M. S. (2002). *Entrevistas cualitativas.* Madrid: CIS - Cuadernos Metodológicos.

Yarbrough, D. B.; Shulha, L. M.; Hopson, R. K. y Caruthers, F. A. (2011). *The program evaluation standards: A guide for evaluators and evaluation users* (3rd Ed.). Thousand Oaks, CA: Sage.

APÉNDICE. GUÍA PRÁCTICA PARA LA EVALUACIÓN DE PROGRAMAS Y PROYECTOS SOCIALES

PLAN DE EVALUACIÓN SOCIAL

Como hemos indicado a lo largo de este manual, la evaluación de proyectos o programas sociales se organiza de manera secuencial, en base a una serie de fases bien definidas y delimitadas. Estas fueron explicadas en el capítulo cuatro, cuya lectura se recomienda para la correcta interpretación de esta guía. En el proceso de evaluación, adquiere un papel clave el fundamento y diseño más técnico de la evaluación (abordado con detalle en el capítulo cinco).

Como en cualquier otra actividad que realiza un trabajador social, también es necesario planificar la evaluación. Esto supone identificar qué es lo que se quiere conseguir (objetivos, variables, sistema de medida, etc.) y definir, a su vez, cómo lo vamos a conseguir (metodología). Es decir, hacer una evaluación del tipo que sea en Trabajo Social y Servicios Sociales entraña elaborar el *Plan de Evaluación Social*. Esto no es otra cosa que programar o planificar esa evaluación, a través de la creación de un plan o proyecto de evaluación social. Este, parafraseando la definición que la ONU (1984) ofrece sobre el término *proyecto*, es un conjunto de actividades -de evaluación- relacionadas y coordinadas entre sí, orientadas a conseguir una serie de objetivos -de evaluación-, dentro de los límites de un presupuesto, unos recursos (humanos, materiales, de equipamiento, etc.), y un espacio y periodo de tiempo dados, con base en unas técnicas e instrumentos de recogida y análisis de la información que se integran en un enfoque metodológico determinado.

Téngase en cuenta que, como ocurre con cualquier otro proyecto que elabora un trabajador social (de análisis de necesidades, de intervención social, etc.), el proyecto o plan de evaluación debe cumplir una serie de requisitos:

- Adaptado a las necesidades del cliente o promotor que lo solicita
- Coherente en todas sus fases, y con respecto al tipo de evaluación que se busca realizar
- Sistemático y riguroso, pero a la vez flexible, haciendo que la evaluación sea más funcional
- Realista y conectado con la realidad que se pretende evaluar
- Con un carácter marcadamente contextualizado
- Viable en su ejecución

- Con base en instrumentos válidos y fiables
- Con una función claramente aplicada (la evaluación se diseña para algo)
- Provocador, que estimule el diálogo y debate en la toma de decisiones
- Respetuoso con los principios éticos que rigen cualquier actuación profesional

El proyecto o plan recoge la propuesta técnica que hace el equipo evaluador en base a los intereses del cliente y los alcances de la evaluación: qué hay que evaluar, quién la pide, por qué la pide y para qué se utilizarán los resultados. Ilustra la estructura interna que tendrá la evaluación, de acuerdo con una serie de apartados que explicaremos con detalle a continuación. Aunque esta guía se centra en la evaluación de un programa o proyecto de intervención social, puede tomarse como punto de referencia para el diseño de cualquier otra evaluación, con unidades de análisis diferentes como servicios, organizaciones, profesionales, etc.

ELEMENTOS QUE INTEGRAN EL PLAN DE EVALUACIÓN SOCIAL

IDENTIFICACIÓN DE LA EVALUACIÓN
En la cubierta frontal debemos indicar algunos elementos que permitan identificar el plan de evaluación. Algunos son los siguientes: TÍTULO DE LA EVALUACIÓN Debe ser claro y conciso, y representar el contenido de la evaluación con pocas palabras NOMBRE DEL EQUIPO EVALUADOR Se suele poner el nombre del equipo (si es que cuentan con un nombre). Si no, se pone el nombre de la empresa a la que pertenecen los evaluadores, o el nombre de los propios evaluadores o del director que actúa como responsable de la evaluación, etc. FECHA, AÑO EN EL QUE SE DISEÑA LA PROPUESTA DE EVALUACIÓN LUGAR DONDE SE VA A EJECUTAR LA EVALUACIÓN OTROS ELEMENTOS QUE SE CONSIDEREN OPORTUNOS Logos, nombre de la unidad de evaluación, algún elemento que permita la identificación de esta propuesta de evaluación en el caso de que se hayan elaborado varias (por ejemplo, un número o código), etc.

PLANTEAMIENTO DE LA EVALUACIÓN
Este apartado constituye la presentación oficial de la evaluación. Aquí, el equipo evaluador expone claramente, y con todos los detalles que sean precisos, cuáles son los alcances de la evaluación, es decir, su fundamento y transcendencia. Este supone dar respuesta, entre otros, a los siguientes interrogantes: ALCANCES DE LA EVALUACIÓN ¿Qué se quiere evaluar? ¿Quién encarga la evaluación? ¿Por qué ese cliente encarga o solicita la evaluación? ¿Qué uso se va a dar a los resultados de la evaluación? En esta fase es posible que se incluya alguna información adicional, relativa a cuestiones como las reuniones mantenidas con los promotores (cuántas, dónde, etc.) u otros términos de referencia (TdR) de la evaluación que se está planificando (plazos que se manejan, procedencia de los recursos, etc.)

MARCO DE REFERENCIA DE LA EVALUACIÓN
Consiste en exponer los elementos más destacados de la unidad que va a ser evaluada, en este caso, el programa o proyecto social. Lo más importante es hacer referencia a estas dos cuestiones: ➢ Diagnóstico Social Informe exacto sobre la situación que se pretendía modificar con la ejecución del proyecto o programa de intervención. Esto supone ofrecer información sobre la cantidad y magnitud del problema que la intervención pretendía resolver, su calidad, los elementos de apoyo y bloqueo a una posible solución, los recursos disponibles, etc. También, definir la situación deseada, es decir, aquella que se quiere conseguir con la intervención. Las cuestiones que vertebran este punto podrían ser las siguientes: • ¿Cuál es la idea central del programa/proyecto que se va a evaluar? • ¿Cuáles son las coordinadas básicas -características- de la situación inicial, aquellas que dieron origen al programa/proyecto de intervención que se va a evaluar? • ¿Cuáles son las coordenadas básicas -características- de la situación deseada, aquella que se buscaba conseguir con la intervención que va a ser evaluada? ➢ Formulación del Proyecto de Intervención Esto supone definir de manera muy concreta lo que se pensaba hacer para actuar sobre la necesidad o problemática diagnosticada. A grandes rasgos, supone explicar en qué consiste la intervención social sobre la que se va a centrar la evaluación, abordando cuestiones como: • Marco teórico de la intervención a partir de bibliografía, teorías, conceptos, etc. relevantes • Objetivos e hipótesis del programa/proyecto de intervención • Antecedentes de la intervención; proyectos/programas similares en contextos o momentos diferentes, etc. • Aspectos contextuales que puedan resultar de interés en la evaluación • Otros...

TIPO DE EVALUACIÓN
Esto supone seleccionar la *naturaleza* y la *forma* de la evaluación, es decir, explicar en qué aspecto -o aspectos- se va a centrar la evaluación, en coherencia con lo indicado en los alcances, y cómo será de acuerdo con las modalidades u opciones evaluativas que existen. NATURALEZA o Evaluación Diagnóstica o Evaluación del Análisis de Necesidades o Evaluación del Diagnóstico Social o Evaluación del Diseño o Evaluación de la Evaluabilidad o Evaluación de la Implementación o Evaluación de la Cobertura o Monitorización y Seguimiento o Evaluación de Resultados o Evaluación del Impacto o Evaluación Económica o Metaevaluación o Otras... FORMA 1. Procedencia de quien realiza la evaluación 2. Momento en el que se va a evaluar 3. Enfoque metodológico que se va a emplear 4. Ámbito espacial de la evaluación 5. Dimensión de la evaluación 6. Nivel de análisis de la evaluación 7. Otras...

OBJETIVOS DE LA EVALUACIÓN
Redacción de los objetivos generales y específicos, debidamente ordenados y ajustados no sólo a la naturaleza de la evaluación, sino también a los alcances de esta, sobre todo al *por qué* de la evaluación. 1. Objetivo General 1.1. Objetivo Específico 1.2. Objetivo Específico ... 2. Objetivo General 2.1. Objetivo Específico 2.2. Objetivo Específico ... 3. Objetivo General 3.1. Objetivo Específico 3.2. Objetivo Específico ...

OPERACIONALIZACIÓN DE LOS OBJETIVOS

Esto supone hacer operativo el programa o proyecto a evaluar a partir de sus objetivos específicos (los de la evaluación). La tarea consiste en identificar las variables de evaluación que componen esos objetivos y agruparlas en áreas o dimensiones. Se recomienda incorporar siempre que sea posible la conceptualización teórica (tanto de las variables como de las dimensiones de evaluación). La siguiente tabla ilustra un esquema que podría servir de orientación, se recomienda revisar el capítulo cinco de este manual, donde se explican las variables de una evaluación social:

Objetivo General:		
Objetivos Específicos	Variables (y conceptualización)	Dimensiones (y definición)
...	...	...
...	...	...
...	...	...

MODELO/DISEÑO DE EVALUACIÓN

En coherencia con los objetivos y variables, hay que indicar si la evaluación será experimental, cuasiexperimental o no experimental. También hay que ofrecer todos los detalles que se consideren oportunos al respecto.

UNIDADES DE MEDIDA (O DE ANÁLISIS) DE LA EVALUACIÓN

Esta quizás sea la parte más técnica de la evaluación, por lo que remitimos al lector nuevamente al capítulo cinco para una mejor comprensión. Supone:

• Establecer los criterios de evaluación para cada dimensión, en coherencia con la naturaleza, los objetivos y las variables de la evaluación.
• Para cada criterio de evaluación construir el sistema de indicadores.
• En el caso de que proceda, indicar las escalas de medida que se van a emplear en relación con esos indicadores.
• Establecer los estándares de evaluación para cada indicador.

Dimensión	Criterios	Indicadores	Estándares
...	...	...	...
...	...	...	...
...	...	...	...

MARCO METODOLÓGICO

Este apartado consiste en describir cómo se va a conseguir la información relativa a cada uno de los indicadores. Además del enfoque metodológico (cualitativo, cuantitativo, mixto o participativo), hay que seleccionar, y en su caso construir, las técnicas y los instrumentos que se van a emplear, así como la forma en la que se van a validar. También, las fuentes de las que se va a extraer la información y las actividades de evaluación que se van a realizar, identificando la distribución del trabajo entre los profesionales del equipo evaluador, quién hace qué. En el caso de que los actores sociales (usuarios, colectivos, otras entidades, expertos, etc.) intervengan, habrá que reflejar, también, cuándo lo harán y qué función tendrán.

Enfoque metodológico: ________________

Indicador	Técnica(s) e Instrumento(s) de recogida de información	Actividades para la recogida de información	Fuente de la que se extrae la información	Persona encargada de la actividad
I1	...	...	...	
I2	...	...	...	
I3	...	...	...	
...				

Participación de las partes interesadas (en el caso de que las haya):

____

PLAN DE ANÁLISIS

Supone construir el modelo de análisis de la información obtenida en la evaluación. Esto incluye, entre otras cosas, seleccionar las técnicas e instrumentos de análisis e indicar las actividades que, a este respecto, se van a realizar, con referencia también a quién se va a encargar de cada una y qué papel tendrán los actores sociales en el análisis de la información, en el caso de que estén presentes en esta etapa.

CRONOGRAMA

Como en cualquier proyecto o plan de trabajo, tiene que haber información sobre la temporalización de las actividades. En Trabajo Social es común utilizar el Cronograma de Gantt para este fin. Es importante ubicar temporalmente las actividades de evaluación que se van a realizar para la recogida y el análisis de la información. En el caso de que la evaluación sea formativa, o de que, atendiendo a su naturaleza, se trate de un seguimiento o monitorización, hay que incluir todos los detalles acerca de la periodicidad en los cortes evaluativos.

RECURSOS Y PRESUPUESTO
Como en cualquier proyecto, los recursos son necesarios. Entre otros, se pueden indicar los siguientes: *Recursos humanos:* personal necesario, formación requerida, perfil, etc. *Recursos materiales:* equipamiento, material fungible, etc. *Instalaciones/Equipamiento:* locales, salas, etc. *Otros:* se indican otros posibles recursos como vehículos, etc. *Presupuesto:* gastos de personal, gastos para el alquiler de espacios o la compra de equipos, gastos de desplazamiento, gastos de material, gastos de mantenimiento, etc. Hay evaluaciones que, por sus características, necesitarán menos recursos y otras que, al tener una mayor envergadura, necesitarán más. También hay evaluaciones que precisarán más de un tipo de recurso que de otro, por lo que tendrán más gastos en unos conceptos que en otros (piénsese, por ejemplo, en una autoevaluación, donde los recursos humanos, a priori, están cubiertos por los recursos humanos del proyecto de intervención). Conviene no sólo indicar los recursos necesarios, sino también su procedencia (por ejemplo, si proceden del proyecto de intervención por lo que éste asume su coste, si la entidad ha destinado una partida presupuestaria específica para la evaluación, si los aporta el cliente que encarga la evaluación, etc.). En el presupuesto sólo se incluirán aquellos costes que sean específicos de la evaluación.

PLAN DE INTERCAMBIO Y TOMA DE DECISIONES
En el plan o proyecto de evaluación hay que señalar cuál será el papel del cliente en el proceso de evaluación, así como cuándo se intercambiará la información y de qué manera, tanto aquella que el cliente tiene que facilitar al equipo evaluador para que lleve a cabo su trabajo, como la que el equipo evaluador, a modo de informe, entregará al cliente o promotor. Estos pueden ser informes de seguimiento y/o un informe final. Se recomienda, también, incluir en este punto si la información que se genere como consecuencia de la evaluación sólo se entregará al promotor, o habrá que difundirla entre otra(s) audiencia(s). Hay que señalar cuáles serán los mecanismos de comunicación de los resultados, quién se encargará de esa difusión, a qué audiencias irán destinados, y, en su caso, si serán necesarios varios informes, y con qué contenido (si hay varias audiencias, la información que se proporciona normalmente se debe adaptar a las características de dicha audiencia). Por otra parte, no hay que olvidar que el fin último de cualquier evaluación es la toma de decisiones o el diseño de medidas de retroalimentación. En este apartado hay que definir esta cuestión, es decir, señalar quién se va a encargar de tomar las decisiones, y cómo y cuándo se incorporarán. Esto es lo que se conoce como el modelo de toma de decisiones. También puede ser que se incluya información sobre el plan de mejoras propiamente dicho.